DAS EINZIG WAHRE FAKTENCHECKBUCH

Recherchen, Einblicke und Erfahrungen von Deutschlands erster Faktencheckredaktion

IMPRESSUM

DAS EINZIG WAHRE FAKTENCHECKBUCH

Recherchen, Einblicke und Erfahrungen von Deutschlands erster Faktencheckredaktion

1. Auflage April 2023
ISBN: 978-3-948013-23-3
Gedruckt in Lettland / Livonia Print / Riga

Autor: Bastian Schlange
Layout: JetLag
Cover und Kapiteltrenner: Lurchi
Lektorat und Textredaktion: Robert Pitterle und Ariel Hauptmeier
Faktencheck: Matthias Bau
Fotos: Ivo Mayr

www.correctiv.org

Kontakt: verlag@correctiv.org
Büro Essen: Huyssenallee 11, 45128 Essen
Büro Berlin: Singerstr. 109, 10179 Berlin

VORWORT

Wie ein Schaulustiger am Rand der Datenautobahn – so habe ich mich manchmal während der Arbeit für dieses Buch gefühlt. Ein Unfall folgte auf den nächsten, ich war fassungslos, konnte den Blick nicht abwenden.

Ich habe Querdenker in Telegram-Gruppen beobachtet, die sich zur Speerspitze der intellektuellen Elite erklärten, weil sie fusselige Corona-Teststäbchen als Geheimwaffe der Herrschenden enttarnt hatten. Gefrustet schimpften sie, dass niemand ihre Warnungen ernst nehme. Ist es nicht offensichtlich: Politik und Pharmaindustrie wollen das deutsche Volk AUSROTTEN!11!!

Ich sah russische Trolle, die sich als Christen tarnten und Seelsorge-Hotlines bewarben. Sie luden dazu ein, sein Gewissen zu erleichtern, falls man zu viel onaniere: „You can't hold hands with god when you are masturbating." Wer onaniert, kann Gott nicht die Hand reichen.

Ich begegnete Erwachten, Enttäuschten und Verlorenen. Heutzutage sei es für Kinder einfacher, ihr Geschlecht zu wechseln, als sich ein Ohrloch stechen zu lassen, ereiferte sich einer, um im selben Atemzug den „Wokies" Hysterie vorzuwerfen. Nur wenig weiter ein Meme der Jungen Nationalisten: „Aus Anne wird Frank. Das ist doch krank! Gegen den Genderwahnsinn!"

Seit 2004 gibt es Facebook, seit 2006 Twitter, seit 2007 iPhones, seit 2009 Whatsapp. Seitdem ist die Welt eine andere, die Medienlandschaft erst recht. Heute kann praktisch jeder und jede jeden Unsinn veröffentlichen und über Soziale Netzwerke in die Welt hinausblasen. Wenn der richtige Ton angeschlagen wird, sorgen Algorithmen dafür, dass er oder sie gehört wird.

Fatal: Die Algorithmen bewerten nicht die Qualität der Information, sondern deren Erregungspotenzial. Das Foto eines traurigen Kindes im Newsfeed schlägt die Datenanalyse um Sinn und Unsinn der Coronaschutzmaßnahmen. Gefühlte Fakten schallen lauter als statistische. Stammtisch statt sachlicher Debatten. Wer wütet, dringt durch.

Nicht jeder denkt beim Tempolimit an CO_2-Einsparungen und Klimaziele. Die Autobahn sei das letzte Freiheitsfeld der Deutschen, verkündet *Welt*-Chefredakteur Ulf Poschardt und wirft Befürwortern einer Geschwindigkeitsbegrenzung vor, Autofahrerenden den Spaß verderben zu wollen. Die

Sozialen Netzwerke grölen mit. Bei Reaktionen wie Angst, Neid oder Wut drehen die Algorithmen ihre Lautstärkeregler hoch. Die perfekte Infrastruktur für Populisten, um einfache Antworten auf komplexe Fragen zu liefern.

„Je schlechter es Deutschland geht, desto besser für die AfD", sagte mal ein Pressesprecher der Partei, als er sich unbeobachtet fühlte. Keine andere Bundestagspartei sah sich so oft mit unseren Faktencheckern konfrontiert wie die Rechtspopulisten. Keine andere Partei ist so aktiv in den Sozialen Netzwerken wie die AfD.

Auch Unternehmen investieren in den globalen Markt der Lügen. Sie zahlen Agenturen kleine Vermögen für gezielte Falschnachrichten und Stimmungsmache im Netz. Ein Reporter-Duo von CORRECTIV hat es erlebt, 2019 am Rande der Weltklimakonferenz in Madrid. Die Kollegen gaben vor, PR-Berater der deutschen Autoindustrie zu sein, und trafen auf einen amerikanischen Lobbyverband. Dieselverbote und Elektroautos seien gar kein Problem, sagte ihnen der Kontaktmann mit fleischigem US-Akzent. Er bot an, wissenschaftlich anmutende Studien zu erstellen, die den menschengemachten Klimawandel bezweifeln, deutsche (zufällig auch AfD-nahe) Youtuberinnen und Youtuber in die Desinformationskampagne einzubinden, außerdem Artikel in Zeitungen und auf Online-Plattformen zu platzieren. Die beiden Undercoverreporter lernten, wie man Geldflüsse in den USA verschleiern kann und wie sie über mehrere Banden die Chance hätten, Einfluss auf die Entscheidungen des Bundestages zu nehmen.

Angriffe aktivieren Abwehrkräfte – auch im Internet. Als Menschen ihre Lügen und Gerüchte unbeschränkt ins Netz kippen konnten, gründeten sich erste Faktencheckverbünde, virtuelle Wasserwerke, um den Bullshit aus den Nachrichtenleitungen zu filtern. Vor rund zwei Jahrzehnten begann der Kampf gegen Fake News in den USA. *Factcheck.org* an der University of Pennsylvania war 2003 ein früher Wegbereiter, eine unabhängige Organisation, die öffentlich getroffene Aussagen prüfte.

Dann kam das Jahr 2016, eine Zäsur: Mit dem Brexit und der Trump-Wahl schwappten die Lügen aus dem Netz auf die Straßen. Die Manipulation der Wahrheit in den Sozialen Netzwerken hatte es geschafft, das reale Leben zu vergiften. Weltweit schoss die Zahl der Faktencheck-Organisationen nach oben, im deutschsprachigen Raum machte sich unter anderem CORRECTIV.Faktencheck ans Werk, in Berlin und in Essen. 2017 gingen wir eine Kooperation mit Facebook ein, um Falschnachrichten zu kennzeichnen und den Fakes Recherchen entgegenzusetzen – auf der Plattform, auf der damals die meisten Lügen durchrauschten.

CORRECTIV hatte sich drei Jahre zuvor als erstes gemeinnütziges Recherchezentrum in Deutschland gegründet. Finanziert durch Spenden, Stiftungen und Mitglieder wollten wir die vierte Gewalt dort stärken, wo sie am dringendsten gebraucht wird: beim Aufdecken von Missständen in Politik und Wirtschaft. Wir enthüllten CumEx-Geschäfte und recherchierten zu häuslicher Gewalt während der Pandemie. Unsere Recherche zur millionenschweren Spendenaffäre der AfD zog Strafzahlungen und Durchsuchungen der AfD-Parteizentrale nach sich. Wir wollten dort sein, wo die verkrusteten öffentlich-rechtlichen Medien nicht sind, genauso wenig wie die häufig von Geldinteressen getriebenen privaten. Und so nahmen wir uns auch des langwierigen, aufreibenden Kampfes gegen Falschnachrichten an.

In diesem Buch zeichne ich nach, wie Fake News in die Welt kamen und kommen. Und erzähle von vier Kolleginnen und Kollegen aus dem CORRECTIV.Faktencheck-Team, die Tag für Tag die dunkelsten Ecken des Internets ausmisten. Das sind:

Alice Echtermann, die Chefin, sie weiß: „Wir können nur Symptome bekämpfen. Die Ursachen für Fake News muss die Gesellschaft als Ganzes angehen."

Uschi Jonas, langjährige Online-Journalistin, sie sagt: „Unsere Gesellschaft ist gespalten und jede Seite extrem auf ihre Art."

Sarah Thust, ehemalige Auslandsreporterin, sie sagt: „Es ist ein Kampf mit ungleichen Waffen. Wir sind David, die sind Goliath."

Und Till Eckert, ehemaliger Zeitsoldat, er sagt: „Es gibt vor Corona, und es gibt nach Corona. Die Welt ist jetzt eine andere – für immer."

Diese vier, genau wie der Rest des 15-köpfigen Teams von CORRECTIV.Faktencheck, verdienen Respekt. Unbeirrt trennen sie Wahrheit von Verzerrung, Fakten von Falschbehauptungen, Meinung von Verleumdung, Journalismus von Manipulation und Lüge. Tag für Tag prüfen sie Desinformation, die wie eine nie versiegende Quelle aus den Untiefen des Internets entspringt. Wenn sie abends heimgehen, wissen sie: Die Flut an Falschnachrichten wird über Nacht wieder wachsen. Am nächsten Morgen werden sie von Neuem beginnen, sie einzudämmen.

Muss das so sein? Wie ließe sich die sprudelnde Fake-News-Quelle trockenlegen? Was kann die Politik gegen Desinformation und Spaltung tun, was können wir Demokratinnen und Journalisten tun, wir Bürgerinnen und Bürger, die den Kampf um die Wahrheit nicht aufgeben, die weiter an die Macht der Fakten glauben?

Einiges. Im letzten Kapitel werde ich davon erzählen: von der Vision einer redaktionellen Gesellschaft, in der sich jeder und jede darum bemüht, beide Seiten anzuhören, wie ein guter Journalist. In der Fakten geprüft werden, ehe man sie verbreitet.

Noch jedoch öffnet jede Krise die Schleusen der Desinformation und setzt eine Kettenreaktion in Gang: Falschnachrichten zerstören die Faktengrundlage. Ohne gemeinsame Fakten fehlt uns eine gemeinsame Sprache, ohne die es kein Verständnis, keinen Dialog gibt, keine Möglichkeit, gemeinsam Lösungen für Krisen zu finden.

Ich bin Bastian Schlange, Journalist und seit 2014 bei CORRECTIV, damals einer der ersten Redakteure im Team. Dieses Buch war mein Weg zurück an den Schreibtisch – nach einem Jahr im Burn-out.

Über Jahre habe ich mich an die Grenzen getrieben. Jetzt weiß ich: Die Vorstellung vom ungebrochenen Alleskönner ist romantisch, aber überholt. Es gibt keinen Grund, sich zu schämen, wenn man nicht mehr kann oder es alleine nicht schafft.

Bei CORRECTIV bin ich das erste Mal in meiner Laufbahn fest angestellt. 2017 baute ich unsere NRW-Redaktion CORRECTIV.Ruhr mit auf und leitete sie. Unsere Klimaredaktion kam zwei Jahre später hinzu. Ich hatte die Möglichkeit bekommen, etwas zu schaffen, Journalismus neu zu denken und die ganze Klaviatur zu bespielen, um einer Geschichte ihre Form zu geben. Um mich beispielsweise undercover in die deutsche Wildererszene zu schleichen und Wilddiebe hochgehen zu lassen, haben wir einen fiktiven Reptilienpark in den USA gegründet. Einen der größten Medizinskandale der Nachkriegsgeschichte um gepanschte Krebsmedikamente konnten wir nur aufklären, weil wir über Monate aus einer Pop-up-Redaktion in der Bottroper Innenstadt arbeiteten und mit Hunderten Betroffenen sprachen. Um 2017 die rot-grüne Landesregierung unwahrer Behauptungen zu überführen, baten wir die Menschen in Dortmund, gemeinsam mit uns den tatsächlichen Unterrichtsausfall an ihren Schulen zu erfassen. Er war bedeutend höher als in den schöngerechneten Statistiken der Landesregierung.

Auf einem Spielfeld zu stehen, wo Journalismus so viel mehr sein kann als in der Denke klassischer Redaktionen, ist berauschend. Bei CORRECTIV ging es immer darum, Ideen zu leben. Wir haben ins Leere geblickt und Neues gesehen.

Dieser Journalismus war wie ein Sog für mich. Visionen umzusetzen und die Welt ein wenig zu verbessern ist eine sirenenhafte Vorstellung. Ich konnte mir einreden, unter der glorreichen Fahne von Idealismus und Herzblut zu reiten, anstatt einfach nur angestellt zu sein und mich kaputtzuarbeiten. Trotzdem: Es war eine gute Zeit. Wir haben mit dem Feuer gespielt und Ideen gelebt – ohne die Angst, uns zu verbrennen.

Leider bin ich dabei ausgebrannt.

Mittlerweile kümmere ich mich allein um meine siebenjährige Tochter und bin aus der Redaktion in den Verlag gewechselt, plane, betreue und schreibe Bücher. Nicht mehr hinter News her jagen, noch tief in der Nacht Informanten bearbeiten, parallel delegieren, organisieren, redigieren und 24/7 unverzichtbar sein, sondern Projekte mit mehr Atem denken, Projekte schaffen mit längerer Halbwertszeit. Jetzt dieses Buch. Ich habe es geliebt, rund ein Jahr lang daran zu arbeiten.

Auch das ist ein wundervoller Aspekt meiner Arbeit: mich in ein Thema reingraben zu können, an Abzweigungen zu stehen, in Sackgassen zu verzweifeln und dann wieder über Schätze zu jubeln. Am Ende bändigst du dieses wilde Tier Recherche, all die Details und Informationen zwischen zwei Buchdeckeln. Das ist eine fast schon mythische Reise: Du steigst in eine Welt hinab und kehrst mit einer Erkenntnis wieder.

Nach den wochenlangen Gesprächen mit meinen Kolleginnen und Kollegen vom Faktencheck-Team, nach den Monaten Recherche in den Abgründen des Internets und der Rekonstruktion der Desinformationsattacken auf unsere Gesellschaft weiß ich, dass wir Journalisten dieses Problem nicht allein gelöst bekommen. Es geht nur gemeinsam, als Gesellschaft.

Ich hoffe, mit diesem Buch einen Beitrag dazu leisten zu können.

Ich werde dir von Robert Mercer erzählen, einem US-Milliardär, der einem verschrobenen Bond-Bösewicht ähnelt. Mit seinen Tech-Milliarden half er, dass der notorische Lügner Donald Trump ins Weiße Haus einzog, und finanzierte ein Desinformationsnetzwerk, das dazu beiträgt, die amerikanische Gesellschaft zu spalten. Schattenmann Mercer ist mitverantwortlich dafür, dass Fake News die Mitte unserer Gesellschaft erreicht haben und sich Jahre später der Sturm aufs Kapitol formierte. Seine Geschichte liest sich wie eine wahr gewordene Verschwörungstheorie.

Was hat unsere Gesellschaft so anfällig gemacht für Misstrauen und Irrglauben? Was sind die Werkzeuge der Desinformation? Welche Märchen und Lügengeschichten sind des Schwurblers liebste? Das erkläre ich in Kapitel Nummer drei. Um dann mit dir durch die neuere Geschichte der Desinformation zu schippern, vom Brexit über Trump bis zur AfD, den Netzwerken der Neuen Rechten und der Querdenker-Bewegung. Wir folgen Geldflüssen und Verbindungen über den Atlantik, beleuchten die Fake-News-Attacken, die den Deutschen Bundestag trafen, und andere, die aus ihm selbst kamen.

Der russischen Desinformation habe ich ein eigenes Kapitel gewidmet – es trägt die Nummer sechs. Dafür habe ich mich durch Ermittlungsakten und Geheimdienstdokumente gewühlt, um nachzuzeichnen, wie Putin, seine Gefolgsleute und Helfershelfer die Demokratien Europas unterhöhlen.

Was aber bedeutet das für uns? Für unsere Sicht der Welt?

Corona und der Ukraine-Krieg brachten schließlich den Desinformations-Overkill für unsere Gesellschaft. Sie wirkten wie Kerosin auf einer schwelenden Glut. In den vergangenen Jahren haben wir Krisen erlebt, die uns alle betroffen und Fake News gesellschaftsfähig gemacht haben. Alternative Fakten gehören inzwischen in den Newsfeeds der Sozialen Netzwerke bei vielen zur Normalität.

Wie soll es nun weitergehen? Was bleibt für unser Miteinander nach drei Jahren Pandemie? Die Querdenker, die Schwurbler, die Realitätsleugner werden nicht verschwinden, ebenso wenig die Profitgeier der Krisen. Sie werden sich neue Themen suchen: hier der Ukraine-Krieg, dort die Klimakrise. Aufhänger für Wut und Empörung finden sich immer.

Darum frage ich im Schlusskapitel: Was können wir, jede und jeder Einzelne und wir als Gesellschaft, tun, um unser Miteinander zu schützen? Was brauchen wir, um unser Vertrauen zu bewahren, was ist die vielleicht wichtigste Ressource für ein friedliches Zusammenleben?

Meine Antwort, unsere Antwort bei CORRECTIV: die redaktionelle Gesellschaft. Das ethische Modell des Journalismus, beide Seiten zu hören, Fakten zu prüfen, transparent und fair zu sein, weist den Weg in eine Gesellschaft, die immun ist gegen die Dreckschleudern von Hass, Hetze und Desinformation.

Faktenchecker arbeiten wie Detektive. Sie suchen Behauptungen, spüren Verdachtsmomenten nach, sammeln Informationen, ziehen Schlüsse und lösen Rätsel. Und immer müssen sie sich hinterfragen, um sich nicht auf falschen Fährten zu verirren.

Folge ihnen, wenn du magst: Die QR-Codes am Rand dieses Buches führen dich zu den Ursprungsrecherchen sowie zu Primärquellen, Dokumenten von Geheimdiensten, Gerichtsakten oder Studien. Immer sollst du die Möglichkeit haben, dir selbst ein Bild zu machen, selbst nachzuforschen und zu hinterfragen, ob die Behauptungen und Schlüsse nachvollziehbar sind. Und dabei – so zumindest meine Hoffnung – das Feuer fürs Faktenchecken und Recherchieren fühlen, die Leidenschaft, den Dingen auf den Grund zu gehen und selbst ein wenig das journalistische Handwerk zu erlernen. Dazwischen kommen Till, Sarah, Alice und Uschi zu Wort, vier aus dem Faktencheck-Team von CORRECTIV. Wer könnte besser von den Auseinandersetzungen erzählen, die in Sozialen Netzwerken und Messengerdiensten ausgetragen werden, als sie?

Auf der Datenautobahn sind Faktenchecker nicht jene, die am Rand stehen und gaffen. Sie rasen mit Blaulicht heran, helfen und schützen. Sie sind die Rettungskräfte.

Bastian Schlange

Essen, Januar 2023

INHALTSVERZEICHNIS

KAPITEL 3

KAPITEL 4

KAPITEL 1

WER WIR SIND UND WAS WIR MACHEN

KAPITEL 1 – WER WIR SIND UND WAS WIR MACHEN

Schon gewusst? Deutschland hat in Sachen Internetzensur „Nordkorea abgehängt“ und steht weltweit auf Platz eins. Außerdem ist die Meinungsfreiheit aus dem Grundgesetz gestrichen worden, Kritik an Migration steht unter Strafe, und wer etwas gegen den Islam sagt, muss eine Geldstrafe zahlen oder bekommt sein Kind entzogen.

Schaut man hinter die Fassade vieler Behauptungen im Internet, sind sie so standhaft wie das Vertrauen eines Querdenkers in das Krisenmanagement der Bundesregierung. Was übrig bleibt, hat in seinem Irrwitz bestenfalls Unterhaltungswert.

Nehmen wir die Aussage, Deutschland habe Nordkorea in Sachen Internetzensur von der Spitze der Welt-Zensur-Rangliste vertrieben. Um das zu überprüfen, zieht man die einzelnen Tatsachenbehauptungen heraus und klopft sie auf ihren Wahrheitsgehalt ab. Mit dem Begriff „Zensur“ kann eigentlich nur die Indizierung verschiedener Publikationen oder Datenträger gemeint sein, deren Inhalte mit dem Jugendschutzgesetz in Deutschland kollidieren. Prinzipiell sind solche indizierten Datenträger aber nicht verboten. Für Erwachsenen über 18 Jahre sind sie weiterhin erhältlich. Bei der Indizierung handelt es sich also nicht um ein generelles, sondern nur um ein Verbreitungsverbot.

Auf der Liste der indizierten Publikationen befanden sich 2019, als der Beitrag veröffentlicht wurde, 419 Printprodukte. Darunter Broschüren, Comics und Bücher. In die Statistiken der Bundesstelle für jugendgefährdende Medien werden aber auch Datenträger aufgenommen, wenn sie wegen Volksverhetzung, Anleitung zu Straftaten oder Verbreitung kinderpornografischen Materials durch Ermittlungsbehörden beschlagnahmt und verboten worden sind. Insgesamt betraf das im einschlägigen Jahr 807 Trägermedien. Die Aussage, dass über 900 Bücher auf dem Index stehen, kann also nicht stimmen.

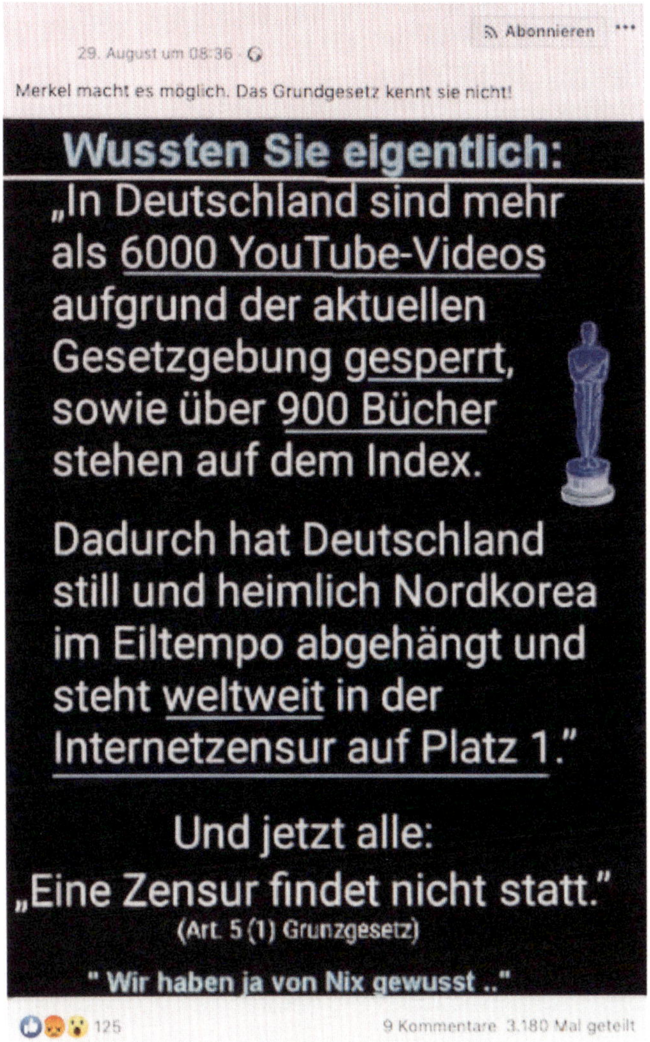

Lauter Falschaussagen. Ein Vergleich mit Nordkorea ist nicht möglich. Die Angabe zu indizierten Büchern stimmt nicht, die zu gesperrten Youtube-Videos ist nicht belegbar und irreführend. Der Facebook-Beitrag stammt vom 29. August 2019. (Screenshot: CORRECTIV)

Was aber ist mit den Youtube-Videos?

Wenn ein Video auf Youtube in „Deutschland nicht verfügbar“ ist, also nicht angezeigt wird, kann das unterschiedlichste Gründe haben: Urheberrechtsstreitigkeiten, die Veröffentlichung des Videos war vielleicht nur auf bestimmte Regionen begrenzt, es gab Gema-Probleme, oder die Inhalte verstießen gegen Youtube-Richtlinien. Dass Deutschland allerdings Nordkorea in Sachen Internetzensur abgehängt haben soll, ist schon allein deshalb ausgeschlossen, weil Youtube in Nordkorea seit 2016 gesperrt ist. Das Land blockiert seitdem auch Facebook und Twitter. Mit anderen Worten: In Deutschland kann man so ziemlich alles auf Youtube anschauen, in Nordkorea nichts.

Und nun die letzte Behauptung: Deutschland liegt in Sachen Internetzensur auf Platz eins. Welche Quelle behauptet das? Welche Organisation hat diese Liste erstellt? Auf der **Rangliste der Pressefreiheit** der Organisation Reporter ohne Grenzen, die in der Regel als Standard gilt, stand Deutschland im Jahr 2019 auf Platz 13. Nordkorea belegte in diesem Jahr den vorletzten Platz, Rang 179.

Einen Überblick zum Stand der Pressefreiheit gibt jedes Jahr die Organisation Reporter ohne Grenzen. 2022 lag Deutschland nur noch auf Platz 16 im internationalen Vergleich. Hier kannst du dir selbst ein Bild von der Lage machen.

Übrigens: Die QR-Codes in diesem Buch führen häufig zum Internet-Archiv archive.org. Jeder kann dort eine Kopie von Webseiten oder Posts sichern und so vorm Nachbearbeiten oder Löschen schützen. Journalisten nutzen es, um Quellen oder Beweise zu archivieren.

Drei Tatsachenbehauptungen, alle lächerlich falsch.

Auch ein Facebook-Beitrag von 2018 behauptet, dass den Deutschen die Meinungsfreiheit schon lange genommen worden sei: Ab dem 11. Dezember dürfe nur noch positiv über Migration gesprochen werden, steht über der plakativen Schwarz-Weiß-Zeichnung eines Mannes mit Baseball-Cap, der in einer Gefängniszelle sitzt und verzweifelt den Kopf hängen lässt. Weiter heißt es: „Kritik gilt als diskriminierende Hetze und steht unter Strafe.“ Der Post wurde von der Facebook-Seite *Wodans Erben Germanien – Division Baden Württemberg „Support“* verbreitet und von dort massenhaft geteilt. Artikel mit ähnlichen Behauptungen veröffentlichten zur selben Zeit rechte Medien wie *Philosophia Perennis* („UN-Migrationspakt will Kritik an Migration unter Strafe stellen“) und *Freie Welt* („Kritik verboten: UNO-Migrations-Pakt darf in den Medien nicht kritisiert werden“).

Die Wahrheit dahinter: Am 10. Dezember 2018 wurde offiziell der UN-Migrationspakt angenommen. Der Pakt ruft Staaten dazu auf, Hasskriminalität wie Hassrede gegen Migranten unter Strafe zu stellen. In Deutschland war das aber schon längst der Fall und ist im Strafgesetzbuch klar definiert. Pauschal von „Kritik“ ist in dem Gesetz aber nirgends die Rede.

Vor Beginn der Coronapandemie war es gerade das Thema Migration, das sich durch viele Falschmeldungen zog und mit immer neuen Lügen gefüttert wurde. Eine der Falschbehauptungen: Der CDU-Politiker Peter Tauber soll gefordert haben, „Asylkritikern ihre Grundrechte zu entziehen". Tatsächlich hatte Tauber in einem Gastbeitrag für die *Welt* anlässlich des Mordes am Kasseler Regierungspräsidenten Walter Lübke gefordert, Artikel 18 des Grundgesetzes – den Entzug der Grundrechte – gegen Verfassungsfeinde anzuwenden. Und nicht gegen „Asylkritiker".

Das ist schon etwas mehr als nur ein feiner Unterschied, den der ein oder andere Populist und Hetzer bisweilen übersieht.

Ähnlich bei der nächsten Behauptung: Angela Merkel wolle „Asylkritiker" mit Kindesentzug bestrafen. Wieder eine mutwillige Verdrehung: Die Falschmeldung bezieht sich auf einen Artikel des Deutschen Anwaltvereins, der erklärte, dass ein Elternteil sein Umgangsrecht mit seinem Kind verlieren könnte, wenn es das Kind durch seine politische Gesinnung direkt gefährde. Der Asylkritiker wurde frei hineininterpretiert, und mit Angela Merkel hatte das alles rein gar nichts zu tun.

Die folgende Internetbehauptung hatte dagegen rein gar nichts mit Hitler zu tun: Das Portal *Schweizer Morgenpost* schrieb in einem Artikel Anfang 2018, dass das Grundgesetz in Deutschland geändert und dabei die Meinungsfreiheit abgeschafft worden sei. Geldstrafen von bis zu 50 Millionen Euro drohten Webseiten, wenn sie „angebliche Hassrede" nicht sofort entfernten. Der tausendfach geteilte Artikel verortete den Ursprung dieses Gesetzes – wie sollte es auch anders sein? – bei den Nationalsozialisten. Es sei bezeichnend für den „Rechtsruck der etablierten Parteien", heißt es in dem Artikel, und orientiere sich an einer Anweisung aus dem Dritten Reich, mit der Adolf Hitler die Beleidigung von Muslimen streng verboten habe.

Was unlogisch klingt, ist auch totaler Blödsinn: Das Grundgesetz wurde nicht geändert. Und das Netzwerkdurchsetzungsgesetz (NetzDG), auf das sich die Behauptung wahrscheinlich bezieht, trat bereits am 1. Oktober 2017 in Kraft. Darin findet sich unter anderem die Vorschrift, dass Betreiber von Sozialen Netzwerken wie Facebook oder Twitter in der Regel „einen offensichtlich rechtswidrigen Inhalt innerhalb von 24 Stunden nach Eingang der Beschwerde" entfernen oder den Zugang zu ihm sperren müssen. Der Bußgeldrahmen bei Verstößen liegt für juristische Personen (also für die Unternehmen, die die Plattformen betreiben, wie zum Beispiel der Megakonzern Meta) bei bis zu 50 Millionen Euro. Hitler hatte damit nichts zu tun, die Nazis dafür aber mit der nächsten Falschbehauptung.

„Wenn du wissen willst, wer dich beherrscht, finde heraus, wen du nicht kritisieren darfst.“ Dieses angebliche Zitat des Philosophen Voltaire geisterte durch die Sozialen Netzwerke und sorgte in Foren, auf Spruchkarten und sogar auf T-Shirts für Aufruhr. Es stammt aber in Wirklichkeit nicht von dem französischen Aufklärer, sondern von einem den Holocaust leugnenden Neonazi aus den USA.

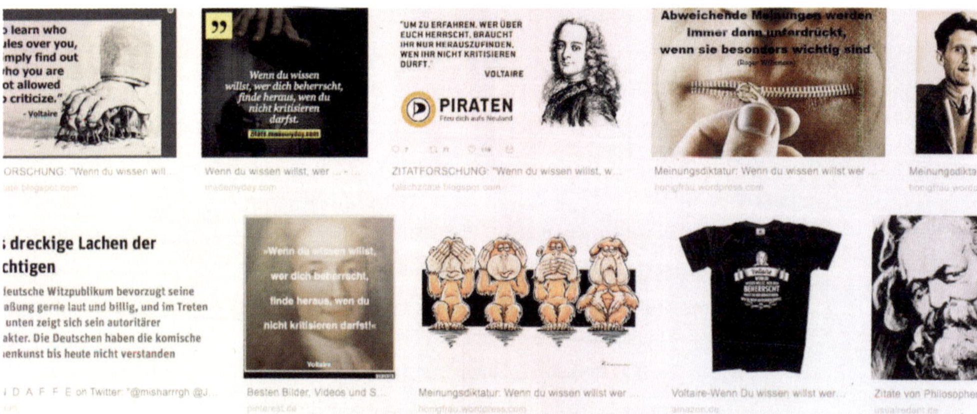

Eine Falschbehauptung mit großer Reichweite: Amazon verkauft T-Shirts mit dem falschen Voltaire-Zitat. Die Piratenpartei war auch darauf reingefallen und bot Sticker mit dem Spruch an. (Screenshot: CORRECTIV)

Lügen ergeben oft die besseren Storys. Das mag ein Grund für ihre Verbreitung sein. Aber hinter dem mantrahaften Wiederholen einer Falschbehauptung steckt auch ein Kalkül: Hört man ein Narrativ nur oft genug, kann es sich im Kopf verfestigen. Ist man also ständig der Falschbehauptung ausgesetzt, in Deutschland herrsche ein Kritikverbot, kommt man womöglich auf die Idee, dass man manche Dinge in Deutschland nicht mehr sagen dürfe, dass man für einige Äußerungen sogar bestraft werde und die Meinungsfreiheit eingeschränkt sei.

Psychologen nennen es den Illusory Truth Effect, die Wahrheitsillusion: Die ständige Wiederholung überzieht noch das Absurdeste mit einem Hauch von Wahrhaftigkeit. Die Illusion entsteht dabei durch unsere Gedächtnisprozesse. Der Mensch strukturiert sein Weltwissen in einer Art Mindmap, ordnet dabei Erfahrungen und Vorstellungen wie die daraus resultierenden Werte und Einstellungen in semantischen Netzwerken an, in die neue passende Informationen eingefügt werden. Wahrheit ist in diesen Verknüpfungen zweitrangig, das Ziel ist Einklang. Außerdem beansprucht die kognitive Verarbeitung einer Information geringeren Aufwand, wenn man sie schon einmal gehört hat.

„Wir wissen, man kann Menschen selbst die abstrusesten Dinge einreden", sagt der Neurowissenschaftler Henning Beck, „wenn man die eben oft genug wiederholt." So habe zum Beispiel der ehemalige US-Präsident Donald Trump mit seiner Lüge vom großen Wahlbetrug aus Sicht der Rhetorik alles richtig gemacht, sagt Beck. Im Interview des *Deutschlandfunks* erklärt er, wie der psychologische Mechanismus der Wahrheitsillusion funktioniert: Erkennt unser Gehirn viele ähnliche Informationen, dann interpretiert es diese Häufigkeit als Wichtigkeit und blendet andere Informationen zunehmend aus. Besonders, wenn wir verunsichert sind und nicht mehr wissen, was wir noch glauben sollen, sind wir anfällig für diesen Fehlschluss. Dann nehmen wir eine vermeintliche Erklärung für die komplizierte Situation eher an.

Wie es zum Sturm aufs Kapitol kommen konnte, wer maßgeblich die Kriegstrommeln schlug und welcher US-Milliardär im Hintergrund die Fäden zog, liest du in Kapitel 2, Abschnitt: Der Spalter.

Bei Trumps Lüge vom großen Wahlbetrug hat es funktioniert: Sogar ein Jahr nach dem **Sturm auf das Kapitol** akzeptierte nur eine knappe Mehrheit von 55 Prozent der Amerikaner, dass Trumps Nachfolger Joe Biden die Wahl 2020 rechtmäßig gewonnen hatte. Weitere 26 Prozent gaben an, dass sie Biden nicht als rechtmäßigen Sieger anerkennen, so das Ergebnis einer Umfrage von Axios-Momentive im Januar 2022. 16 Prozent der befragten Amerikaner sagten, dass sie sich nicht sicher seien. Und das, obwohl zahlreiche Ermittlungen Trumps Betrugsvorwürfe eindeutig als Lügen entlarvt haben.

Das Narrativ, dass nicht mehr alles in der Öffentlichkeit gesagt werden könne, scheint auch in Deutschland zu greifen: Laut einer Allensbach-Umfrage von 2021 hält fast die Hälfte der Deutschen die Meinungsfreiheit für bedroht. Nur 45 Prozent der Befragten haben noch das Gefühl, die politische Meinung könne frei geäußert werden. Das Institut für Demoskopie Allensbach schreibt, das sei mit Abstand der niedrigste Wert, seit es im Jahr 1953 zum ersten Mal danach gefragt habe.

Rein rechtlich ist die freie Meinungsäußerung so lange geschützt, wie sie nicht mit allgemeinen Gesetzen kollidiert, niemand beleidigt, verleumdet oder erniedrigt wird, sie die Jugend nicht gefährdet oder jemand den Schrecken und die Gewalt des Dritten Reichs billigt, rechtfertigt oder gar verherrlicht.

Neben der rechtlichen gibt es aber noch eine soziale Komponente der Meinungsfreiheit.

An vielen Stellen in diesem Buch fließt meine Meinung mit ein, persönliches Erleben und auch ein Teil meiner Geschichte. „Willst du wirklich so viel von dir preisgeben?", fragte mich eine Kollegin aus dem Faktencheck-Team, nachdem sie das Vorwort gelesen hatte. Sie warnte vor Reaktionen im Netz, vor Diffamierungen und Angriffen auf mich und meine Tochter. Heißt das, ich kann doch nicht alles offen sagen, was ich möchte?

Ein Beispiel, das den Umgang der Querdenker- und Verschwörungsszene mit der Meinungsfreiheit veranschaulicht: „Wenn der Faschismus wiederkehrt", titelt die Internetseite *ich-habe-mitgemacht.de*, „wird er nicht sagen: ‚Ich bin der Faschismus.' Nein, er wird sagen: ‚Ich rette euch vor einem Virus.'" Die Webseite bezeichnet sich als ein „privates Dokumentationszentrum für Corona-Unrecht". Dort liest man: „Da die Täter von heute ab morgen jegliche Beteiligung abstreiten werden, gilt es Beweisstücke zu sammeln, um den einen oder anderen Zivilisationsbruch der Vergessenheit zu entreißen. (...) Die kundige Öffentlichkeit ist deshalb aufgerufen, eklatante Beispiele für Übergriffigkeiten, menschenverachtende Formulierungen und Drangsalierungen maßgeblicher Personen in Parlamenten, Behörden, Universitäten, berufsständischen Organisationen, Medien, Krankenhausverwaltungen und anderen Institutionen zur Registrierung und Publizierung anzumelden." Auf der Seite findet sich eine Namensliste von Personen, die sich öffentlich positiv über die Coronaschutzmaßnahmen geäußert haben oder kritisch zur Querdenker-Bewegung und Impfverweigerung. Die Liste reicht vom Wissenschaftler über die Triathletin, den Schulleiter und die Politikerin bis zur Zeitungsvolontärin. Sogar Mick Jagger und der Papst stehen drin.

Im Netz wird die Liste unter den Hashtags #ichhabemitgemacht oder #wirvergessennicht ständig weitergeführt. In den Kommentarspalten unter den Pranger-Posts brodelt der Zorn der Querdenker: „Ich vergesse nie wie wir ausgegrenzt, diffamiert, beleidigt und wie Verbrecher behandelt worden sind!!! Nie werde ich das vergessen!", schimpft eine Userin. Der Nächste steigert sich weiter rein: „So sehen Sie aus, unsere Nazi Schergen...... und keiner entkommt der gerechten Strafe." Es sind noch vergleichsweise gemäßigte Kommentare, die aber die Tür öffnen für zwei typische Narrative von Querdenkern, Verschwörungsgläubigen und Rechten.

Erstes Narrativ: Sie sind Opfer – zumindest sehen sie sich selbst so. Ihnen wird der Mund verboten. Für ihre Aussagen werden sie ausgegrenzt, geächtet, und von der Gesellschaft wird ihnen schlimmes Leid angetan. Dabei kämpfen sie in ihren Augen nur für die Freiheit, den Frieden und das Beste für Deutschland. Diese Verdrehung ist bezeichnend. Demonstrierende schreien „Diktatur", während sie zu Tausenden die legalen Proteste gegen Coronaschutzmaßnahmen in Superspreading-Events verwandeln. Deutsche Medien gelten ihnen als korrupte Propagandaschleudern des Staates. Die Staatsmedien Russlands feiern sie dagegen als unabhängige, freie Presse. Dabei drohen Journalisten dort bis zu 15 Jahre Haft, sollten sie im Zusammenhang mit dem Angriffskrieg gegen die Ukraine Begriffe nutzen wie „Angriff“, „Invasion“ oder „Kriegserklärung“. Als kleine Krönung fordern Querdenker mittlerweile Entschuldigungen von Politik und Medien ein, weil nicht jeder Ungeimpfte gestorben ist, lassen aber unter den Tisch fallen, dass die tausendfachen Impftode, die sie selbst prophezeit hatten, ausgeblieben sind. Es ist meist ein selbstgerechtes Messen mit ungleichem Maß.

Für die Meinungsfreiheit bedeutet das oftmals: Sie existiert für Verschwörungsgläubige, Rechte und Querdenker ganz – oder eben gar nicht. Dürfen sie nicht ungehemmt Lügen über angeblich katastrophale Impffolgen, Coronaverbrechen und die neue Weltordnung verbreiten, können sie ihre Meinung nicht frei äußern. Dürfen sie nicht ungezügelt gegen Migranten und Ausländer hetzen, ist es in Deutschland nicht mehr möglich, alles zu sagen. Dürfen sie den Holocaust nicht leugnen, leben sie in einer Diktatur.

Dabei ignorieren Verschwörungsgläubige, dass Beleidigungen, Hetze, Drohungen und Übergriffe, also Taten, die Gesetze klar verbieten, nicht gleichzusetzen sind mit Kritik und Gegenrede, die das Grundgesetz schützt. Sie höhlen Begriffe wie „Meinungsfreiheit“ oder „Diktatur“ aus und instrumentalisieren sie für ihre Argumentationsketten. Wenn ich mir ein Terrorregime herbeifantasiere, das mich gängelt und quält, kann ich nichts glauben, was von offiziellen Stellen kommt. Dann ist aus diesem Opferstatus heraus jede Form von Ablehnung und Widerstand gerechtfertigt. Ergo: Mir bleibt gar nichts anderes übrig, als mich weiter zu radikalisieren – als die Verbindungen zur Außenwelt zu kappen und mich in meiner Blase einzuschließen, um von dort aus den Kampf gegen ominöse Eliten zu führen, die angeblich die Strippen ziehen.

Zweites Narrativ: Wir vergessen nicht, wir vergeben nicht. Einerseits ertragen Verschwörungsläubige kaum Widerrede zu eigenen Ansichten – dass Meinungsfreiheit nicht Widerspruchsfreiheit heißt, verdrängen sie oft –, andererseits greifen sie Andersdenkende offensiv an. „Eine hasserfüllte Minderheit versucht, eine Meinungshoheit vorzutäuschen“, heißt es in der Studie „**#Hass im Netz**: Der schleichende Angriff auf unsere Demokratie“. Und weiter: „Eingeschüchtert von der Übermacht solcher Kommentare schrecken zahlreiche Nutzer*innen davor zurück, ihre politische Meinung online zu vertreten.“ Sogenannte Hate Speech, also das Anfeinden, Beschimpfen und Abwerten im Netz, gefährdet die Meinungsfreiheit in einer Demokratie.

Du interessierst dich für die gesamte Studie? Hier findest du die Untersuchung zu #Hass im Netz.

Campact e.V., ein Verein, der sich unter anderem gegen Hate Speech positioniert, hat die Studie in Auftrag gegeben. Das Institut für Demokratie und Zivilgesellschaft (IDZ) befragte im April und Mai 2019 dafür über 7.000 Menschen online: Jeder zweite Befragte sagte, seltener im Netz zu seiner politischen Einstellung zu stehen und zu diskutieren, weil er Angst vor Anfeindungen habe. Zwei von drei Personen, die schon mal im Netz Anfeindungen und Hasskommentare erfahren hatten, litten darunter. Jeder Dritte sprach von Stress, Abgeschlagenheit und Lustlosigkeit, Angst und innerer Unruhe. Jeder Fünfte sogar von Depressionen. Jeder Siebte trug seine Probleme mit auf die Arbeit oder in die Schule. Ein Großteil der Befragten war sich sicher: Durch den Hass im Netz verändere sich auch, was man außerhalb, im echten Leben, sagen könne und was nicht.

Wenn Menschen aus Angst vor Hetze und Hate Speech bestimmte Meinungen nicht mehr öffentlich äußern, bezeichnet man das als Silencing. Dieses Gefühl beanspruchen viele Seiten für sich: alte, weiße Männer, die sich von einer woken Szene gemaßregelt fühlen, Winnetou-Liebhaber oder Gender-Gegner (und natürlich auch -Gegnerinnen) ebenso wie metoo-Opfer oder Opfer von Missbrauch innerhalb der Kirche. Man muss allerdings differenzieren: Silencing kann unbewusst aus sozialem Druck und den Dynamiken des Netzes entstehen oder koordinierten, strategischen Aktionen von Gruppierungen entspringen.

Diese Unterscheidung ist wichtig: „Der Diskurs in vielen Kommentarspalten auf Facebook ist kein Abbild der Gesellschaft, sondern wird von Sympathisanten extremistischer und verfassungsfeindlicher Organisationen bestimmt", schreibt die Autorengruppe der Analyse „**Hass auf Knopfdruck** – Rechtsextreme Trollfabriken und das Ökosystem koordinierter Hasskampagnen im Netz", die 1,6 Millionen Posts in Sozialen Netzwerken wie Twitter und Facebook im Zeitraum von Februar 2017 bis Februar 2018 untersucht hat. Im Zuge der Datenauswertung habe sich gezeigt, dass viele Kommentarspalten von Accounts dominiert würden, die einen rechten bis rechtsextremen Hintergrund hätten. „Es handelt sich in vielen Fällen um gezielte Versuche, Politiker, Journalisten und Aktivisten unter Druck zu setzen und einzuschüchtern." Gemessen an der Anzahl aller Nutzer sei es nur eine kleine Gruppe von Accounts, die oft inhaltlich und zeitlich koordiniert Hasskommentare produzieren, pushen und verbreiten würde. Hinter der Analyse stehen ichbinhier e.V., ein weiterer Verein, der sich gegen Hate Speech positioniert, und der Thinktank Institute for Strategic Dialogue (ISD).

Du willst dir die Datenauswertung im Detail anschauen? Kein Problem.

Was heißt das nun? Auch wenn die Meinungsfreiheit rechtlich geschützt ist, können öffentlicher Druck und konkrete Anfeindungen sie einschränken. Diejenigen Gruppen, die am Narrativ bauen, man könne nichts mehr frei sagen, haben oftmals aktivistische Truppen, die tatsächlich dafür sorgen, dass eine Atmosphäre der Einschüchterung entsteht. Äußert man Ansichten, die diesen selbst ernannten Verfechtern der Meinungsfreiheit missfallen, stößt man nicht nur auf Widerspruch, sondern ist potenziell Stalking, Doxing, also dem Veröffentlichen persönlicher Daten, und sogar Morddrohungen ausgesetzt.

Dem CORRECTIV-Team passiert dies regelmäßig. Denn:

HIER SETZEN WIR AN

Wir von CORRECTIV spüren Falschbehauptungen nach, stellen uns ihren Erzeugern entgegen und decken ihre Netzwerke auf. Wir machen gemeinnützigen Journalismus, das heißt, wir sind **spenden- und stiftungsfinanziert** und arbeiten gemeinwohlorientiert. Uns geht es nicht um Profit, sondern um Aufklärung. Wir wollen der Gesellschaft nutzen und helfen, Vertrauen in den Journalismus zurückzugewinnen. Seit 2014, unserem Gründungsjahr, liegt unser Schwerpunkt auf langfristigen Investigativrecherchen.

Wer finanziert CORRECTIV? Welche Stiftungen unterstützen gemeinnützigen Journalismus? Was zahlen uns Facebook oder Twitter? Wir machen unsere Finanzen transparent.

Im Jahr 2017 kam CORRECTIV.Faktencheck hinzu, als eigenständiges Team in unserem Redaktionskosmos. Es war die erste Faktencheck-Redaktion in Deutschland, die eine Kooperation mit Facebook einging, um auf der Social-Media-Plattform Desinformation zu bekämpfen.

Die Kolleginnen und Kollegen geben Workshops, teilen Wissen und treiben internationale Faktencheck-Allianzen voran. Das Team umfasst mittlerweile mehr als ein Dutzend Journalistinnen und Journalisten. Vier von ihnen werde ich dir hier vorstellen.

man warnte Euch, Eure Drecksfinger von Unseren Thread's bei Facebook zu lassen! (...)

Eure Adresse in Essen ist wohlbekannt!

Wir bieten euch hiermit an irgendwann zu Euch zu kommen und Eure Dummköpfe und Drecksfinger so lange mit der vor Euch vorhandene Tischplatte in Kontakt zu bringen, bis Eure Hirne .... bzw diese eine Hirnzelle mehr als die eines Huhnes... so aktiviert sind, evtl sogar ein paar mehr, bis Ihr

1: entweder vernünftige, unabhängige, nicht „bestochene" und damit verfälschte Recherchen hervorbringt, oder

2: Wir dem Unsrigen Angebot folge leisten und Euch eigenhändig zur Vernunft bringen! Wann Wir das erledigen, werdet Ihr niemals erfahren!!! DAS wird dann die Oster/Weihnachtsüberraschung zugleich werden.

–

Mail vom 24. März 2021 an CORRECTIV.Faktencheck. Die Mailadresse und der Name lassen vermuten, dass der Absender ein Mann ist, überprüfen konnten wir das nicht.

ALICE ECHTERMANN (31)

Wäre das Faktencheck-Team ein Körper, dann wäre Alice Echtermann der Kopf. Sie leitet CORRECTIV.Faktenckeck. Wie sie zum Journalismus kam? Wie so viele unserer Zunft: über den Wunsch zu schreiben. Zunächst studierte sie Medienwissenschaft. Als ihr aber die Theorien langweilig wurden, konzentrierte sie sich zunehmend auf ihr Nebenfach: Politik, das war handfester und greifbarer. Während eines Praktikums in Budapest begann sie, sich mit Pressefreiheit und der Bedeutung von Medien als vierter Gewalt zu beschäftigen.

Ihr Handwerk lernte Echtermann beim *Weser-Kurier*, dort wurde sie nach ihrem Volontariat Online-Redakteurin. Aber ihr missfiel das Schielen auf Klick- und Zugriffszahlen. Nach 2014 erlebte sie, wie sich Gerüchte und Unwahrheiten in lokalen Foren breitmachten. Die Opfer waren die vielen Hilfesuchenden, die damals nach Deutschland kamen. Die Unterstützung, die sie anfangs erfahren hatten, wurde bald von Rassismus überdeckt. Da ahnte Echtermann erstmals, wohin die Entwicklung gehen könnte.

Hashtag #Heimatliebe und dazu noch ein blaues Herz-Emoji? Vorsicht, Warnsignale! Zumindest für treue Demokraten. Welche Codes die rechte Szene auf Instagram benutzt und wie sie dort ihren Nachwuchs rekrutiert, kannst du in unserer Großrecherche „Kein Filter für Rechts“ nachlesen.

Seit Mai 2019 ist Alice Echtermann bei CORRECTIV.Faktencheck. Für die Recherche **„Kein Filter für Rechts“** wurde sie zusammen mit ihren Kollegen 2021 mit dem Deutschen Reporter:innen-Preis für Datenjournalismus und dem internationalen Sigma Award for Data Journalism ausgezeichnet.

„Mich persönlich haben die Hassnachrichten nie wirklich getroffen. Aber das ist typabhängig und gilt sicher nicht für alle im Team. Für mich sind das nur E-Mails, die ich in einen anderen Ordner wegschiebe, um mich dann weiter meiner Arbeit zu widmen. Ich kann nicht jedes Mal Angst kriegen, wenn einer schreibt: ‚Wir werden euch an den Haaren durchs Dorf schleifen. Wir werden euch an die Wand stellen oder in einem Tümpel ersäufen.' Das ist für mich nicht realistisch. Wenn mir das alles Angst machen würde, könnte ich nicht mehr vor die Tür gehen.

ALICE ECHTERMANN

Für mich sind Objektivität und Sachlichkeit eine Form von Schutz geworden. Wir funktionieren. Nach außen sind wir die emotionslosen, unnahbaren Faktenchecker, die auf Provokationen nicht eingehen, die nicht reagieren, wenn sie auf Twitter beschimpft werden, die komplett alles einfach nur vorbeirauschen und abprallen lassen, was sie sehen. Egal was. Jeden Shitstorm. Völlig egal. Wir machen unsere Arbeit weiter, wir versuchen, diese Linie durchzuhalten. Don't feed the troll – ich habe noch nie gehört, dass es was bringt, gegen einen Shitstorm oder gegen Hass zu argumentieren oder sich darauf einzulassen. Deswegen ist dieses stumpfe Abwehren, diese Mauer, die wir vor uns bauen, die beste Methode, mit so etwas umzugehen. Das Effektivste, was wir machen können: unseren Job machen."

SARAH THUST (36)

Manche Journalistinnen lassen nicht locker. Haben sie einmal eine Fährte aufgenommen, kämpfen sie sich vor bis in die dunkelsten Löcher, um herauszufinden, wie etwas wirklich ist, wer die Drahtzieher sind, was dahintersteckt. So jemand ist Sarah Thust.

Nachdem Thust Journalistik und Psychologie in Leipzig studiert hatte, ging sie als freie Reporterin nach Kambodscha. Von dort berichtete sie unter anderem für die Deutsche Presse-Agentur und die englischsprachige Tageszeitung *Phnom Penh Post*. Irgendwann nervte es sie aber, als Auslandsjournalistin immer nur die Standardthemen bedienen zu müssen, Stereotype wie Armut in Südostasien. Niemanden schien zu interessieren, was in ihren Augen spannend und neu war. Geschichten aus dem Alltag, die nicht mit gönnerhaftem Blick auf Menschen herabblicken, Storys über innovative Unternehmen etwa oder den Boom mancher Branchen. Deutsche Medien schauten häufig nur mit den Augen von deutschen Medien auf die Welt, sagt sie.

Zurück in Deutschland, zog Thust nach Berlin und arbeitete als freie Redakteurin. Sie spezialisierte sich auf tagesaktuelle News und Suchmaschinenoptimierung. Und bekam den Druck zu spüren, vor allem hohen Klickzahlen hinterherjagen zu müssen. Mitte 2020 fing sie als Faktencheckerin bei CORRECTIV an. Wenn Echtermann der Kopf des Teams ist, dann ist Thust das Auge der Redaktion – unter anderem behält sie die einschlägigen Telegram-Kanäle im Blick, in denen Desinformation, Hass und Hetze zirkulieren. Was besonders fordernd ist, wie du später noch lesen wirst.

„Ich habe immer etwas gebraucht, womit ich – auch wenn es jetzt cheesy klingt – etwas verändern und Gutes tun kann. All die Jahre habe ich das in den Redaktionen gesucht, für die ich gearbeitet habe, aber dieses Gefühl nie dauerhaft gefunden.
Seit ich bei den Faktencheckern bin, ist es das erste Mal, dass ich wirklich weiß, was ich tue. Wir stehen in Kontakt zu Leserinnen und Lesern. Wir geben auch mal einen kleinen Rat. Im Großen und Ganzen versuchen wir aber, durch die Faktenchecks Tatsachen aufzuklären. Das bereichert mich ungemein.

SARAH THUST

Das ist genau das, was mich im Journalismus angetrieben hat. Eine Erfüllung, die ich jetzt finde. Das Tolle am Job ist doch: Man lernt jeden Tag etwas dazu.
Schließlich gehen wir nicht hin und sagen vorher: Der Post ist falsch. Sondern wir prüfen die Fakten. Jedes Mal. Und manchmal passiert es auch, dass ein Faktencheck am Ende ein anderes Ergebnis hat, als du vielleicht erwartet hast. Aber das ist gut. Das macht es spannend. Es ist wie eine Spurensuche, ein Fall, den es zu lösen gilt. Ich kann Stunden damit verbringen. Weil es eben wie ein Rätsel ist. Da bin ich ein richtiger Nerd.

Es gibt Leute, die lösen Rätsel zum Spaß in ihrer Freizeit. Ich mache das beruflich. Das ist schon geil."

TILL ECKERT (31)

Till Eckert ist die Faust. Meist mitten ins Gesicht. Zumindest fühlt sich so ein Großteil seiner Sätze an. Reflektiert und unkonventionell sind seine Gedankengänge, häufig gewürzt mit einer Prise Wut und Idealismus. Unkonventionell war auch Eckerts Weg in den Journalismus. Weder Studium noch Abitur stehen in seinem Lebenslauf. Nach der Mittleren Reife ging es zum Bund. Er verpflichtete sich für neun Jahre, brach aber nach vier Jahren ab. Die Strukturen dort hätten ihm eine freie Entfaltung unmöglich gemacht. Besser fühlte sich dagegen die Zeit an, die er anschließend als freier Reporter bei der *Schwäbischen Post* in Aalen verbrachte. Lokaljournalismus direkt bei den Menschen.

Die Zeit habe ihn geprägt, sagt Eckert, aber auf Dauer war ihm Aalen zu klein. Also ging er nach Berlin und landete beim Online-Magazin *ze.tt* des Zeitverlags. Dort machte er erste Investigativrecherchen. Im März 2019 fing er bei CORRECTIV an und leitete während der Pandemie mit Echtermann das Faktencheck-Team. Mittlerweile ist er für CORRECTIV als Investigativreporter unterwegs. Undercover ging er zum Beispiel auf eine Veranstaltung der AfD im Bundestag oder legte ein bundesweites Netzwerk von Coronaleugnern und Maßnahmengegnern offen. Für seine Arbeiten wurde er unter anderem mit dem Deutschen Reporter:innen-Preis ausgezeichnet. Neben ausgedehnten Fahrradtouren boxt er in seiner Freizeit. Für die Seele, wie er sagt.

„Wir wurden als Gesellschaft nie wirklich dazu ausgebildet, was es heißt, medienkompetent zu sein. Wir wurden auch nicht dazu ausgebildet, was es eigentlich heißt, gesund zu kommunizieren. Was ist überhaupt Kommunikation?

Viele Menschen verstehen nicht das Konzept von einer gesunden Kommunikation, von Vulnerabilität, von Demut, von Sich-Zurücknehmen, von aktivem Zuhören, von Sich-in-die-Köpfe-der-anderen-Versetzen. Einfach mal nicht nur Reiz-Reaktion spielen, sondern Dinge wirken lassen, nachdenken und dann erst reagieren.

TILL ECKERT

Das wurde uns nie beigebracht. Es gab keine Schulfächer im Sinne von: So spricht man, so argumentiert man, das ist eine Diskussion, das ein Argument, ein Diskurs, eine Debatte, das ist Streit, und Streit ist gesund. Das hat nie im real-life practice stattgefunden. Viele Menschen sind immer noch der Überzeugung, dass das alles – der Streit, die Spannungen – ganz schlimm und negativ ist. Aber das ist es ja nicht. Nur die Art und Weise, wie es gerade geschieht.

Die verbale Aufrüstung ist in vollem Gange. Und das ist das, worauf sich unsere Gesellschaft einstellen muss in den kommenden Jahren. Die Stimmung wird angespannter, wird aggressiver werden. Ich glaube nicht, dass wir so einfach zurückgehen können in die Zeit vor der Pandemie."

USCHI JONAS (34)

Wie Echtermann und Thust arbeitete auch Uschi Jonas im Online-Journalismus. Bei *Focus Online* lernte sie ab 2015 das schnelle Verfassen von Artikeln, aber auch wie Social Media und Reichweitenoptimierung funktionieren. 2017 wechselte sie zur deutschen Ausgabe der *HuffPost*. Als Social-Media-Redakteurin sorgte sie dafür, dass Online-Artikel möglichst viele Menschen im Netz erreichten. Rückblickend war es gut, sagt sie, die Knöpfe und Hebel zu verstehen, die man drücken muss, um Reaktionen und Reichweiten im Netz zu generieren. Mit der Zeit probierte sie bei *HuffPost* neue Ansätze, um Leserinnen und Leser zu erreichen: Als Reporterin setzte sie auf konstruktiven, lösungsorientierten Journalismus und begab sich auf die Suche nach Geschichten, die Hoffnung geben. Besonders Themen wie Nachhaltigkeit, Klimawandel und Mobilität trieben sie dabei um. Sie lernte, dass nicht nur Hass und Schrecken Lesende im Netz fesseln können.

Im Sommer 2020 kam Jonas zum CORRECTIV.Faktencheck-Team und ist inzwischen stellvertretende Leiterin. Wenn wir bei der Körperanalogie bleiben, dann könnte Uschi Jonas das Herz des Teams sein. Sie lässt Emotionen nicht außen vor, wenn sie über die Konflikte im Internet spricht. Die ungebremste Wucht von Hassbotschaften im Netz schockiert sie, gleichzeitig fühlt sie mit denjenigen, die nicht mehr aus dem Sumpf der Falschmeldungen und Verschwörungstheorien herausfinden.

„Die Pandemie hat viele Menschen auseinandergetrieben. In der Redaktion bekommen wir viele persönliche Geschichten mit. Uns hat zum Beispiel ein Mann eine potenzielle Falschmeldung geschickt und geschrieben, dass seine Ehefrau in die Coronaleugner-Szene abgedriftet sei. ‚Ich bekomme sie seit Monaten nicht mehr raus. Ich bin grad dabei, mich deswegen scheiden zu lassen. Könnt ihr mir mit dem Thema helfen?'

Das ist schon heftig. Wenn wegen so etwas Ehen zugrunde gehen. Dein Partner ist doch die eine Person in deinem Leben, die dir emotional am nächsten stehen sollte, und die erreichst du plötzlich nicht mehr. Das muss schlimm sein. Für beide Seiten. Ich versuche immer wieder, mich in die Lage von Menschen hineinzuversetzen, die so tief drinstecken, dass sie Bindungen und Kontakte abbrechen, weil sie ein Grundmisstrauen gegenüber Regierungen, Be-

USCHI JONAS

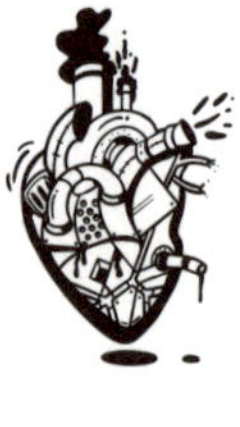

hörden und Forschenden haben oder glauben, diese würden am laufenden Band lügen und ihren Pflichten in keiner Weise nachkommen. Wie können die nachts ohne Angst schlafen? Gleichzeitig erzwingt die Gesellschaft heutzutage auch irgendwie, zu allem eine Meinung zu haben. Es ist doch mittlerweile gar keine Option mehr, keine Meinung zu haben, vielleicht nicht politisch und wissenschaftlich in allen Details informiert zu sein. Oder sich eingestehen zu dürfen: ‚Ich fühle mich dem Thema einfach nicht gewachsen, mich überfordert das. Ich bin keine Wissenschaftlerin oder kein Mediziner.' Anstatt sich rauszuhalten, beginnt dann das Stammtischgerede: Keiner hat eine Ahnung, aber alle wollen ganz dringend was dazu sagen.

Corona hat das extremer gemacht, vielleicht weil das Thema den Alltag von uns allen bestimmt hat."

CORRECTIV hat seine Faktencheck-Redaktion seit 2017. Als wir damals bekannt gaben, dass wir eine Kooperation mit Facebook planten, reagierten alternative Medien wie *KenFM*, *Tichys Einblick* oder *RT Deutsch*, wie sich der russische Staatssender damals nannte, sehr schnell. CORRECTIV wurden Relevanz, Unabhängigkeit und Kompetenz abgesprochen.

Aber auch über Facebook prasselten Beschimpfungen auf uns ein. Die Vorwürfe, wir seien ein „Wahrheitsministerium“ oder eine „Zensurbehörde“, klangen schon fast sachlich im Vergleich zu den meisten anderen verbalen Attacken. Das gab uns einen Vorgeschmack auf die Welle von Angriffen und Entgleisungen, die während der Pandemie drei Jahre später ihren Höhepunkt erreichen würde. Die Desinformationsszene fühlte sich von uns bedroht. Was auch bedeutete: Wir waren auf dem richtigen Weg.

Sehr geehrtes Realitätszensur-Team
von “correctiv,

ich hab mir mal die Mühe gemacht, bin auf eure Homepage gegangen um mir mal die Visagen anzusehen, die sich als „Journalisten“ ausgeben, obwohl sie nichts anderes sind, als billige Medienhuren und Lohschreiber. Eine erbärmliche Ansammlung von geistig porösen, durch das Regime ganz offensichtlich massiv indoktrinierten Steigbügelhalter eines faschistischen Systems, seid ihr, sonst gar nichts!

Screen-Shots von euren Visagen auf der Homepage sind gemacht und wenn dieses ganze verbrecherische System kippt, dann werden wir euch an eure Gesichtern erkennen.

Auch ihr werdet dann nicht mehr die Strasse hinunter gehen können, ohne erkannt und verachtet zu werden.

Das ist keine Drohung, sonder das ist FAKT!

Ich schäme mich, dass es Menschen wie euch gibt, die der selben Spezies angehörig zu sein scheinen, wie ich.

Ich freue mich auf den Tag, an dem euch eure gerechte Strafe einholen wird und ihr für euer schmutziges, volksverräterisches Treiben die Quittung präsentiert bekommt!

Ihr verursacht mir Brechreiz!

–

Mail vom 23. Februar 2021 an CORRECTIV.Faktencheck, vermeintlicher Absender eine Frau

KAPITEL 2

WIE ES BEGANN UND WER DAHINTER-STECKT

KAPITEL 2 – WIE ES BEGANN UND WER DAHINTERSTECKT

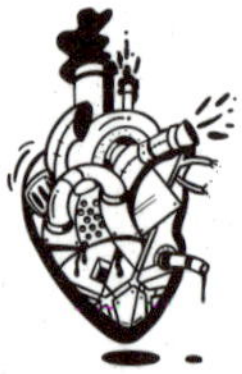

USCHI JONAS

„Das Bewusstsein dafür, wie gefährlich Desinformation sein kann, ist während der Pandemie gestiegen. In den vergangenen zwei Jahren sind wir für zig Workshops und Diskussionen angefragt worden. Dass wir die Leute sensibilisieren und Medienkompetenz stärken, ist ein wichtiger Baustein – aber es reicht nicht. Die Politik und die Social-Media-Plattformen müssen stärker in die Verantwortung genommen werden – und auch wir als Gesellschaft.

Wir werden täglich im Netz überflutet mit Beiträgen, Bildern und Videos. Dabei glaubwürdige Informationen von unseriösen zu filtern, fällt vielen schwer und kann überfordern. Und wenn dann noch Algorithmen dafür sorgen, dass wir in einer Blase hängen bleiben, die unser persönliches Bild immer weiter verfestigt, verhärten sich so unausweichlich Gegensätze und Weltsichten, und wir verlieren den Blick dafür, was für Menschen jenseits unserer Bubble wichtig und relevant ist.

Unserer Gesellschaft droht eine Spaltung. Die Fronten sind verhärtet. Es existiert vor allem im Netz kaum noch Platz für berechtigte Zweifel oder eine offene Diskussion. Und das ist gefährlich!“

Uschi Jonas, CORRECTIV.Faktencheck

Es begann, wie so oft, in den USA.

Robert Mercer ist die fleischgewordene Verschwörungstheorie vom genialen, öffentlichkeitsscheuen Milliardär, der mit seinem Geld die Geschicke eines Landes lenkt. Dabei unterscheidet ihn eins von anderen großen Geldgebern in den USA: Statt in eine Agenda zu investieren, scheinen Mercer und seine Familie das Chaos zu fördern.

Die Geschichte der Mercers kommt nicht ohne eine weitere wichtige Person unseres postfaktischen Zeitalters aus: Steve Bannon, Publizist, politischer Berater und ehemaliger Chefstratege Donald Trumps im Weißen Haus.

Bannon ist ein Rockstar der Desinformation. Er hat es zu einer Berühmtheit geschafft, die weit hinausreicht über seine Bubble aus Nationalisten, extremen Rechten und Anhängern der White Supremacy, der Überlegenheit der weißen Rasse. Bannon konnte die gesellschaftliche Mitte erreichen, weil er genau das verkörpert, worüber wir hier sprechen. Er spielt mit all den Methoden und Möglichkeiten der neuen Medien, nutzt die Techniken der Propaganda, beherrscht dabei die Klaviatur perfekt und trifft die richtigen Misstöne, um die Konflikte in der amerikanischen Gesellschaft anzuheizen. Er ist ein großes Vorbild innerhalb der rechten Szene, auch für die Neue Rechte in Deutschland. Seine Rolle ist gigantisch.

SEIT 2010: DER SPALTER

Schattenmann und Finanzier: Robert Mercer hat mit seinem Geld die jüngere Geschichte Amerikas mitgeschrieben. (Screenshot: CORRECTIV)

„Politik ist Krieg“, sagte Alt-Right-Aktivist Steve Bannon im Präsidentschaftswahljahr 2016 und betonte später: „Die Mercers haben den Grundstein für die Trump-Revolution gelegt.“ Schaue man sich die politischen Spender in den USA zwischen 2013 und 2017 an, „hatten sie unwiderlegbar den größten Einfluss von allen“.

Für dieses Kapitel habe ich neben Studien viele englischsprachige Veröffentlichungen genutzt. Möchtest du die Artikel als Hintergrundinformation lesen, findest du hier einfach und schnell das Quellenverzeichnis online.

Mehr als ein halbes Jahrzehnt bestritten Bannon und Mercer einen gemeinsamen Feldzug, um Zwietracht und Spaltung voranzutreiben. Bannon als Medienexperte, begnadeter Stratege und Manipulator; Mercer, ein brillanter Mathematiker mit gewaltigem Vermögen, der weiß, wie aus Algorithmen und Big Data Waffen werden.

Jede Untersuchung des wachsenden Einflusses der extremen Rechten in den USA müsse auch die Rolle der Mercer-Familie beleuchten, vor allem von Tochter Rebekah, die die Mercer Family Foundation leitet, sagt Mobashra Tazamal von der Bridge Initiative an der Georgetown University.

Tazamal forschte zur Frage, wie die Mercers gezielt Angst vor und Hass gegen den Islam schürten. „Die Milliardärsfamilie hat ihren außerordentlichen Reichtum dazu genutzt, den Aufstieg des gewalttätigen weißen Nationalismus in diesem Land zu finanzieren. Insbesondere Rebekah Mercer hat Politiker finanziell unterstützt, die weiße nationalistische Stimmungen verstärken, und Plattformen wie *Breitbart* und Parler, die rechtsextreme Verschwörungstheorien verbreiten."

Zu Mercers Mitstreitern gehörte in dem Jahrzehnt nicht nur *Breitbart*-Macher und Alt-Right-Aktivist Bannon. Auch Präsident Donald Trump oder seine Beraterin Kellyanne Conway lebten von seinem Geld und standen der Familie nahe. Conway prägte 2017 den Ausdruck „alternative facts", als sie Falschaussagen von Trumps Pressesprecher rechtfertigte. Als „millionenschweres Propagandanetzwerk", beschreibt Investigativjournalistin Carole Cadwalladr das Mercer-Imperium, „das den Mainstream-Medien den Kampf" angesagt habe.

FINANZIER DES KRIEGES

Robert Mercer ist kein Mensch, der sich aufdrängt. „Ich liebte die Einsamkeit des Computerlabors spätnachts, den Geruch der Klimaanlagenluft, das Geräusch der surrenden Datenträger und das Klacken der Drucker", sagt der Milliardär bei einer Dankesrede 2014, als ihm von der Association for Computational Linguistics ein Preis für seine Arbeit bei IBM verliehen wird. Für einen „revolutionären" Durchbruch in der Sprachverarbeitung, heißt es – einem Verfahren, das eine Schlüsselrolle bei der Entwicklung künstlicher Intelligenzen wie Siri gespielt hat. Fast eine Stunde redet Mercer an diesem Abend über seine Liebe zu Computern. Halb scherzhaft schließt er: „So viel rede ich sonst in einem ganzen Monat nicht."

Schätzungsweise 125 Millionen Dollar verdient Mercer laut *Forbes* 2016, im Jahr zuvor waren es 150 Millionen. Sein Vermögen fußt dabei nicht auf seinen Erfolgen bei IBM. Reich wird er als Co-CEO von Renaissance Technologies, einem Hedgefonds, der knapp 100 Milliarden Dollar weltweit bewegt. Erst mit Ende 40 ist Mercer von IBM zu Renaissance gewechselt. Dort hat er gemeinsam mit Kollegen Algorithmen entwickelt, die auf Basis riesiger Datensätze Finanzgeschäfte vorhersehbar und den Hochfrequenzhandel effektiver machen.

Als sozial unbeholfen beschreiben ehemalige Mitarbeiter den Milliardär, als einen Mann in den 70ern mit scheuem Charme, der wenig rede und seinem Gegenüber nur schwer in die Augen schauen könne. Und ein begnadeter Pokerspieler sei Mercer. Er besitzt eine 2,7 Millionen Dollar teure Modelleisenbahn im Keller und zugleich eine der größten Sammlungen von Maschinengewehren der USA. Öffentlich äußert sich Mercer kaum; zu seinen politischen Ansichten noch weniger. „Ich bin glücklich, wenn ich durch mein Leben gehen kann, ohne auch nur ein Wort mit irgendwem zu wechseln", sagte er einmal dem *Wall Street Journal*.

Was man über Mercer erfährt, kommt aus seinem Umfeld. Für Verschwörungstheorien und obskure Ansichten soll er empfänglich sein, berichten Bekannte. Angeblich erzählte er in kleiner Runde oder bei Geschäftsessen gern krude Geschichten über Hillary und Bill Clinton, die er wie den Rest des politischen Establishments offen verachtet. Die Clintons steckten demnach mit der CIA unter einer Decke, seien in Drogengeschäfte verwickelt und sogar für Morde verantwortlich. Andere steile Thesen, die Mercer vertreten soll: Die Atombomben auf Hiroshima und Nagasaki hätten den Japaner nicht geschadet, sondern sie gesünder gemacht. Und der Civil Rights Act von 1964 sei ein großer Fehler gewesen, weil es den Schwarzen vorher wirtschaftlich besser gegangen sei.

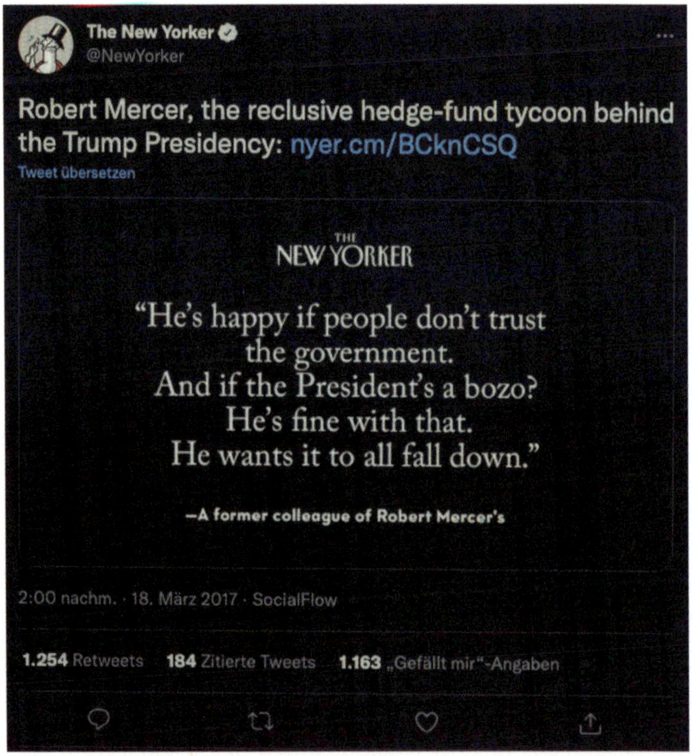

2017 bringt das Magazin The New Yorker eine der ersten großen Geschichten über Mercer. (Screenshot: CORRECTIV)

„Bob glaubt, dass die Gesellschaft auf dem Kopf steht", beschreibt David Magerman, ein ehemaliger Mitarbeiter bei Renaissance Technologies, im *New Yorker* die extrem **libertäre Weltsicht** Mercers. Die Regierung müsse in seinen Augen „auf die Größe eines Stecknadelkopfes geschrumpft werden", sagt Magerman. Mercer denke, „dass die Regierung den Schwachen hilft, stark zu werden, und die Starken schwach macht, indem sie ihnen durch Steuern das Geld wegnimmt. Bob glaubt, dass der Mensch keinen anderen Wert hat als den, wie viel Geld er verdient." Eine Katze habe einen Wert für Mercer, „weil sie dem Menschen Freude bereitet. Aber wenn jemand Sozialhilfe bezieht, hat er einen negativen Wert." Mercers Rechnung sei einfach: „Wenn jemand tausendmal mehr verdient als ein Lehrer, dann ist er tausendmal mehr wert."

Das ist ein interessantes Stichwort. Eine Studie zur Querdenker-Bewegung sieht eine Verbindung zwischen der libertären Haltung einer Person und ihrem Hang zu Verschwörungstheorien. Mehr dazu am Ende des 6. Kapitels, Abschnitt: Woher kommen Misstrauen und Verschwörungsglauben?

Diese Überzeugungen seien bei Renaissance bekannt gewesen, sagt Magerman. Da Mercer aber so schüchtern und öffentlichkeitsscheu gewesen sei, hätten die Aussagen niemanden beunruhigt. „Keiner von uns hätte je gedacht, dass er seine Ansichten nach außen tragen würde", erzählt Magerman, „weil er nur mit seinen Katzen sprach."

Damit lagen seine Kollegen falsch. Denn Mercer beginnt schließlich, sein Geld für sich sprechen zu lassen.

DIE LÜCKE IN DER VERTEIDIGUNG

Mercer war mit seiner Tochter Rebekah einer der Ersten, die die Tore zu nutzen wussten, die sich 2010 in die amerikanische Politik öffneten. Damals kippte im Fall **„Citizens United versus Federal Election Commission"** der Oberste Gerichtshof die Obergrenzen für Unternehmen, Sendungen mit politischem Inhalt zu finanzieren. Die konservative Non-Profit-Organisation Citizens United setzte sich damit gegen die US-Bundeswahlkommission durch. Es war eine umstrittene Entscheidung, die eine mehr als 100 Jahre alte Beschränkung aufhob und Unternehmen, Gewerkschaften oder Non-Profit-Organisationen ermöglichte, quasi unbegrenzt Geld in den US-Wahlkampf zu pumpen.

Falls dich die Hintergründe dieses historischen Urteils interessieren, findest du hier alle Infos zur Auseinandersetzung „Citizens United versus Federal Election Commission" – inklusive Audiomitschnitten und Stellungnahmen des Gerichts.

Große Geldgeber hatten schon lange Einfluss auf die politische Landschaft in den USA gehabt. Seit der Entscheidung „Citizens United" hat er sich aber dramatisch ausgeweitet. Gelder reicher Spender, von Unternehmen und speziellen Lobbygruppen stiegen massiv an, politische Korruption nahm zu, und die amerikanische Demokratie geriet ins Wanken.

„Wir können heutzutage all das legal tun“, kommentiert der Harvard-Juraprofessor Lawrence Lessig die Auswirkungen des Urteils, „was Nixon (Anmerkung: im Zuge der Watergate-Affäre) auf illegalem Wege hatte tun müssen.“

Die wahrscheinlich bedeutendste Folge von „Citizens United“ waren die Gründungen von sogenannten Super-PACs. Politische Aktionskomitees oder PACs sind Organisationen, die Geld für Kampagnen sammeln, etwa um politische Kandidaten zu unterstützen oder zu attackieren, manchmal auch, um Konflikte um Gesetze zu entfachen und anzuheizen. Super-PACs sind im Gegensatz zu traditionellen PACs nicht an eine Obergrenze für Geld gebunden, das sie zum Beispiel für Wahlwerbung sammeln und ausgeben dürfen. Damit wurden jegliche Ketten für vermögende Spender gesprengt. Sie können nun über gemeinnützige Organisationen relativ leicht ihre Identitäten verschleiern und Geldflüsse intransparent halten. Die Summe, die offiziell über PACs und später Super-PACS und Non-Profit-Organisationen in den US-Wahlkampf floss, belief sich im Jahr 2000 auf 33,8 Millionen US-Dollar. Bis 2020 wuchs sie auf rund 2,9 Milliarden US-Dollar an. Das entspricht einem Wachstum von fast 8.500 Prozent.

Mercer sei „nicht die erste Person in der Geschichte, die Geld in der Politik einsetzt“, sagt Nick Patterson, ehemaliger Codeknacker für britische und US-amerikanische Geheimdienste und später leitender Mitarbeiter von Renaissance, „aber meiner Meinung nach wäre Trump ohne Bob nicht Präsident geworden. Effektiver geht es kaum noch.“

Follow the money – so lautet ein Grundsatz für journalistische Recherchen. Und genau das werde ich auf den folgenden Seiten tun.

Es sind die prägnantesten Spuren, die Robert Mercer hinterlässt. Wofür sein Geld schließlich steht, machen seine Tochter Rebekah, Steve Bannon und weitere Akteure der politischen Rechten deutlich, die ich zwischendurch ins Spotlight rücken werde.

Allein 2016 spendet Mercer offiziell über 22,5 Millionen Dollar an republikanische Kandidaten und politische Aktionskomitees. Mehr als 15 Millionen Dollar gehen davon an das Super-PAC „Make America Number 1“, in dessen Vorstand Mercers Tochter Rebekah sitzt. Steve Bannon macht aus ihm heraus Wahlkampf für Donald Trump, bevor er dann mit weiteren Mitarbeitern von Mercers Super-PAC direkt in das Team des damaligen Präsidentschaftskandidaten wechselt.

Aber der Reihe nach.

DIE FRONTEN WERDEN AUFGERÜSTET

Rebekah Mercer ist eine lang gezogene Rothaarige in ihren 40ern mit Vorliebe für exzentrische Brillengestelle. Und rechtsextreme Netzwerke. Schnell verdient sie sich den inoffiziellen Titel „First Lady of the Alt-Right", denn schon früh bläst sie zum Feldzug gegen das politische Establishment und die Clintons. 2008 übernimmt sie den Vorsitz über die Mercer Family Foundation. Unter ihrer Leitung investiert die Familienstiftung zwischen 2009 und 2014 über 70 Millionen Dollar in konservative Projekte. Sie wolle „Amerika davor zu bewahren, wie das sozialistische Europa zu werden", sagt Rebekah 2010 zu mehreren Bekannten.

Mindestens 36,5 Millionen Dollar gehen nach Angaben der *Washington Post* an einzelne Wahlkämpfe der Republikaner, 35 Millionen Dollar spenden die Mercers an konservative Thinktanks und politische Gruppen, von denen mehrere immer wieder eine entscheidende Rolle bei Angriffen auf Hillary Clinton spielen.

So erhält zum Beispiel Citizens United zwischen 2012 und 2014 rund 3,6 Millionen Dollar an Zuwendungen von der Mercer Family Foundation. Wir erinnern uns: Die Non-Profit-Organisation war vor den Obersten Gerichtshof gezogen und hatte mit dem Urteil den Weg für Großspender wie die Mercers frei gemacht. Es ging damals übrigens um die Finanzierung und Ausstrahlung des Films „Hillary: The Movie", mit dem Citizens United Senatorin Clinton attackierte, als sie 2008 bei den Vorwahlen zur Präsidentschaftswahl antrat.

Mercer, der aus seinem Hass auf die Clintons kein Geheimnis macht, pflegt schon damals engen Kontakt zu der Organisation. Mit David Bossie, Präsident von Citizens United, verbindet ihn eine lange Freundschaft. Bossie wiederum arbeitet regelmäßig im Rahmen von Dokumentarfilm-Produktionen mit Steve Bannon zusammen. „Er ist ein unglaublich visionärer und belesener Filmemacher", sagt Bossie über Bannon. „Er ist brillant, ein brillanter Autor und Regisseur. Wir stehen Schulter an Schulter mit Steve Bannon und unseren Produkten. Wir sind sehr stolz auf alle unsere Filme."

2010 ist es Bossie, der Bannon und Trump einander erstmals vorstellt. Während des Präsidentschaftswahlkampfs 2016 arbeitet auch Bossie für das von Mercer finanzierte Super-PAC „Make America Number 1“. Außerdem erzwingt er mit seiner ebenfalls von Mercer finanzierten Organisation Citizens United die Veröffentlichung von Hillary Clintons E-Mail-Verkehr. Im September 2016 verlässt er das Super-PAC, um auf Wunsch der Mercers Trumps stellvertretender Wahlkampfleiter zu werden. Im Januar 2020 unterstützt Bossie die Trump-Administration bei der Anfechtung des Amtsenthebungsverfahrens.

Allerdings sind wir wieder zu weit vorausgesprungen. Gehen wir zurück ins Jahr 2011, als die Mercers noch dabei sind, ihr Propagandanetzwerk aufzubauen und Amerika auf einen Präsidenten wie Trump vorzubereiten.

Dafür müssen sie den etablierten Medien den Krieg erklären.

2011 lernt die Milliardärsfamilie Andrew Breitbart kennen, den Gründer des gleichnamigen Nachrichtenmagazins. Breitbart macht die Mercers mit Steve Bannon bekannt. Die Familie ist von Bannon begeistert. Die Mercers verbringen viel Zeit mit ihm, beginnen, ihm zu vertrauen. Schließlich wird Bannon ihr politischer Berater. Noch im selben Jahr rät er der Familie, für zehn Millionen Dollar Anteile an der Nachrichtenseite *Breitbart News* zu kaufen, die zu diesem Zeitpunkt kaum nennenswerten Einfluss und Reichweite besitzt. Bannons Bedingung: Er will in den Vorstand des Unternehmens aufgenommen werden. Nach Andrew Breitbarts überraschendem Tod übernimmt Bannon 2012 die Leitung und baut, hauptsächlich finanziert durch die Mercers, die Webseite zur „Plattform für die Alt-Right“ aus.

Was dem Medienexperten Bannon bei seinem Eroberungszug in die Hände spielt: 2011 stellt Facebook den Newsfeed-Algorithmus um – die Formel, die bestimmt, welche Beiträge in den persönlichen Feeds angezeigt werden. Es sollen mehr Inhalte von Verlagen einbezogen werden. Ziel sei es, sagt Facebook-Erfinder Mark Zuckerberg, die „perfekte personalisierte Zeitung für jeden Menschen auf der Welt“ zu schaffen.

Das Problem war allerdings beziehungsweise ist noch immer, dass Facebooks Vorstellung von „Zeitung“ und „Nachrichten“ eine andere ist, als sie im gängigen Journalismus vorherrscht. Mit Anspruch an Ausgewogenheit und Fakten hat sie jedenfalls nichts zu tun. Zuckerberg spricht von „Inhalten“ – nicht von klassischen Nachrichten –, von beliebigen Inhalten, egal welcher Qualität. Und da das oberste Ziel Facebooks Wachstum ist und Wachstum durch Teilen angeheizt wird und Teilen wiederum durch

Emotionen, sind vor allem Inhalte gemeint, die die Nutzer und Nutzerinnen aufregen. Inhalte, die man liebt oder hasst. Und genau das weiß Bannon mit *Breitbart* zu bedienen.

Facebook verhilft *Breitbart* innerhalb kürzester Zeit zu enormen Klickzahlen und Reichweiten. Und so gibt die Nachrichtenseite Vollgas, wächst immens und gießt mit Rubriken wie „Black Crime“ stetig Öl ins Feuer von Extremisten und weißen Nationalisten. Besonders Rebekah Mercer zeigt in dieser Zeit großes Interesse an der Nachrichtenseite, liest fast jede Veröffentlichung, korrigiert Artikel und macht redaktionelle Vorschläge.

Breitbart kann als Content- und Reichweitenschleuder bezeichnet werden. Nachdem diese Flanke besetzt ist, zieht Bannon mit Mercers Geld die nächste Angriffslinie gegen die amerikanische Medienlandschaft: Er baut sein eigenes Investigativteam auf. Im März 2012 gründet er mit dem rechtskonservativen Journalisten und Autor Peter Schweizer das Government Accountability Institute (GAI), welches die Mercers in den folgenden zwei Jahren mit vier Millionen Dollar unterstützen. In den Unterlagen, die Bannon einreicht, um die Gemeinnützigkeit und Steuerbefreiung für das Projekt zu beantragen, erklärt er sein Vorhaben: Die Gruppe werde als „erzieherische Wohltätigkeitsorganisation“ tätig sein, um „wirtschaftliche Freiheit“ zu fördern und Korruption aufzudecken.

Bannon und Schweizer kennen sich bereits seit der Jahrtausendwende. 2004 drehten sie gemeinsam den Dokumentarfilm „In the Face of Evil: Reagan’s War in Word and Deed“, basierend auf einem Buch von Schweizer. Durch den Film lernte Bannon auch Andrew Breitbart kennen. Mit ihnen formierte sich nach der Jahrtausendwende der Kern eines neuen rechten Journalismus in den USA.

EXCLUSIVE — A DEVIL'S BARGAIN: HOW STEVE BANNON MET ANDREW BREITBART, THEN PUT CONSERVATIVES ON PATH TO DESTROY HILLARY CLINTON ONCE AND FOR ALL

by MATTHEW BOYLE | 19 Jul 2017 | Washington, D.C. | 320

„Ein Pakt mit dem Teufel: Wie Steve Bannon Andrew Breitbart kennenlernte und dann die Konservativen auf den Weg brachte, Hillary Clinton ein für alle Mal zu vernichten", betitelte die Nachrichtenseite *Breitbart* im Juli 2017 ein Porträt über Bannon (rechts). (Screenshot: CORRECTIV)

„Die moderne Ökonomie der Nachrichtenredaktionen unterstützt keine großen investigativen Reportagen", sagt Bannon 2015. GAI solle diese Lücke füllen. „Heute gibt es kein Watergate und keine Pentagon Papers mehr, weil es sich niemand mehr leisten kann, einen Reporter sieben Monate lang an einer Geschichte arbeiten zu lassen. Wir schon." Es ist ein Angriff mit Ansage. Mit hart recherchierten Fakten, sagt Bannon, könne man jedes gewünschte Narrativ „bewaffnen".

Ein Ergebnis der GAI-Recherchen ist der *New York Times*-Bestseller „Clinton Cash: The Untold Story of How and Why Foreign Governments and Businesses Helped Make Bill and Hillary Rich“. Geschrieben hat das Buch GAI-Präsident Peter Schweizer, später wird es von Rebekah Mercer und Bannon verfilmt.

Mit derartigen Publikationen und Recherchen kann Bannon die Nachrichtenagenda im Land verändern und andere Medien unter Zugzwang setzen. So veröffentlichen im Frühjahr 2015 viele große Zeitungen, unter anderem *The Times*, auf ihrer Titelseite Artikel, die sich auf „Clinton Cash“ stützen. Auch wenn Schweizer im Nachhinein einige Aussagen über die Clintons als Gerüchte und Verschwörungstheorien revidieren muss, haben die Medien nach Bannons Stöckchen geschnappt und brav Männchen gemacht. Fake News wurden gestreut, und Bannon hat die Aufmerksamkeit des Nachrichtenzyklus nach seinen Vorstellungen gelenkt.

Also macht er genauso weiter.

„Hillary und Bill Clinton sind die beiden größten Betrüger, die jemals für das Amt des Präsidenten der Vereinigten Staaten kandidiert haben“, hetzt er am 20. Juli 2016 in seiner *Breitbart News*-Radioshow.

Auf der Zielgeraden der Präsidentschaftskampagne 2016 haben Bannon Film Industries und Glittering Steel gerade die Verfilmung des „Clinton Cash“-Buches herausgebracht. Glittering Steel ist eine Filmproduktionsfirma, die Bannon zusammen mit Rebekah Mercer betreibt. Er nutzt sie unter anderem, um Videos für Republikaner oder prorepublikanische Spender im Wahlkampf und für Klimawandelleugner zu produzieren. Als er seinen Freund Peter Schweizer zu Gast in seiner Show hat, um den Film zu bewerben, schießt sich Bannon auf die Clintons ein. Er beschimpft das Politikerpaar als „Drecksäcke“ und „Banditen“, die durch politische Verbindungen Millionen von Dollar verdienten.

Ein Woche später ist der Autor und GAI-Präsident wieder bei Bannon im Studio. Abermals geht es um „Clinton Cash“, Schweizer sagt: „Dieser Film und ‚Clinton Cash‘ … es ist kein Buch über Dinge, die abstrakt passieren. Es geht darum, wie eine politische Führungsschicht, verkörpert durch die Clintons …, systematisch die Interessen des Landes für persönlichen Profit verkauft.“

Cut. Kurz herausgezoomt: Was für ein scheinheiliger Satz! Ist der Film zu „Clinton Cash“ doch das Produkt einer komplexen Multimedia-Maschine aus Organisationen und Unternehmen. Bannon nutzt sie, um seine Agenda voranzutreiben und dabei selbst Millionen zu verdienen. Nicht nur am GAI, an den Produktionsfirmen, an der Werbung über *Breitbart* verdient er sich reich. Auch über ARC Entertainment fließt Geld in seine Taschen – diese Firma verleiht den Film offiziell, ihr Eigentümer ist Bannon.

Und so gut wie jedes Glied dieser Produktions- und Verwertungskette ist aus dem Geld der Mercers geschmiedet.

Um sicherzugehen, dass die Vorstellungen der Familie verfolgt werden, sitzt Mercers Tochter Rebekah selbstverständlich bei GAI im Vorstand. Aber nicht nur dort oder bei Glittering Steel arbeitet sie eng mit Bannon zusammen, sondern auch bei Reclaim New York. Reclaim wurde 2013 von ihr, ihrem Vater Robert und Bannon gegründet, um die angeblich übermäßigen öffentlichen Ausgaben zu überwachen. Die Non-Profit-Organisation verfolgt die Strategie, Anträge nach dem amerikanischen Informationsfreiheitsgesetz zu stellen, um Einsicht in Ausgaben der Regierung zu bekommen. Neben eigenen Anfragen schult das Unternehmen auch Bürger darin, entsprechende Anträge selbst zu stellen.

STREUFEUER, PANZERBRECHER UND VOLKSARMEE

An dieser Stelle zoome ich ein weiteres Mal heraus: Betrachtet man das, was Bannon und Mercer hier tun, als Ganzes, spielen sie nichts anderes als Schach. Zug für Zug bringen sie ihre Figuren in Stellung. Ich kenne das von CORRECTIV. Es geht um einen großen Plan.

Ebenso wie GAI wollen wir eine Lücke füllen, die sich in der Nachrichtenlandschaft aufgetan hat. Denn Sparzwang und ökonomischer Druck lasten schwer auf klassischen Redaktionen. Kurz: Der Journalismus krankt. Um ihn zu stärken, machen wir langfristige und aufwendige Investigativrecherchen. Und um dies wiederum zu stemmen, suchen wir einen anderen Weg als die herkömmlichen Finanzierungsmodellen in unserem Mediensystem, also das private und das öffentlich-rechtliche Modell. Dabei wenden wir uns aber nicht an einen Geldgeber, der seine Zahlung an die Erfüllung einer Agenda knüpfen könnte. Sondern wir setzen auf eine breite Community aus Stiftungen und Einzelspendern, die die Idee des gemeinnützigen Journalismus fördern wollen. Und das sind viele, unsere Community wächst, sie garantiert unsere Unabhängigkeit. Ob eine solche Unabhängigkeit für Bannon jemals relevant war, möchte ich bezweifeln.

Wie Reclaim betreiben auch wir Volksbildung. CORRECTIV bietet etwa Weiterbildungen zum deutschen **Informationsfreiheitsgesetz** an – das ist einer von vielen Bestandteilen unserer Schulungsangebote. Wir wollen damit der Bevölkerung das Werkzeug an die Hand geben, als mündige Bürgerinnen und Bürger an unserer Demokratie teilzunehmen und sie im Rahmen ihrer Rechte mitzugestalten.

Willst du mehr wissen über das Informationsfreiheitsgesetz (IFG), nach dem jeder Bürger das Recht hat, interne Dokumente oder Schriftverkehr aus Behörden und Ministerien anzufordern? Aus Erfahrung kann ich dir sagen: Einen IFG-Antrag zu stellen ist gar nicht schwer. Hier findest du unsere Tutorials mit den wichtigsten Infos zum IFG.

Auf der Webseite von Reclaim klingt dieser Ansatz anders: „We confront the insidious spread of socialist ideas through direct advocacy and the support of a statewide citizen army." Auf Deutsch: „Wir treten der heimtückischen Verbreitung sozialistischer Ideen durch direkte Fürsprache und die Unterstützung einer landesweiten Bürgerarmee entgegen."

Wo wir mit CORRECTIV versuchen zu stärken, versuchen Bannon und Mercer zu spalten. Um ihr Narrativ von der korrupten Politikelite zu streuen, gegen die sich das Volk auflehnen müsse, attackieren oder mobilisieren sie verschiedene Bereiche der Gesellschaft. Dabei gehen sie strategisch klug vor: Eine Nachrichtenseite wie *Breitbart* sorgt erst mal unablässig für populistisch-propagandistisches Streufeuer. Aus der GAI-Schmiede kommen derweil investigative Panzerbrecher, die Gehör in der breiten Öffentlichkeit finden, denn klassische Medien ziehen hinterher. Und um die Stimmung noch weiter anzuheizen, versuchen Bannon und Mercer, eine Bürgerarmee ins Leben zu rufen.

Es geht ihnen nicht darum, die Demokratie zu bewahren, sondern sie wollen sie niederreißen. Sie wollen den Menschen die Faktenbasis rauben und den gesellschaftlichen Dialog sprengen: auf dass die gesellschaftliche Ordnung untergehe.

MEHR BRÄNDE, MEHR BRANDSTIFTER

Um die Stimmung in der Bevölkerung zu ändern, reicht es nicht, das Vertrauen in ihre Regierung zu erschüttern und das Volk in Propaganda zu ertränken. Es muss auch die Glaubwürdigkeit der Medien und der Wissenschaft vernichtet werden.

Parallel zu den Medienprojekten Bannons fördert die Mercer Family Foundation das Media Research Center (MRC), ein vom konservativen Aktivisten Brent Bozell geleitetes Institut für Inhaltsanalysen. Es bezeichnet sich selbst als Medienwächter. Das MRC stellt unter anderem den Klimawandel infrage und verbreitet über Studien und eigene Kanäle wie *CNSNews* Desinformation. Zwischen 2008 und 2014 erhält es etwa 13,5 Millionen Dollar an Zuschüssen von der Mercer Family Foundation. Und auch hier gilt wieder: Geld ohne Agenda gibt es nicht – Rebekah ist Vorstandsmitglied.

Auf der Webseite heißt es: „Seit 1987 arbeitet das MRC daran, den Propagandaarm der Linken zu entlarven und zu neutralisieren: die nationalen Nachrichtenmedien."

Das konservative Media Research Center inszeniert sich als Kämpfer für die Wahrheit. (Screenshot: CORRECTIV)

Die MRC-Ausspielplattform *CNSNews* formuliert ihren Auftrag als logische Konsequenz daraus. Und mit jedem Satz bedient sie das Lügenpresse-Narrativ: „CNSNews wurde am 16. Juni 1998 als Nachrichtenseite für Privatpersonen, Nachrichtenorganisationen und Rundfunkanstalten ins Leben gerufen, die mehr Wert auf Ausgewogenheit als auf Spin legen und Nachrichten suchen, über die aufgrund der Einseitigkeit der Medien zu wenig berichtet wird oder die ganz ignoriert werden. Mit jeder neuen Studie des Media Research Center, der Mutterorganisation von CNSNews, zeigt sich die liberale Voreingenommenheit in vielen Nachrichtenagenturen – Voreingenommenheit durch Auftraggeber und Voreingenommenheit durch Auslassen –, die häufig zu einer Doppelmoral bei redaktionellen Entscheidungen darüber führt, was ‚Nachrichten' sind."

Als ob rechtskonservative Buschbrände nicht reichen würden, befeuern die Mercers auch den Zweifel an der menschengemachten Erderwärmung. Zwischen 2008 und 2016 fließen rund 5,9 Millionen Dollar über die Mercer Family Foundation an das Heartland Institute. Damit ist die Familie einer der größten Geldgeber der organisierten Klimaleugnerbewegung. Auf der Webseite des Instituts steht unverhohlen: „Die meisten Wissenschaftler glauben nicht, dass die menschlichen Treibhausgasemissionen eine erwiesene Bedrohung für die Umwelt oder das menschliche Wohlergehen darstellen, obwohl die Umweltbewegung mit einer Flut von Propaganda das Gegenteil behauptet, die von ihren Kriechern in den Mainstream-Medien aufgegriffen wird."

Unsere Recherche zum amerikanischen Heartland Institute und seinem Einfluss in Deutschland kannst du mit allen Details und Hintergründen auf unserer Webseite nachlesen. Plus Undercover-Videos.

Wie das **Heartland Institute** konkret Stimmung und Desinformation verkauft und verbreitet, zeigen wir mit unserer Undercoverrecherche in der internationalen Klimawandelleugner-Szene. Dabei wird deutlich: Mercers Geld und Einfluss reichen über das Heartland Institute hinaus bis in den Deutschen Bundestag.

KEIN KRIEG OHNE SPIONAGE

Über Jahre hinweg haben die Mercers gemeinsam mit Bannon und weiteren Akteuren der rechtskonservativen Szene ein Netzwerk aufgebaut, das gegen Politik, Medien und Wissenschaft mobilisiert, sie attackiert und gleichzeitig Alternativen verspricht.

Doch was wäre ein solches Netzwerk für einen Menschen wie Robert Mercer ohne vernünftige Datengrundlage?

2012 investiert er also fünf Millionen Dollar in ein britisches Unternehmen namens SCL Group, das mit Data-Mining arbeitet. Diese Strategic Communication Laboratories Group ist der spätere Mutterkonzern von Cambridge Analytica. Das Unternehmen wirbt damit, auf „Wahlmanagementstrategien" und „Nachrichten- und Informationsoperationen" spezialisiert zu sein. Es wirkte an Kampagnen in Argentinien, Kenia, Ghana, Indonesien und Thailand mit, und das Pentagon setzte es für Umfragen im Iran und in Afghanistan ein.

SCL verspricht, komplexe psychologische Profile von Wählern zu erstellen. Das helfe beim Verfassen möglichst überzeugender Botschaften, erklärt Christopher Wylie, ehemaliger Mitarbeiter von SCL und Cambridge Analytica. Die Botschaften würden auf die Persönlichkeitsmerkmale, Hoffnungen oder Ängste eines Wählers zugeschnitten. Er lasse sich somit leichter beeinflussen. „Psyops" nennt Wylie dieses Vorgehen. „Psychologische Operationen – dieselben Methoden, die das Militär einsetzt, um einen Stimmungsumschwung zu bewirken." Die Meinung der Menschen wird demnach nicht durch Überzeugungsarbeit, sondern durch „Informationsdominanz" geändert, durch eine Reihe von Techniken, zu denen Gerüchte, Desinformationen und Fake News gehören. Man habe damit in

Entwicklungsländern experimentiert, erklärt Wylie, deren demokratische Wahlen kaum vor Angriffen geschützt gewesen seien.

Diese Entwicklungsländer seien als „Petrischalen" genutzt worden, „um zu lernen und das Know-how über verschiedene Taktiken zu erhalten", sagt Karim Amer, Produzent und Regisseur von „The Great Hack", einem Dokumentarfilm über den Datenskandal um Facebook und Cambridge Analytica. „Und durch die Verbesserung dieser Taktiken konnten sie diese dann zu höheren Kosten verkaufen – mit höherer Gewinnspanne in den westlichen Demokratien, wo das Wahlgeschäft ein globales Multimilliarden-Dollar-Geschäft geworden ist." Mit seiner Doku wollte Amer zeigen, wie weit der Einfluss von Cambridge Analytica reichte: „über die Grenzen der Vereinigten Staaten und sogar über die Grenzen der EU und Großbritanniens hinaus".

Die Möglichkeit, psychologische Eigenschaften aus digitalen Fußabdrücken vorherzusagen, wurde erstmals von Michal Kosinski, David Stillwell und Thore Graepel 2013 demonstriert. Sie waren Wissenschaftler am Psychometric Centre der Universität Cambridge und leisteten Pionierarbeit bei der Untersuchung, wie psychologische Merkmale und das Verhalten in Sozialen Netzwerken zusammenhängen. Über ein Persönlichkeitsquiz, das auf Facebook viral ging, sammelten sie Daten von mehr als sechs Millionen Menschen. Diese Facebook-Profile – insbesondere die Likes – konnten mit Millionen von anderen Profilen korreliert werden.

Kosinski fand heraus, dass sein Modell bei Kenntnis von 150 Likes die Persönlichkeit einer Person besser vorhersagen konnte als der Ehepartner. Bei 300 verstand es einen sogar besser als man selbst.

„Computer sehen uns auf eine härtere Weise als wir uns selbst", sagt Kosinski. Er warnte 2013 in einem Aufsatz vor „erheblichen negativen Auswirkungen", sollten sich „kommerzielle Unternehmen, Regierungsinstitutionen oder auch Facebook-Freunde" dieser Methoden bedienen: „Man kann sich Situationen vorstellen, in denen solche Vorhersagen, selbst wenn sie falsch sind, das Wohlbefinden, die Freiheit oder sogar das Leben eines Menschen gefährden könnten."

Die SCL Group habe sich auf höchster Ebene – für die Nato, das Verteidigungsministerium, das US-Außenministerium und andere – darauf spezialisiert, das Verhalten großer Gruppen zu verändern, sagt Emma Briant. Sie forschte an der Universität Sheffield zu Medien, Überwachung und Informationskriegsführung und ist Autorin des Buches „Propaganda and Counter-Terrorism: Strategies for Global Change".

Der Ansatz von SCL liegt Mercer. Als Informatiker arbeitete er schon erfolgreich mit riesigen Datensätzen, erst bei IBM, dann bei Renaissance. Vermutlich besteht für Mercer kaum ein Unterschied zwischen mathematischen Modellen zur Vorhersage für den Wertpapierhandel und Wahrscheinlichkeitsmodellen zum Wahlverhalten von Bevölkerungsgruppen und den Möglichkeiten, es zu beeinflussen.

„There is no data like more data", war schon früh Mercers Grundsatz. Mit SCL wollen die Mercers den Datenbetrieb jeder von ihnen unterstützten politischen Kampagne selbst kontrollieren – was ihnen enormen Einfluss auf Botschaft und Strategie geben würde.

2014 unterstützt Mercer die Gründung der amerikanischen SCL-Niederlassung mit 15 Millionen Dollar. Die Tochterfirma wird Cambridge Analytica genannt. Ebenfalls an der Gründung beteiligt ist Bannon, der dort zwei Jahre als Vizepräsident tätig sein wird. Rebekah fliegt damals mit Alexander Nix, dem CEO des Unternehmens, durch das Land, um ihn ihren Kontakten vorzustellen. Dabei trifft Rebekah auch Vertreter von Organisationen wie PACs, die das Geld der Familie annehmen. Sie will sie dazu bewegen, die neue Datenfirma mit Aufträgen zu versorgen.

Cambridge-Analytica-CEO Alexander Nix auf Verkaufstour beim „Concordia-Gipfel" 2016. (Screenshot: CORRECTIV)

„Welches Auto Sie fahren, welche Produkte Sie kaufen, welche Zeitschriften Sie lesen, welchem Golfclub sie angehören, in welche Kirche sie gehen. Und natürlich Persönlichkeits- und Verhaltensdaten“, all das sei in ihrer Datenbank erfasst, wirbt Nix 2016 auf der Bühne des „Concordia-Gipfels“ in New York. Auf dieser Konferenz treffen sich Vertreter aus Regierungen, Unternehmen und gemeinnützigen Organisationen. „Heute müssen wir nicht mehr raten, welche kreative Lösung wohl funktionieren könnte. Wir können Hunderte, Tausende individuelle Datenpunkte für unsere Zielgruppen nutzen, um genau zu verstehen, welche Nachrichten welche Zielgruppen ansprechen werden, bevor der kreative Prozess beginnt.“

Für Verkaufsgespräche ist Nix begnadet. Ebenso für das Lügen. „Wir versuchen sicherzustellen, dass die Wähler Botschaften zu den Themen und Politiken erhalten, die ihnen am wichtigsten sind, und wir versuchen sicherzustellen, dass sie nicht mit irrelevantem Material bombardiert werden“, wird er zwei Jahre später das Propagandageschäft von Cambridge Analytica vor einem britischen Untersuchungsausschuss zum Brexit beschreiben. „Das kann nur gut sein. Das kann nur gut sein für die Politik, es kann nur gut sein für die Demokratie.“

TRUMPS TOTALER SIEG

Und nun befinden wir uns endlich mit unseren Erzählsträngen im US-Präsidentschaftswahlkampf 2016, an dem Punkt, wo so viele Fäden der Mercer-Förderungen zusammenlaufen.

Als der ursprünglich von ihnen favorisierte Ted Cruz seine Kandidatur am 3. Mai 2016 aufgibt, richten die Mercers ihr Super-PAC neu aus. Zunächst soll es „Defeat Crooked Hillary PAC“ heißen, was aber bei der Federal Election Commission nicht durchgeht. Schließlich wird es „Make America Number 1“ genannt. Trotzdem läuft unter dem offiziell abgelehnten Namen während des Wahlkampfes eine Webseite weiter, die um Spenden bittet und gegen die Demokratin hetzt.

Eine archivierte Version der Webseite *Defeat Crooked Hillary*. Die beiden Handschellen im „Crooked"-Logo waren eine Idee des Teams von Cambridge Analytica. (Screenshot: CORRECTIV)

In erster Linie geht es Mercer darum, Clinton zu verhindern; in Trump erkennt er aber einen Kandidaten, mit dem sich das politische Establishment aufmischen lässt. Bannon zeigte seine Sympathien für Trump schon während der Vorwahlen, als *Breitbart* immer wieder Cruz-kritische Artikel veröffentlichte.

Nur wenige Wochen nachdem Cruz aus dem Rennen ausgeschieden ist, treffen sich Rebekah Mercer und Kellyanne Conway im Trump Tower. Conway ist eine Meinungsforscherin, die im Auftrag der Mercers das Cruz-Super-PAC geleitet hat. Anwesend beim Gespräch sind auch Ivanka Trump und ihr Ehemann Jared Kushner. Es gibt Salate und Sandwiches. Rebekah und Ivanka reden über Kindererziehung und über ihr gemeinsames Los, die Töchter von reichen und erfolgreichen Vätern zu sein. Es folgen weitere Gespräche, auch mit Trump persönlich. Als die **kreml-nahen Kontakte** von Trumps Wahlkampfmanager Paul Manafort auffliegen und bekannt wird, dass er dubiose Geldflüsse aus der Ukraine erhalten hat, gerät Trump unter Beschuss. Manafort tritt zurück. Auf Anregung von Rebekah ersetzt ihn Trump durch Steve

Mit den Angriffen Russlands auf die US-Wahl und auf die Brexit-Abstimmung beschäftige ich mich ausführlich im 6. Kapitel. Dort werden wir uns auch anschauen, welchen Einfluss prorussische Propaganda in Deutschland hat.

Bannon. Weitere Mitarbeiter aus Mercers Super-PAC holt Trump in sein Team: Conway wird Wahlkampfmanagerin. David Bossie, der kurzzeitig ihre Aufgabe bei „Make America Number 1" übernommen und mit Citizens United die Veröffentlichung der Clinton-Mails erzwungen hat, wird ihr Stellvertreter. Gegenüber der *Washington Post* erklären die Mercers in einem ihrer seltenen Pressestatements: „Zum ersten Mal seit vielen Jahrzehnten haben die amerikanischen Wähler die Chance, der politischen Elite den Rücken zu kehren, einer Elite, die sowohl demokratisch als auch republikanisch ist und die Hillary Clinton zu ihrer Anführerin gewählt hat, eine überzeugte Gegnerin des ersten und zweiten Verfassungszusatzes und die unehrlichste, korrupteste und inkompetenteste Politikerin, die jemals die amerikanische Präsidentschaft anstrebte."

Parallel hämmert *Breitbart News* im Dauerbeschuss die Bedrohung durch das Establishment und die Linke, durch Fremde und Andersdenkende in die Köpfe der Trump-Wähler. Für sie wird die Nachrichtenseite im Wahlkampf zur Informationsquelle Nummer eins. Seit der Übernahme durch Bannon hat *Breitbart* die Reichweite kontinuierlich gesteigert, vor allem werden die Artikel der Seite in den Sozialen Netzwerken verbreitet. In der langen Wahlnacht des 8. November 2016 wird *Breitbart News* bei der Facebook-Interaktionsrate selbst *Fox News*, *CNN* und die *New York Times* übertrumpfen.

Anfang Oktober, einen Monat vor der Wahl, macht Trump eine Enthüllung zu schaffen. Eine Aufnahme aus dem Jahr 2005 ist auftaucht, die entblößt, wie abschätzig und widerlich er über Frauen spricht: „Wenn du ein Star bist, lassen sie dich alles machen." Auch wird bekannt, dass Trump bei Schönheitswettbewerben in die Umkleidekabinen spazierte. Schnell geben die Mercers eine weitere Erklärung ab, von Entrüstung ist darin allerding nicht viel zu hören: „Wir sind völlig gleichgültig gegenüber Mr Trumps Angeberei in der Umkleidekabine." Stattdessen nutzen sie die Aufmerksamkeit, um weiter gegen ihre Feindbilder zu schießen und mantrahaft das Narrativ vom verlogenen Establishment herunterzubeten: „Amerika hat endlich die Nase voll und ist angewidert von seiner politischen Elite. Trump kanalisiert diese Abscheu, und diejenigen in der politischen Elite, die vor der Boombox des Mediengeschwätzes zittern, wissen nicht, vor welcher apokalyptischen Wahl Amerika am 8. November steht. Wir haben ein Land zu retten, und es gibt nur eine Person, die es retten kann. Wir und die Amerikaner im ganzen Land und auf der ganzen Welt stehen fest hinter Donald J. Trump."

In der Wiederholung liegt die Wahrheit. Einen Monat später gewinnt Trump die Wahl.

Am Ende einer guten Erzählung besiegt der Held das Ungeheuer. Mit diesem Motiv ist auch die Karte gestaltet, mit der Mercer zur Feier des Sieges über Clinton nach Long Island lädt: Ein Römer hält den abgetrennten Kopf der Medusa. Das Motto der Kostümparty in seiner märchenhaften Villa auf dem Anwesen Owl's Nest: „Heroes and Villains". Mercers und Bannons Rechnung ist mit Trump aufgegangen.

Dass Bannon und Conway nach der erfolgreichen US-Wahl einflussreiche Positionen um den Präsidenten besetzen, überrascht nicht. Rebekah bekommt außerdem einen Sitz in Trumps Übergangsteam und kann weiteren Einfluss darauf nehmen, welche Kandidaten für die verschiedenen Kabinettsposten und Regierungsämter rekrutiert werden. Sie setzt sich für die Ernennung von Jeff Sessions zum Justizminister ein, der als rechter Hardliner in Sachen Immigration gilt. Und für John Bolton. Er ist von 2013 bis 2018 Vorsitzender des **Gatestone Institute**. Dieser rechtskonservative und islamkritische Thinktank verbreitet Desinformation und kooperiert mit deutschen Fake-News-Seiten, wie wir in einer Recherche an späterer Stelle in diesem Buch aufschlüsseln. Interessant an dieser Stelle ist aber vielmehr, dass die Mercer Family Foundation zwischen 2014 und 2017 insgesamt 450.000 Dollar an das Gatestone Institute zahlt. Und Rebekah Mercer sitzt dort wie gewohnt im Vorstand. Bolton kann sich zu diesem Zeitpunkt auf dem von Rebekah gewünschten Posten als Außenminister nicht durchsetzen.

> Über die Verbindung zwischen Bolton und Mercer und über ihre Agenda, die sie mit dem Gatestone Institute verfolgen, kannst du ausführlich im 5. Kapitel lesen, Abschnitt: Transatlantische Bündnisse. Das Gatestone Institute pflegt nämlich enge Kontakte zur rechten Szene in Deutschland.

Er wird schließlich 2018 nach drei verschlissenen Vorgängern Trumps nationaler **Sicherheitsberater**.

> Konspirativer Fakt am Rande: Zwischen April 2014 und September 2016 finanzierte Robert Mercer das „John Bolton Super PAC" mit fünf Millionen US-Dollar. Boltons „Super PAC" wiederum zahlte der US-Wahlkommission zufolge mehr als eine Million US-Dollar an die Datenanalysefirma Cambridge Analytica.

Auch den ersten Kandidaten für den Posten als nationaler Sicherheitsberater schlägt Rebekah vor. Sie drängt auf die Ernennung von Michael Flynn. Der pensionierte Generalleutnant der Armee verbreitete während des Wahlkampfes via Twitter, dass sich Clinton an Kindern vergangen habe. Ein Schauermärchen, das später auch unter den Trump-treuen Verschwörungsgläubigen der QAnon-Bewegung kursieren wird. Weniger als einen Monat nach Beginn von Trumps Präsidentschaft muss Flynn zurücktreten, weil gegen ihn wegen geheimer Absprachen mit russischen Behörden ermittelt wird. Vor dem Ende seiner Präsidentschaft wird Trump ihn begnadigen. Flynn fordert im Gegenzug Trump nach seiner Niederlage 2020 auf, das Kriegsrecht zu verhängen, um den Amtsantritt von Joe Biden zu verhindern und Neuwahlen zu erzwingen. Nach dem Sturm auf das Kapitol sperrt Twitter Flynns Konto komplett, weil er immer wieder QAnon-Verschwörungstheorien verbreitet.

ROBERT, REBEKAH, STEVE

Es gäbe noch so viel zu erzählen …

Dass Robert und Rebekah mit Milo Yiannopoulos einen jungen, smarten Hassprediger und chronischen Provokateur finanzierten, der nicht nur Rassismus und Transfeindlichkeit pries, sondern auch Pädophilie verteidigte. Sie unterstützten ihn weiter, als er selbst für *Breitbart* nicht mehr tragbar war.

Dass Mercer 2017 öffentlich mit **Bannon** brach, weil er wegen seiner Nähe zu dem *Breitbart*-Chef als „white supremacist“ dargestellt werde. Die engen Verbindungen zwischen Bannon und Rebekah blieben dagegen bestehen. Sie übernahm die *Breitbart*-Anteile ihres Vaters.

Bannon blieb umtriebig. So hatte der rechte Aktivist auch in Brasilien seine Finger im Spiel, als Anfang 2023 Tausende von radikalen Anhängern des rechtsextremen Ex-Präsidenten Jair Bolsonaro den Kongress, den Obersten Gerichtshof und den Regierungssitz in Brasilia stürmten. Sie folgten dem Narrativ der gestohlenen Wahl wie schon zwei Jahre zuvor die Randalierer in Washington.

Dass die Mercer-Familie zahlreiche Schlüsselfiguren der extremen Rechten finanzierte, die zum Sturm aufs Kapitol in Washington bliesen, wobei fünf Menschen starben. Obwohl das ganze Ausmaß ihrer Beteiligung unklar bleibt, ist es der traurige Gipfel von Hetze und Propaganda. Während Trump und weitere Politiker auf Mercers Spendenliste nicht müde wurden, die Lüge von der gestohlenen Wahl zu wiederholen, echote sie auch aus dem Mediennetzwerk der Mercers. Ihre Günstlinge – von Breitbart über GAI bis zum Gatestone Institute – veröffentlichten Artikel und drängten zum Widerstand gegen das Establishment.

Und es sollte noch gesagt werden, dass Rebekah Mercer 2018 Parler mitbegründete, eine Mischung aus Twitter und Facebook, die sich damit rühmte, frei von Beschränkungen und Zensur zu sein. Schnell entwickelte sich das Soziale Netzwerk zu einem Sprachrohr der rechten Szene und wurde von einigen der Kapitol-Randalierer genutzt, um ihren Angriff zu planen und zu koordinieren.

Am Wochenende des 7. und 8. November 2020, als sich Trumps Wahlniederlage abzeichnete, war Parler die meistgeladene kostenlose App im Apple App Store. Und im Januar 2021, als der aufgebrachte Mob das Kapitol stürmte, hatte Parler eigenen Angaben zufolge rund 20 Millionen Nutzerinnen und Nutzer. Seit Konkurrenten wie Twitter oder Facebook verstärkt gegen Desinformationen durchgreifen und Accounts sperren, steigen die Nutzerzahlen. Doch nicht nur in den USA ist das Netzwerk beliebt, wo es Trump-Anhänger, Impfgegner und Verschwörungstheoretiker der Qanon-Bewegung nutzen, auch immer mehr Europäer sind im

Parler-Paralleluniversum unterwegs – vor allem Anhänger der Identitären Bewegung und Mitglieder der AfD.

„John und ich haben Parler gegründet, um eine neutrale Plattform für die freie Meinungsäußerung zu bieten", schreibt Rebekah in einem Parler-Beitrag. Im Geist des amerikanischen Gründervaters Benjamin Franklin „und auch, um eine Social-Media-Umgebung zu schaffen, die den Datenschutz bewahrt". Weiter heißt es: „Die immer größer werdende Tyrannei und Hybris unserer Tech-Overlords verlangt, dass jemand den Kampf gegen Data-Mining und für den Schutz der freien Meinungsäußerung im Internet anführt. Dieser jemand ist Parler, ein Leuchtturm für alle, die ihre Freiheit, die freie Meinungsäußerung und die Privatsphäre schätzen."

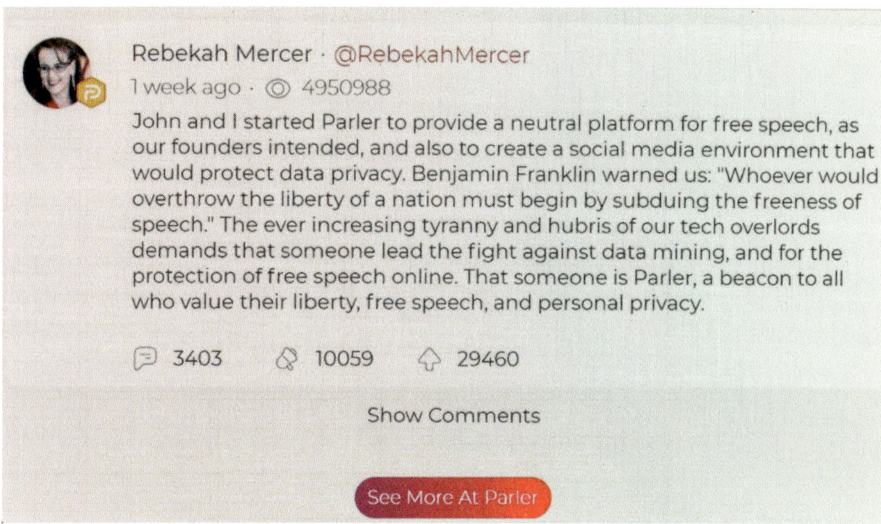

Ganz schön unverfroren: Rebekah Mercer behauptet, für Freiheit, freie Meinungsäußerung und den Schutz der Privatsphäre zu stehen. (Screenshot: CORRECTIV)

Nach ähnlichem revolutionärem Pathos (und ebenso verlogen) klingt auch ihr Vater, als er öffentlich mit Bannon bricht: „Ohne den Einzelnen, der für sich selbst denkt, wird es der Gesellschaft als Ganzes schwerfallen, das Signal der Wahrheit von dem damit verbundenen Lärm der Konformität zu unterscheiden."

Wir müssen uns vor Augen führen: Diese Menschen haben die Welt ein Stück nach ihren Vorstellungen geformt.

Ihre Artikel mit den dazugehörigen Recherchen offenbaren den Zustand einer geistigen Umnachtung. Oder: Sie sind eine bezahlte Hure der Hochfinanz in der aktuell laufenden Massenverblödung bezüglich C. Ihr Status einer Faktencheckerin ist so wertlos wie ein leeres Blatt Papier. Setzen sie sich mit der Geschichte auseinander und recherchieren sie ordentlich und plappern nicht irgendwelchen Mist nach, für den sie bezahlt werden. Sie sind weder verheiratet und haben auch keine Kinder und daher ist ihr Verhalten auch leicht erklärt – eine bunte Traumtänzerin. Die Quelle ihrer Energie ist leicht zu erraten.

Sie machen sich mit ihren Lügen und pubertären Falschinformationen zur exhibitionistischen Handlangerin von Völkermorden.

Eine halbe Wahrheit ist eine ganze Lüge.

–

Mail vom 2. November 2021 an Alice Echtermann, CORRECTIV.Faktencheck, vermeintlicher Absender ein Mann

GESTATTEN: ALICE ECHTERMANN

Anfang 2020 ging es los: Im Netz wurde erstmals über den Ursprung des Coronavirus spekuliert. „Wenn ein Schuldiger gesucht werden muss“, sagt Alice Echtermann, „geht es meist um Stereotype und Vorurteile.“ Menschen in China hätten Fledermaussuppe gegessen, hieß es, und sich so infiziert. Bald kursierten Vorwürfe – warum müssten die auch so eklige Sachen essen? Eine typische Reaktion, sagt Echtermann. „Das Gleiche sehen wir seit Jahren bei der Desinformation über Migration.“

Seit ihrem ersten Corona-Faktencheck sammeln meine Kolleginnen und Kollegen jede Falschbehauptung zum Virus in einem Übersichtsartikel. Drei Jahre nach Pandemiebeginn sind es rund 700 Stück. Willst du wissen, was für Unsinn und Panik verbreitet wurden? Hier bekommst du einen Überblick.

Als sich Ende Januar, Anfang Februar die **Falschnachrichten zu Corona** mehrten, verdichteten sich die Vorahnungen des Faktencheck-Teams, dass eine gigantische Welle an Desinformation auf sie zurollen könnte. Zu oft hatten sie die Erfahrung gemacht: Bei Nachrichtengroßlagen brannten in den darauffolgenden Tagen auch die Online-Foren und Social-Media-Timelines. So war es nach Terroranschlägen oder nachdem die Kathedrale Notre-Dame in Flammen aufgegangen war oder als in Australien der Busch in Flammen stand.

Jetzt aber sollten es die Faktenchecker nicht nur mit einem einzelnen Ereignis zu tun haben, sondern mit einer weltweiten Pandemie. Das war eine Lage, die alles überschatten würde, was es zuvor gegeben hatte.

„Wir waren damals ein kleines Team, eine Handvoll Leute", sagt Echtermann, die zusammen mit ihrem Kollegen Till Eckert zu diesem Zeitpunkt die Teamleitung von CORRECTIV.Faktencheck übernahm. Die bisherige Redaktionsleiterin, Tania Röttger, war zu Beginn der Krise in Elternzeit gegangen. Alice Echtermann und Till Eckert stellten das Team neu auf. „Wir mussten in der Pandemie einen riesigen Entwicklungsschub machen."

Die beiden teilten sich die Arbeit auf: Echtermann übernahm das Tagesgeschäft und Qualitätsmanagement, Eckert baute Strukturen und Redaktionsabläufe um. „Anfangs war unser Ansatz, erst mal die unbelegte Panikmache einzudämmen", sagt Echtermann. Etwa, als Ende Januar ein Video aus Wuhan viral ging. „Die Coronapandemie ist weitaus schlimmer, als man euch glauben machen will", so die Behauptung darin. „Sie ist viel, viel, viel schlimmer!"

Das CORRECTIV-Team machte einen der ersten Corona-Faktenchecks überhaupt. Die Welt stand am Anfang einer Pandemie. Die Beleglage war also unübersichtlich, nicht gut genug, um Eindeutiges sagen zu können. Der Virologe Christian Drosten sagte, man könne „noch nicht von einer Pandemie" sprechen. Das Fazit des Faktenchecks: Das Video verbreite „auf dramatisierende Weise unbelegte, irreführende und falsche Behauptungen".

Als sich das Virus in Europa ausbreitete und die ersten Fälle in Deutschland bekannt wurden, brachen schließlich alle Dämme. „In nicht einmal zwei Wochen", sagt Echtermann, „wurde ein Tröpfeln zu einem Strom aus Desinformation, der uns wegzuspülen drohte. Innerhalb kürzester Zeit dominierte das Coronathema, alles andere wurde komplett verdrängt." Immer mehr Menschen schickten Hinweise an die Redaktion. „Uns wurden Dinge weitergeleitet, die ihnen auf einmal aus dem Familienkreis, per Whatsapp oder sonst wo untergekommen waren, und immer dabei die Bitte: ‚Hilf mir! Du bist jemand, dem ich vertraue, dass er das recherchieren kann.' Das hat uns komplett umgehauen. Teilweise haben uns diese Hilferufe in ihrer Masse mehr belastet als der Hass und die Anfeindungen."

Die Pandemie drängte die Faktenchecker ins Homeoffice. Denkbar schlechte Voraussetzungen, um innerhalb kürzester Zeit das Team um mehr als das Doppelte aufzustocken, ein halbes Dutzend Leute einzugliedern oder frisch einzuarbeiten. „Unser E-Mail-Postfach lief über. Ich erinnere mich an Phasen, wo ich wirklich Angst hatte, morgens mein Postfach aufzumachen, weil es so voll war und ich wusste, wir kriegen das nicht hin, das ist einfach zu viel. Trotzdem haben wir es versucht und alles stumpf abgearbeitet."

Die technischen Mittel wurden verbessert: Anfangs hatten die Faktenchecker Hinweise nur per Mail entgegengenommen. Nun setzte das IT-Team zusätzlich einen CrowdNewsroom für diesen Zweck auf. Das ist ein von CORRECTIV entwickeltes Online-System, mit dem sich Daten oder Hinweise von vielen Menschen sammeln und strukturiert auswerten lassen. Parallel suchten die Faktenchecker nach Verstärkung, beknieten ehemalige Kollegen und Kolleginnen, kurzfristig einzusteigen. Andere Redaktionsbereiche von CORRECTIV arbeiteten zu.

Desinformation folgt meist einem ähnlichen Muster, sagt Echtermann. Breaking News führen zu Desinformations-Peaks. Auf ein katastrophales Ereignis folgt die Welle. Aber meist ebbt sie bald wieder ab. Die Aufmerksamkeit schnellt hoch und sinkt nach ein, zwei Wochen wieder. Andere Themen bestimmen dann das Tagesgeschehen. Desinformation folgt also dem Nachrichtenzyklus. Anders bei der Coronapandemie. Es war keine Welle, es war ein Tsunami – und die Flut ging nicht zurück. Kein Abebben, das Wasser stieg und stieg.

Auf die anfängliche Panikmache sei das Verharmlosen gefolgt, sagt Echtermann. Plötzlich hieß es: „Corona ist nicht mehr als eine harmlose Grippe. Wir werden mit dem Virus in Angst gehalten." Darin fand die Querdenker-Bewegung ihren Ursprung, erste Scheinexperten traten auf und wurden bald immer bekannter. Menschen wie Wolfgang Wodarg, der behauptete, die Pandemie sei ein großer Schwindel. Ihm folgten Sucharit Bhakdi oder Bodo Schiffmann, die begannen, auf Youtube Desinformation zu verbreiten. Der Kanal von Schiffmann hieß *Schwindelambulanz Sinsheim*. Er hatte ihn ursprünglich für seine Hals-Nasen-Ohren-Klinik genutzt. „Anfangs haben wir uns darüber lustig gemacht", sagt Echtermann, „dass ein Youtube-Kanal, der Falschinformationen verbreitet, *Schwindelambulanz* heißt. Das Lachen verging uns aber schnell, als wir Mitte März den ersten großen Text zu Wodarg veröffentlicht und seinen Umgang mit Wahrheit und Fakten kritisiert haben." Der Text ging viral.

CORRECTIV.Faktencheck bekam mehr Aufmerksamkeit, mehr Reichweite, erhielt mehr Hassnachrichten als je zuvor. „Wenn ich das jetzt rekapituliere", sagt Echtermann, „dann hat uns dieser Text auf ein anderes Level gehoben. Vorher waren wir mehr ein Nischen-Faktencheck-Team. Von der neuen Aufmerksamkeit wurden wir regelrecht überrannt. Viele Menschen schickten uns nun Sachen. Unter dem Wodarg-Text stauten sich Hunderte Kommentare. Wir mussten die Kommentarfunktion auf unserer Webseite ausschalten. Zeitweise waren wir wirklich verzweifelt. Wir mussten uns mental besser abschotten."

Trotzdem war es für niemanden im Team eine Option, die eigenen Ansprüche an Qualität und Schnelligkeit zu senken. Alle wollten zeigen, wie sie in einer solchen Großlage Desinformation begegnen, viele wollten Maßstäbe setzen.

Der Tagesablauf des Teams war eng getaktet. Früh am Morgen Monitoring vor allem von Youtube und Facebook – das Einbinden von Whatsapp war damals noch in der Vorbereitung. Um zehn Uhr die virtuelle Redaktionskonferenz und das Verteilen der Arbeit.

„Der erste Gedanke war Arbeit, der letzte am Tag auch", sagt Echtermann. „Viele Monate hat das gedauert, die ganze erste Lockdownphase über. Der Stress hat mich extrem belastet. Gemerkt habe ich das aber erst im Nachhinein. Wochenlang bin ich auf Autopilot gelaufen, konnte nicht richtig schlafen, mich nicht mehr richtig konzentrieren, habe gemerkt, dass ich vergesse, was ich gerade erst gelesen hatte. All so Kleinigkeiten. Gott sei Dank bin ich da einigermaßen rausgekommen. Dass ich damals ein Problem hatte, habe ich erst rückblickend begriffen."

Im April 2020 begann CORRECTIV.Faktencheck, die Coronaleugner-Szene systematisch zu beobachten. Das Team erfasste, wer aktiv ist, wo was aufgebaut wird und wer mit wem vernetzt ist. Vielerorts entstanden Zusammenschlüsse und Organisationen gegen die Coronamaßnahmen: „Ärzte für Aufklärung", „Anwälte für Aufklärung", „Eltern stehen auf" und viele mehr. Für Ärztinnen und Ärzte wurden Formulierungshilfen publiziert. Darin lasen sie, mit welchen Begründungen sie Maskenatteste ausstellen konnten. Es gab Listen von Medizinern im Bundesgebiet, die bereit waren, ohne viel Fragen diese Atteste auszustellen. Das Thema Masken gab der Bewegung neuen Schub. Die Querdenker-Bewegung stilisierten den Widerstand dagegen zu einem Kampf für die Freiheit.

Parallel aktivierten und nutzten die Maßnahmengegner bestehende Strukturen: Die Anthroposophen- und die Homöopathie-Szene genauso wie die Impfverweigerer-Szene stimmten ein in den Chor der Unwissenschaftlichkeit.

Aus der Timeline eines Querdenkers: die Maske als ultimatives Symbol der Trennung. (Screenshot: CORRECTIV)

Gerade das Thema Impfen besetzte die Szene früh, sagt Echtermann – lange bevor es die Impfung gegen Corona gab. „Die Behauptung, die Impfung mache unfruchtbar, wurde von dem Arzt Wolfgang Wodarg als einem der Ersten verbreitet“, sagt die Faktencheckerin. Zu diesem Zeitpunkt war noch kein einziger Impfstoff zugelassen. Trotzdem verbreitete die Szene, dass die Impfung der Bevölkerung schaden werde.

„Die Bedrohung durch die Pandemie, die man wissenschaftlich erfassen kann, wird verneint“, sagt Echtermann, „die vermeintliche Gefahr durch die Impfung wird aufgebläht und zur Angstmache genutzt.“ Ein Schema, das Schule machte. „Natürlich gibt es Nebenwirkungen bei einer Impfung. Aber sie stehen in keinem Verhältnis zur Krankheit, vor der sie schützt“, ergänzt die Faktencheckerin.

Und weiter: „Wenn man die Krankheit als kleinen Schnupfen darstellt, wirkt eine Impfung plötzlich bedrohlich. Das Kosten-Nutzen-Verhältnis verschiebt sich zu Ungunsten der Impfung. Die beiden Narrative bedingen einander.“

Das immer häufiger verbreitete Narrativ: Der Bevölkerung werde eine gefährliche Krankheit vorgegaukelt, um sie dazu zu bewegen, sich impfen zu lassen. Eine ominöse Elite aus Politik, Wirtschaft, Wissenschaft und Medien verfolge einen geheimen Plan, um Bürgerinnen und Bürger zu kontrollieren oder gar zu dezimieren. Auch Bill Gates und Kanzlerin Merkel zählten zu den Verschwörern. Die Corona-Narrative dockten an die großen Verschwörungstheorien an, von der Bevölkerungsreduktion bis hin zur Weltverschwörung der Eliten.

„Ohne die Pandemie hätten viele Menschen kaum mitbekommen, welch schräge Theorien es draußen in der Welt gibt", sagt Echtermann. Der Einfluss von verschwörungsaffinen Bloggern und alternativen Medien in Deutschland sei bis zur Pandemie überschaubar gewesen. Sie hätten nach ihrer Erfahrung kaum Einfluss auf die öffentliche Diskussion oder Berichterstattung gehabt. Doch mit der Pandemie kam ein Thema auf, das Desinformation und Verschwörungsglauben in die Mitte der Gesellschaft katapultierte.

„Viele hatten plötzlich das Triumphgefühl, die geheimen Strukturen hinter der Realität erkannt zu haben", sagt Echtermann. „Die Vorstellung, zu den einzig wahren Erweckten zu gehören, ist sexy."

Der Sommer brachte schließlich etwas Entspannung für das Team. Die Menschen durften in den Urlaub fahren, viele atmeten auf. Die Pandemie schien in vielen Augen vorbei. Die Szene jedoch wuchs weiter. Die sogenannten Coronaexperten produzierten Inhalte und generierten Reichweiten. Die Akteure der Szene vernetzten sich. Menschen mit verschiedenen Expertisen wurden eingebunden, Statistiker, Personen aus dem IT-Bereich – also Menschen, die sich mit den Dynamiken im Netz und den Sozialen Netzwerken auskannten. Neue Webseiten gingen online, und Telegram-Kanäle wurden bespielt. Gleichzeitig gründeten sich Vereine und sammelten Spenden. Im August 2020 bewiesen die großen Demos in Berlin, dass die Querdenker-Bewegung tatsächlich in der Lage war, viele Menschen auf die Straße zu bringen.

„Es gab keine homogene Organisation", sagt Echtermann, „die einen großen Plan verfolgt und sich koordiniert hat, sondern eher ein Durcheinander von ganz kleinen Initiativen, die alle ihre eigenen Fake News verbreitet haben – über Flyer, Videos oder Artikel. Die Querdenker-Szene in Deutschland hat sich von unten entwickelt." Und es geschafft, professionelle Strukturen und erstaunlichen Einfluss zu entwickeln.

Bei der internationalen Vernetzung sei ein roter Faden zu erkennen gewesen. „Heiko Schöning, eine der Hauptfiguren bei Ärzte für Aufklärung in Deutschland, hat schon früh begonnen, ein internationales Netzwerk aufzubauen." Eine **europaweite Recherche** des CORRECTIV.Faktencheck-Teams zeigt, wie zielgerichtet eine internationale Gruppierung gegründet wurde und sich überall auf der Welt Nachahmerorganisationen gebildet haben – in Spanien, Ungarn, Schweden. Selbst bei der Namensgebung wurde sich stark an den deutschen Vorbildern orientiert, ihr Modell übernommen, wie eine Marke. Die verschiedenen Organisationen sind untereinander gut vernetzt, halten gemeinsame Tagungen ab und haben eine Dachorganisation gegründet. Eine Filmproduktionsfirma dreht hochwertige Dokumentationen über ihre Aktionen und Agenda.

Neben aktuellen Faktenchecks veröffentlicht die Redaktion auch regelmäßig Hintergrundartikel und ausführliche Recherchen, die sich mit Verbreitern, Netzwerken und Mechanismen der Desinformation beschäftigen. Hier findest du die ganze Recherche zum internationalen Netzwerk der Coronaleugner – von der World Freedom Alliance bis zur World Doctors Alliance. Alles dabei.

„Verschiedenste Verschwörungstheoretiker haben sich in diesem Netzwerk auf internationaler Ebene zusammengefunden", sagt Echtermann. „Vorrangig geht es aber nicht um die Pandemie. Sie war nur ein wunderbarer Weg, um zueinander und Gleichgesinnte zu finden. Im Prinzip glauben diese Menschen an eine große Weltverschwörung, an den Great Reset, den sie bekämpfen wollen. Die Pandemie ist in ihrer Erzählung der Fake, der uns allen vorgegaukelt wird, um den wahren Plan umzusetzen und letztlich eine globale Diktatur zu errichten." Schaue man sich die Biografien der Leute an, werde schnell deutlich, dass sie zum Großteil auch schon vor der Pandemie Verschwörungstheorien verbreitet und gewusst hätten, damit Geld zu verdienen.

„Heiko Schöning vertritt zum Beispiel seit Jahren den Verschwörungsglauben", sagt Echtermann, „dass die Anthrax-Anschläge nach 9/11 ein Inside-Job waren und bezwecken sollten, die Menschen in den USA zu Impfungen zu zwingen. Hinter der Coronapandemie würden teilweise dieselben Drahtzieher stecken. Und wieder gehe es darum, amerikanische Pharmaunternehmen reich zu machen." Über diese angebliche Verbindung zwischen Anthrax und Corona hat Schöning Ende 2021 ein 448 Seiten dickes Buch geschrieben. Darin spricht er von einer „weltweiten Mafia" und einem „vorgeplanten Verbrechen".

„Es ist wirklich krass", sagt Echtermann, „was für Menschen die Pandemie zusammengebracht hat. Leider sind sie zufällig auch noch Ärzte und Wissenschaftler, sodass sie nach außen hin einen seriösen Anschein machen. Die Pandemie muss bei ihnen etwas getriggert haben. Auf jeden Fall wussten sie die Krise für ihren eigenen Aufschwung zu nutzen. Sie haben sie als Möglichkeit genutzt, um andere Menschen zu infizieren, die nie zuvor in Berührung gekommen waren mit so tiefgehendem Misstrauen und Verschwörungsglauben."

KAPITEL 3

INFOKRIEG IN KRISENZEITEN

KAPITEL 3 – INFOKRIEG IN KRISENZEITEN

TILL ECKERT

„Im ersten Coronajahr hatten wir Gespräche mit Steffen Seibert, dem damaligen Regierungssprecher, in denen wir ihm gesagt haben, was passieren müsste, damit sich etwas ändert.

In ihrer Verzweiflung suchen die Menschen nach Halt. Die finden sie in diesen neuen Desinformationsangeboten, die während der Pandemie entstanden sind, auf Webseiten, in Telegram-Kanälen, bei Organisationen, in Gruppen.

Plötzlich haben wir Söhne, die mit ihren Vätern streiten, weil die ausschließlich dieses Zeug lesen, Arbeitskolleg:innen, die abdriften, Paare, die sich trennen. Ich musste mit einem guten Kumpel tatsächlich darüber diskutieren, ob Bill Gates schlimmer ist als Hitler.

Der Nebel der Desinformation vergiftet uns.

In jedem Interview, in jedem Podcast haben wir gesagt: Wir brauchen ein flächendeckendes Schulfach Medienbildung. Wir haben es die ganze Zeit gebetsmühlenartig wiederholt. Zwei Jahre lang.

Irgendwann sitzt du da und fragst dich: Wieso reagiert der Staat nicht? Ich hab das als gigantische Belastung empfunden. Diese Unfähigkeit, vielleicht auch der Unwille der Regierung, der Stellen, der Behörden zu reagieren. Mein Kopf hat sich angefühlt, als stecke er in einer Kneifzange. Hier der Schmerz, Familien zu sehen, die zerbrechen, eine Gesellschaft, die auseinanderdriftet. Dort der Schmerz, dass die Verantwortlichen nicht in der Lage waren, vernünftig zu reagieren.

Dieses Gefühl der Ohnmacht hat mich lange begleitet.“

Till Eckert, CORRECTIV.Faktencheck

WIR HETZEN DER MEDIENENTWICKLUNG HINTERHER

Die Entwicklung der Medien ist rasant. Bei jedem technischen Fortschritt verändert sich mit dem Medium auch die Form, in der wir Informationen übertragen und vermittelt bekommen. Damit gehen jedes Mal neue, ungewohnte Wege einher, über die uns andere beeinflussen können. „Im Grunde genommen haben wir derzeit eine große Lücke in unserer Gesellschaft", sagt Alice Echtermann, Leiterin von CORRECTIV.Faktencheck. „Der technische Fortschritt und die Sozialen Netzwerke haben sich schneller entwickelt als die Medienkompetenz. Die älteren Generationen, die ursprünglich nichts mit dem Internet zu tun hatten, wurden quasi über Nacht mit den Sozialen Netzwerken konfrontiert. Sie hatten aber nie gelernt, damit umzugehen."

Diese technischen Evolutionssprünge sind nicht neu. Schon immer gab es sie. Und jedes Mal traf ein neues Medium auf Menschen, die darauf nicht vorbereitet waren. Die zum Teil überrollt wurden und nicht einmal ahnten, wie ihnen geschah. Eine ideale Situation für Ideologen, die diese Techniken zu nutzen wissen – heute wie auch schon früher.

Die Nationalsozialisten bewiesen sich schnell als Medienprofis. Mit dem Radio reichten ihre Sendungen in nahezu jede Wohnung. Aus dem „Volksempfänger" dröhnten lautmalerische Reden und schrille Töne, als ständen der Reichskanzler oder Propagandaminister direkt auf dem Wohnzimmertisch. Ein deutlich intensiveres Erlebnis als das nüchterne Schwarz-Weiß von Zeitungen und anderen Druckwerken. Die Propaganda erklomm ein damals noch nicht gekanntes Level.

Egal, ob Telegrafen oder Fernsehgeräte – neue Kanäle bedeuten neue Übertragungswege für Informationen, bedeuten neue Möglichkeiten zu lügen.

Schauen wir uns also an, wie sich die Verbreitung von Nachrichten mit dem Internet und den Sozialen Netzwerken verändert hat.

Bis zur Jahrtausendwende waren in der Medienwelt fast ausschließlich hierarchische Varianten von Sender-Empfänger-Beziehungen üblich, die nur eine Richtung bei der Übermittlung von Nachrichten kannten. Medienhäuser wie Verlage und Sendeanstalten konnten an ein Massenpublikum senden. Leserinnen und Hörer wussten, wofür die Medienhäuser standen. Das heißt etwa, eine Marke wie die *Welt*, die *WAZ*, das *Handelsblatt* oder die *FAZ* verbreitet Nachrichten an ihre Lesenden. Die Lesenden können diese aufgrund des Images und der Haltung der jeweiligen Zeitung bewerten. Bei der *taz* weiß ich ebenso, was mich erwartet, wie bei der *BILD*.

Die Medienhäuser hatten ein Monopol bei der Verbreitung von Nachrichten an sehr viele Menschen. Die vorherrschende Kommunikationsbeziehung war dabei one-to-many, wie man im Englischen sagt. Ein Sender richtet sich an viele Empfänger. Durch immer neue technische Möglichkeiten ist seit der Jahrtausendwende aber Konkurrenz aufgetaucht. Webseiten sind selbst für technische Laien immer einfacher einzurichten, Blogsysteme entstanden und Videoportale für jedermann, schließlich Soziale Netzwerke und Messenger, die zum Teil in ihren Funktionen und Möglichkeiten den Netzwerken ähneln. Diese Kanäle haben den privaten Austausch bereichert und ermöglichen kleineren Gruppen und Szenen in der Gesellschaft, ihr Nischenpublikum zu erreichen. Aber mehr noch: Sie haben Many-to-many-Kommunikation bei der Verbreitung von Nachrichten zu einem wichtigen Faktor gemacht – viele Sender, viele Empfänger. Das Monopol der Medienhäuser ist ins Wanken geraten, und damit ihre Gatekeeper-Funktion. Sie haben immer weniger Einfluss darauf, welche Informationen ein Massenpublikum erreichen.

Wie aber entsteht Glaubwürdigkeit in der Many-to-many-Kommunikation? Was halten Social-Media-Nutzende für wahr, wenn sie auf eine Nachricht stoßen oder sie sogar selbst verbreiten? Die Marke eines Medienhauses verliert als Qualitätssiegel bei dieser Einschätzung immer mehr an Bedeutung. Dafür machen nun soziale Beziehungen und persönliche Nähe Nachrichten glaubwürdiger. Wenn eine Freundin, der Bruder oder sein Kumpel eine Nachricht weiterleitet, sorgt dies für einen Vertrauensvorschuss. Warum sollten einem Menschen, die man kennt und mag, Falsches aufs Smartphone schicken? Warum sollten sie einen belügen?

Verbreiter von Desinformation setzen genau auf diese Vertrauensketten. Und das ist klug.

„Um die Zukunft gestalten zu können, sollten wir wissen, wo wir heute als Gesellschaft stehen" – so eröffnet die More-in-Common-Studie. Sie identifiziert sechs Typen deutscher Bürgerinnen und Bürger: die offenen auf der einen Seite; die wütenden, die für nationale Ordnung stehen, für Systemschelte und Misstrauen, auf der anderen. Willst du mehr wissen? Folge dem QR-Code.

Wie eine Befragung der Sozialforschungsgruppe **More in Common** ergab, genießen Angehörige und Freunde mit Abstand das größte Vertrauen, wenn es darum geht, „richtige und ehrliche Informationen zu erhalten". Und so beziehen sich Beiträge mit Desinformationen auch häufig auf den Freund oder die Freundin eines Freundes. Weil der oder die zum Beispiel bei der Polizei oder in einem Krankenhaus arbeite und deswegen genau wisse, dass sich die Vergewaltigung ereignet habe oder die Intensivstationen überhaupt nicht überfüllt seien mit Covid-Patienten. Die Bekannten der Freunde des Freundes teilen die Falschnachricht dann einfach weiter. Weil sie der Vertrauenskette mehr Glauben schenken als den Massenmedien und gesichtslosen Institutionen.

Der Journalismus hat in dieser Nachrichtenkette seine Deutungshoheit verloren. „Jeder kann sein eigenes Programm machen und ein Millionenpublikum erreichen", sagt der Journalist und Autor Michael Bröcker. „Das ist nicht vergleichbar mit professionellem Journalismus, aber vielen jüngeren Nutzern reichen die persönlichen ‚Influencer' in ihrem Bekannten- und Freundeskreis als ‚Nachrichtenquelle' aus."

(LOKAL-)ZEITUNGEN VERLIEREN AN AUFLAGE UND BEDEUTUNG

Seit der Jahrtausendwende spüren klassische Verlage schmerzhaft die Konkurrenz aus dem Internet. Anzeigenkunden wandern zu Angeboten im Netz ab, den Zeitungsverlagen fehlt Geld. Statt sich aber auf die neuen Gegebenheiten und Anforderungen veränderter Mediennutzung jüngerer Leserinnen und Leser einzustellen, haben viele Verlage mit Einsparungen reagiert – teils mit radikalem Umbau ihrer Redaktionen.

Entweder haben sie die Arbeit in zahlreichen Städten und Gemeinden eingeschränkt, haben Lokalredaktionen geschlossen oder ganze Blätter eingestampft. Oder sie verwalten den Mangel so schlecht, dass eine kompetente Berichterstattung vor Ort kaum möglich ist. Doch was passiert, wenn Lokalredaktionen verschwinden und Redaktionen nur noch in großen Verlagshäusern zu finden sind, versteckt hinter Pförtnern und Aufzügen im x-ten Stockwerk?

Ich habe jahrelang in den Redaktionen der *Ruhr Nachrichten* gearbeitet, der *WAZ* und der *BILD Ruhrgebiet*. In keiner schaute je eine Leserin oder ein Leser vorbei. Entweder gab es eine Chipkarte oder einen Wächter am Eingang, manchmal auch beides. Daran musste man vorbei, um ins Gebäude zu kommen. Wie ich zu einer Redaktion fand, ohne mich zu verlaufen, hatte ich oft erst nach Wochen gelernt. Auf die Redaktion zu treffen war also ein beschwerlicher Weg. Auf der anderen Seite schien aber auch niemand vom Team wirklich an Austausch interessiert zu sein. Die Arbeitstage hatten in der Regel zehn Stunden, trotzdem wurde man abends nur mit dem Nötigsten fertig. Wann sollte man denn mit den Leserinnen und Lesern Gespräche führen und ein Gefühl für ihre Probleme bekommen?

Die Folge: Redaktionen, Journalistinnen und Journalisten und ihr Publikum entfremden sich voneinander. Man kennt sich nicht mehr, die klassische Lokalredaktion verliert Vertrauen und damit ihre Bedeutung als erste Anlaufstelle für die Probleme ihrer Leserinnen und Leser vor Ort. Wegen des fehlenden Dialogs mit den Menschen (und häufig auch wegen mangelhafter Diversität in vielen Redaktionen) werden lebensnahe Themen nicht mehr erkannt und ganze Bevölkerungsgruppen vernachlässigt. Deswegen schreiben Redaktionen an den Lesenden vorbei. Und die Themen der lokalen Medien spiegeln kaum noch die Lebenswirklichkeit der Bürgerinnen und Bürger wider.

Die Folge: Enttäuschte Leserinnen und Leser kündigen Abos, die wirtschaftliche Grundlage der Medien bricht zunehmend weg, Redakteurinnen und Redakteure werden entlassen. Und die Spirale dreht sich weiter: Es wird noch weniger über das Leben im Lokalen berichtet, noch mehr Themen fallen weg, und noch mehr Leser kündigen. Ein Teufelskreis.

Dass gerade Lokalmedien Relevanz im Leben vieler Bürgerinnen und Bürger verlieren, ist verheerend. Sollten sie doch eigentlich am nächsten am Bürger dran sein. Wie eine weitere Befragung der Sozialforschungsgruppe More in Common ergab, genießen sie in der Medienpalette noch immer das größte Vertrauen – vor den Öffentlich-Rechtlichen, den überregionalen Zeitungen oder Magazinen.

Diese Entfremdung bricht Risse zwischen Publikum und Journalisten auf. Verstärkt noch durch das Narrativ von der „Lügenpresse“ – dass Journalisten die Wahrheit im Dienst der Mächtigen verzerren und verfälschen. Diese Risse wissen Populisten für sich zu nutzen, darunter Politiker genauso wie alternative Medienmacher.

„Wenn gewisse Themen nicht mehr angesprochen oder gescheut werden, werden sie von anderen gekapert – das ist in der Politik wie im Journalismus so“, sagt CORRECTIV.Faktencheckerin Sarah Thust. „Viele Bürger fühlen sich nicht mehr repräsentiert, zurückgelassen und wenden sich in ihrem Frust Populisten und politischen Extremen zu. Und das ist eine wichtige Erkenntnis. Desinformation verbreitet sich da, wo Information fehlt oder nicht verstanden wird, wo Fragen offenbleiben oder erst gar nicht gestellt werden. Es lässt sich klar erkennen: Wo Medien nicht zielgenau berichtet haben oder gar keine Berichterstattung stattfindet, setzt Desinformation an und gedeiht. Schlechter Journalismus hilft der Desinformation.“

PSEUDOJOURNALISTISCHE LÜCKENFÜLLER

Mit der Abkehr von ihrer Lokalzeitung verlieren die Menschen aber nicht das Interesse an lokalen Nachrichten. Sie konsumieren stattdessen Nachrichten aus anderen Quellen. Nach einer Erhebung, die CORRECTIV kurz nach seiner Gründung 2014 zusammen mit der Landesanstalt für Medien in Nordrhein-Westfalen durchführte, konnten damals bereits über 150 Angebote im Netz allein aus NRW nachgewiesen werden, die journalistische oder protojournalistische Lokalinhalte anboten – sei es als Facebook-Gruppe oder als Blog.

Das heißt: Die Nachfrage ist da. Und sie findet jemanden, der sie stillt.

Leider ist die Qualität dieser Beiträge nicht immer ausreichend. Kontrollen oder Regularien gibt es nicht. Oft fehlen Faktenchecks in dieser freien Netzöffentlichkeit, und es werden Gerüchte statt Tatsachen transportiert. Zu oft wird Meinung frei mit Informationen kombiniert.

„Die alternativen Medien in Deutschland professionalisieren sich zunehmend“, sagt Alice Echtermann. „Immer mehr pseudojournalistische Formate wurden in den letzten Jahren aufgebaut, die es für Außenstehende, die sich mit Journalismus nicht so gut auskennen, extrem schwierig machen, Seriöses vom Unseriösen zu unterscheiden. Oft haben sie eine Webseite, die wie ein klassisches Nachrichtenportal anmutet und teilweise auch nachrichtliche Artikel hat, aber eben nicht die strikte Trennung zwischen Meinung und Bericht verfolgt, sodass zwischen den Zeilen ständig Ideologie mit einfließt. Rechte Blogs wie *Tichys Einblick* oder *Achse des Guten* sind zum Beispiel mit klassischen journalistischen Mitteln gemacht, trotzdem beherrscht ganz klar Meinung den Tonfall, die Nachrichtenauswahl und Berichterstattung. Manchmal verbreiten sie falsche oder irreführende Informationen – nicht ausschließlich, aber immer wieder. Das macht es für Außenstehende so schwierig, sie einzuordnen.“

Und das ist eine Gefahr für unsere Gesellschaft.

Nicht umsonst werden Journalistinnen und Redaktionen als „vierte Gewalt“ gesehen – neben der gesetzgebenden, der vollziehenden und der Recht sprechenden. Journalismus hat eine Kontrollfunktion inne. Kritisch und unabhängig soll er für Transparenz sorgen und Missstände in der Gesellschaft und den Institutionen aufdecken, damit Bürgerinnen und Bürger mündig in einer Demokratie leben können.

Journalismus liefert Fakten, auf deren Basis der gesellschaftliche Dialog geführt wird.

Damit der Journalismus seiner Aufgabe nachkommen kann, garantiert und schützt Artikel 5 des Grundgesetzes die Meinungs- und Pressefreiheit, schränkt sie aber auch ein. Grundsätzlich gilt immer: Journalisten sind auf Sorgfalt verpflichtet, die Wahrheit, die Gesetze und den Anstand. Sie checken Quellen und Inhalte eingehend, kennzeichnen Mutmaßungen und Meinung. Brisante Informationen brauchen mindestens zwei voneinander unabhängige Quellen, Werbung wird benannt. Sollten Fehler passieren, was menschlich ist, folgt Korrektur, und dies im besten Fall transparent. Bei Falschdarstellungen sind Redaktionen angehalten, Gegendarstellungen zu veröffentlichen.

Als zusätzliche Kontrollinstanz dienen der Presse- und Rundfunkrat. Sie achten darauf, ob sich Journalistinnen und Journalisten an den Pressekodex halten – eine Selbstverpflichtung, die Wahrheit, Würde, Sorgfalt und Unabhängigkeit betrifft. Sollten Redaktionen diese Standards übergehen, können sich Bürgerinnen und Bürger beim Presse- oder Rundfunkrat beschweren, der dann wiederum **Rügen** aussprechen kann. In letzter Instanz entscheiden dann Gerichte: Für das, was sie publiziert haben, können Journalisten juristisch zur Verantwortung gezogen, können Gegendarstellungen oder Unterlassungen erzwungen werden.

Alle Rügen seit 1986 hat der Presserat hier veröffentlicht. Klick dich ruhig durch die Jahrgänge. Die Liste gibt ein ganz gutes Gefühl dafür, welche Verfehlungen klassische Medien bevorzugt machen. Spoiler: Ein bekanntes Boulevardmedium führt die unrühmliche Rangliste seit Jahren an.

Der Kosmos alternativer News, Wahrheiten und Fakten kennt diese Regeln nicht, und wenn er sie doch kennt, missachtet er sie freimütig.

NEUE SPIELER AUF DEM PLATZ

Die digitale Liberalisierung der Öffentlichkeit bringt neue Spieler aufs Feld. „Der klassische Qualitätsjournalismus steht in Konkurrenz zu diversen anderen Deutungsangeboten", sagt Professor Henrik Müller vom Institut für Journalistik an der TU Dortmund. „Insbesondere auf den Kanälen der Sozialen Medien, aber auch neuen ‚Alternativen Medien'."

Influencer, politische Blogs und alternative Nachrichtenportale fluten das Netz mit Informationen. Manche Angebote sind seriös und fundiert wie *netzpolitik.org*, andere aber polemisch und emotionalisiert. Darunter einschlägig bekannte Tendenzseiten und Verbreiter von Fake News wie das *Compact-Magazin* oder der österreichische Internetsender *Auf1*. Für die Bürgerinnen und Bürger heißt das: Die eigene Rolle im Kommunikationsprozess muss überdacht und neu definiert werden. In dieser neuen Medienöffentlichkeit existieren keine Gatekeeper im klassischen Sinne – also Journalistinnen und Journalisten, die aus der Schwemme an Meldungen Informationen filtern, checken und kuratieren, bevor sie den Weg in die breite **Öffentlichkeit** finden. Es existiert keine Qualitätskontrolle, die für die Lesenden Schrott und Lügen aus den Publikationen aussortiert oder dort zumindest markiert.

Ob eine Meldung Nachrichtenwert hat, bestimmen feste Faktoren. Mit ihnen lässt sich nachvollziehen, warum Journalisten über ein Ereignis berichten oder nicht. Aber mehr noch: Sie können als Anhaltspunkte dafür dienen, was Menschen in ihrem Leben als interessant und wichtig empfinden.

„Das Problem ist", sagt Faktenchecker Till Eckert, „dass es nicht mehr Menschen sind, die die Gedanken kuratieren, sondern Algorithmen, die bestimmen, was du siehst und was du nicht siehst." Und diese Algorithmen reagieren nicht auf Informationswert und Wahrhaftigkeit, sondern auf Emotionen und Extreme. Damit bekommen Randmeinungen einen übergroßen Platz in der Nachrichtenwirklichkeit der Sozialen Netzwerke – ganz ohne Qualitätskontrolle. Ein Traum für Populisten mit Parolen und einfachen Antworten.

„Nach meinem Volontariat fing ich als Online-Redakteurin beim *Weser-Kurier* an", sagt Alice Echtermann. Live erlebte sie mit, wie 2015 die Stimmung in den Sozialen Netzwerken kippte und wie Wut und Hass die Hilfsbereitschaft in der Flüchtlingskrise in den Schatten drängten. „Plötzlich wurde Facebook missbraucht für Propaganda, für Hetze und das Verbreiten von Gerüchten. Zum Beispiel ging in Bremen das Gerücht um, dass Flüchtlinge in Supermärkte gehen, sich den Einkaufswagen vollladen und dann rausmarschieren, ohne zu bezahlen. Das wurde massenhaft über Facebook-Gruppen verbreitet. Solche Fake-Storys sind dann auf lokaler Ebene viral gegangen – soweit man im kleinen Bremen von Viralität sprechen kann."

Immer wieder fallen im CORRECTIV.Faktencheck solche lokalen Falschmeldungen auf. Zum Beispiel seien Frauen angeblich von Flüchtlingen in Stadtparks vergewaltigt worden. Darüber hätten die Lokalzeitungen aber nichts berichtet.

Die damit mehr oder weniger offen transportierte Botschaft: Die Lokalmedien verschwiegen die Vergewaltigungen, weil die Gewalttaten nicht in ihr Weltbild passten. Oder die Politik habe den Zeitungen verboten, über Straftaten von Flüchtlingen zu berichten. Beides sind beliebte Narrative der Desinformation. Derartige Erzählungen nähren wiederum das Misstrauen in die Medien und Institutionen.

Diese kleinen Nadelstiche, die das Vertrauensverhältnis zwischen Medien und Publikum schon über Jahre beeinträchtigt hatten, erfuhren mit der Pandemie einen Booster. Falschnachrichten erreichten durch Corona Menschen, die vorher nur selten mit den Lügen aus dem Netz in Berührung gekommen waren. Plötzlich hörten auch sie das Geraune, die Medien würden Nachrichten verschweigen oder im Sinne der Eliten berichten. Wem sollten sie vertrauen?

Eine Analyse des Berliner Thinktanks dpart in Kooperation mit mehreren Unis im In- und Ausland kam hier zu einer wichtigen Erkenntnis. Die Forscher hatten sich die Frage gestellt, wie sich die Anfälligkeit für Corona-Verschwörungsmythen zum Vertrauen in die verschiedenen Medientypen verhält. Die Antwort: Menschen, die sich aus traditionellen Medien informieren, sind ziemlich resistent gegen Verschwörungserzählungen. Bei den Befragten, die in erster Linie Sozialen Netzwerken vertrauen, ist fast jeder Zweite (43 Prozent) in die Parallelwelten aus Paranoia und Falschnachrichten abgedriftet. Ähnlich verhält es sich beim Vertrauen in die Wissenschaft. „Es wird auch bei dieser Frage die Erkenntnis bestätigt", schließt die **Studie**, „dass Menschen, die zentralen gesellschaftlichen Institutionen weniger beziehungsweise nicht vertrauen, eher zu Corona-Verschwörungsmythen neigen."

Die Autoren der Veröffentlichung „Wer glaubt (nicht mehr) an Coronaverschwörungsmythen" haben untersucht, wie sich Bildungsstand, Wohnort, Alter oder politische Gesinnung auf die Anfälligkeit für Schwurbeleien auswirken. Auch das Vertrauen in gesellschaftliche Institutionen spielt eine große Rolle. In diesem Sinne: Vertraue niemandem, lies selbst.

Damit muss die Medienkrise als eine gesellschaftliche Krise verstanden werden. Und die Sozialen Netzwerke sind ein Motor.

WIE SOZIALE NETZWERKE DESINFORMATION ERMÖGLICHEN

Instagram ist gratis. Aber nicht umsonst.

„Anstatt für die Nutzung von Instagram zu zahlen, erkennst du durch Nutzung des Dienstes, für den diese Nutzungsbedingungen gelten, an, dass wir dir Werbeanzeigen zeigen dürfen, für deren Bewerbung innerhalb und außerhalb der Produkte der Meta-Unternehmen wir von Unternehmen und Organisationen bezahlt werden. Wir verwenden deine personenbezogenen Daten, wie z. B. Informationen über deine Aktivitäten und Interessen, um dir Werbeanzeigen zu zeigen, die relevanter für dich sind."

Quelle: Meta-Nutzungsbedingungen für Instagram

Eigentlich klingt das doch nett und gar nicht so schlimm, oder? Zumindest erfahren wir aus den Instagram-Nutzungsbedingungen schon einiges über das Geschäftsmodell kommerzieller Sozialer Netzwerke. Es ist einfach erklärt: Sie finanzieren sich durch Werbung. Unternehmen können zielgruppengenau Anzeigen schalten. Werbung wirkt umso besser, je genauer sie auf die adressierte Zielgruppe zugeschnitten und je länger die Zielgruppe ihr ausgesetzt ist. Dafür sammeln Soziale Netzwerke möglichst viele Daten über ihre Nutzerinnen und Nutzer und versuchen, sie möglichst lange auf ihren Plattformen zu halten. Beides aber öffnet Einfallstore für Desinformation, verändert unsere Art zu denken und spaltet die Gesellschaft.

Wie das? Was sind die Mechanismen der Sozialen Netzwerke? Und wie hängen die negativen Folgen mit dem Geschäftsmodell zusammen?

Facebook, Instagram sowie Whatsapp gehören zum Konzern Meta.
(Screenshot: CORRECTIV)

BLEIBEN UND WOHLFÜHLEN

Zunächst ist da das Ziel der Sozialen Netzwerken, ihre Nutzerinnen und Nutzer möglichst auf den Plattformen zu halten und ihre Bildschirmzeit zu erhöhen. Je öfter und länger Nutzerinnen und Nutzer online sind, desto mehr Daten liefern sie. Es gibt aber noch weitere Möglichkeiten für die Plattformen, Daten zu sammeln. Instagram schreibt dies relativ unverblümt. Man muss sich nur den Datenschutzhinweis des Netzwerks durchlesen:

„Wir erfassen Informationen darüber, wie du unsere Produkte nutzt, beispielsweise über die Arten von Inhalten, die du dir ansiehst bzw. mit denen du interagierst, über die von dir genutzten Funktionen, über dic von dir durchgeführten Handlungen, über die Personen oder Konten, mit denen du interagierst, und über die Zeit, Häufigkeit und Dauer deiner Aktivitäten. Zum Beispiel protokollieren wir, wenn du unsere Produkte gerade nutzt bzw. wann du diese zuletzt genutzt hast, und welche Beiträge, Videos und sonstigen Inhalte du dir in unseren Produkten ansiehst. Wir erfassen auch Informationen darüber, wie du Funktionen wie unsere Kamera nutzt. (...) Partner stellen uns Informationen über deine Aktivitäten außerhalb unserer Produkte bereit, u. a. Informationen über dein Gerät, von dir besuchte Websites, von dir getätigte Käufe, Werbeanzeigen, die du siehst und darüber, wie du ihre Dienste nutzt, und zwar unabhängig davon, ob du ein Konto hast oder bei unseren Produkten eingeloggt bist. (...) Wir erhalten außerdem Informationen über deine Online- und Offline-Handlungen und Käufe von Dritt-Datenanbietern, die berechtigt sind, uns deine Informationen bereitzustellen."

Quelle: Facebook/Instagram-Datenschutzrichtlinie

Menschen leben gern in einer stimmigen Welt, ohne Widersprüche und Irritationen. Das wissen die Internetunternehmen. Deswegen erfassen die Algorithmen der Sozialen Netzwerke, was sich ihre Nutzerinnen und Nutzer wo und wie lange anschauen, was sie liken und wem sie folgen. Die Inhalte, auf die sie am stärksten reagieren, bekommen sie in ähnlicher Form mit der Zeit immer häufiger eingeblendet.

In den Meta-Nutzungsbedingungen für Instagram heißt es:

„Alle Menschen sind verschieden (...). Wir möchten außerdem deine Beziehungen durch gemeinsame Erlebnisse stärken, die dir wirklich wichtig sind. Deshalb entwickeln wir Systeme, die ermitteln sollen, wer und was dir und anderen am Herzen liegt. Wir verwenden diese Informationen dann, um dich dabei zu unterstützen, Inhalte zu erstellen, zu finden und zu teilen und dich an Erlebnissen zu beteiligen, die dir wichtig sind. Dazu gehört auch, dass wir aufgrund der von dir und anderen auf und außerhalb von Instagram durchgeführten Aktivitäten solche Inhalte, Funktionen, Angebote und Konten hervorheben, die dich interessieren könnten, und dir Möglichkeiten für die Nutzung von Instagram anbieten."

Dieser „Service" hat den Effekt, dass die Nutzerin oder der Nutzer mit der Zeit nahezu nur noch von Facetten dieses einen Themas umgeben ist, das der Algorithmus für sie oder ihn als wichtig identifiziert hat. Das können vegane Kochvideos sein, Genderdebatten oder Yogasessions, Fotos von Katzen oder Brüsten, genauso aber auch Missbrauchsskandale, prügelnde Hooligans oder Fremdenhass.

„Dass sich der Algorithmus an deinen Interessengebieten orientiert", sagt Sarah Thust vom CORRECTIV.Faktencheck-Team, „ist seine gefährlichste Eigenschaft. Obwohl natürlich viele Menschen dieses Feature sehr gut finden." Indem Soziale Netzwerke Menschen mit gleichen Interessen in sogenannten Filterblasen zusammenführen, können sie sich dort leicht vernetzen und organisieren. Das muss nicht nur zu Querdenker-Protesten in der Hauptstadt führen. Den Arabischen Frühling hätte es ohne Soziale Netzwerke vermutlich nicht gegeben. Der Hashtag #BlackLivesMatter hat 2013 Menschen in den Sozialen Netzwerken zusammen- und schließlich die Black-Lives-Matter-Bewegung auf die Straßen gebracht. „Die Schattenseite ist aber", sagt Thust, „dass der Algorithmus Nutzerinnen und Nutzer immer weiter in eine Richtung zieht. Diese Funktion trägt nachweislich bei einigen Menschen zur Radikalisierung bei. Und genau das ist das Problem."

Eine Recherche der Kollegen von *NDR* und *WDR* zeigte Anfang 2022, wie verheerend der Sog der selektierten Inhalte für junge Menschen sein kann. Dazu erstellte das Rechercheteam das Instagram-Profil einer extrem dünnen Nutzerin. Diese fiktive Figur gab in ihrer Biografie an, dass sie nach „Thinspo“ suche – kurz für „Thinspiration“: Inspirationen zum Dünner-Werden. Es reichte, bereits einem einzigen Profil aus diesem Bereich zu folgen, damit ihr ähnliche Profile vorgeschlagen wurden, aber ebenso Inhalte, die Magersucht idealisierten. Und sie gewann, ohne selbst aktiv zu werden, immer mehr Follower aus dem Bereich. Männer schrieben ihr und boten sich an, ihr „Pro Ana Coach“ zu werden, in Anlehnung an Anorexie – also ihr Coach zur Magersucht. Gegen ein paar Nacktfotos zur Kontrolle wären die Männer so nett gewesen, ihr beim weiteren Abnehmen zu **helfen**.

Na, Interesse geweckt? Zu der „Thinstagram“-Recherche gibt es auch einen vierteiligen Podcast, der das Thema vertieft. Hier kannst du reinhören, falls du mal eine Pause von diesem Buch brauchst.

„Die Inhalte werden immer radikaler, ein Ende gibt es selten“, sagt Thust über diese Echokammern. In ihnen gibt es nur eine Richtung, und die Menschen bestärken sich darin, immer tiefer einzutauchen. Schon lange warnen Experten davor, dass Soziale Netzwerke und ihre Newsfeed-Steuerung durch Algorithmen Erkrankungen wie Depressionen oder Körperbildstörungen fördern können. Nicht schwer vorzustellen, wenn man an ein pubertierendes Mädchen denkt, das von den Wänden der Echokammern nicht nur ihre Zweifel widerhallen hört, sondern darin ummauert wird von erdrückend perfekten Leibern, wahnhaften Schönheitsidealen und Abnehm-Challenges.

Und hier stellt sich die Frage nach der Henne und dem Ei. War das Mädchen schon immer von Magersucht gefährdet, oder wurde der Algorithmus zur sich selbst erfüllenden Prophezeiung? Hält er uns unser Weltbild vor, oder werden durch ihn die Vorlieben und Reize, auf die wir anspringen, zu unserer Welt?

Neues Gedankenspiel: Wir haben eine Pandemie. Ein Virus breitet sich auf dem Globus aus. Es ist neu und unerforscht. Die Menschen sind verunsichert. Was tun sie? Sie suchen im Internet nach Informationen und Antworten. Auf Youtube oder einer anderen Plattform finden sie das Video eines selbst ernannten Experten. Und der Algorithmus schnappt zu.

„Hast du ein Video angeguckt von jemandem, der sich tendenziell am Rande dieser Verschwörungsebene bewegt“, sagt Faktencheckerin Alice Echtermann, „dann ist das nächste Video, das dir vorgeschlagen wird, eines, das noch ein bisschen tiefer drin ist in der Verschwörungstheorie. Wenn du dir das auch bis zum Ende anschaust, sagt Youtube: ‚Ah, okay, das gefällt ihm offensichtlich. Dann kriegt er jetzt noch was davon. Und noch was und noch was und noch was.‘ Und dann steckst du drin. Das ist dieses oft beschriebene Kaninchenloch. Der Algorithmus schlägt ähnliche Inhalte vor und zieht die Leute tiefer rein.“ Und ehe sich die Person versieht, ist sie auf der Suche nach unabhängigen Informationen zur Pandemie plötzlich umgeben von Bhakdis, Wodargs und Schiffmanns, all den schamlosen Covid-19-Möchtegernexperten.

Hat sich nun der Mensch die Quellen selbst gesucht? Oder hat er sie geklickt, weil sie der Algorithmus priorisiert hat?

Auch Facebooks Algorithmen suchten immer nach einem „Rabbit Hole", für das die jeweilige Person besonders anfällig sei, sagt Frances Haugen, eine ehemalige Facebook-Managerin und Whistleblowerin. „Bei diesen ‚Rabbit Holes' geht es nicht nur um die Inhalte, die konsumiert werden. Es geht auch um die Gruppen, die Überzeugungen festigen." Die Menschen werden in kleine, abgeschottete Blasen gezogen, die sich von der Allgemeinheit abspalten, bis ihre Weltsicht eine eigene wird. Als Beispiel nennt Haugen Fehlinformationen über Covid in den USA. Laut der ehemaligen Facebook-Managerin empfingen vier Prozent der US-Bevölkerung 80 Prozent der Fehlinformationen. „Wenn jemand in solchen Gruppen plötzlich postet, dass Impfungen gut seien, kommen haufenweise Kommentare, dass das nicht stimme und mit den Impfungen versucht werde, Menschen zu vergiften." In einer solchen Echokammer verbreiten die Teilnehmenden ihre Theorien. Aber mehr noch: Die ganze Gruppe schützt und verteidigt das Gedankengebäude, das dafür als Basis dient. Somit sei es fast unmöglich, Fehlinformation innerhalb der Blasen zu korrigieren, sagt Haugen.

Hat sich nun eine Person, die in einer solchen Gruppe mitwirkt, ihre eigene Meinung gebildet? Oder wurde ihre Neigung nur von den Echos der Filterblase verstärkt und verfestigt?

Mal ist es die Verunsicherung durch eine Pandemie, die diese virtuellen Resonanzräume definiert und Menschen hineinzieht, mal nur das Bedürfnis nach Spaß und Unterhaltung, mal die Faszination für menschliche Abgründe oder die Sehnsucht nach Halt und dann wieder die Angst und der Zweifel eines Heranwachsenden oder der Frust eines Abgehängten. Egal, welche Motivation zugrunde liegt, es entstehen persönliche Öffentlichkeiten, wie sie Jeanette Hofmann vom Alexander von Humboldt Institut für Internet und Gesellschaft in Berlin nennt. Es sind virtuelle Räume, in denen Informationen nicht nach ihrer gesellschaftlichen Relevanz sortiert werden, sondern nach ihrer errechneten Relevanz für den Einzelnen. Diese Relevanz fußt in den Sozialen Netzwerken häufig auf Emotionen und Impulsen.

Wenn Informationen Nahrung sind, liefern Soziale Netzwerke das Fast Food unserer Zeit: nicht sehr nahrhaft und auf Dauer ungesund. Schließlich wird das persönliche Interesse unverhältnismäßig groß in der Wahrnehmung der Umwelt, nimmt sie immer mehr ein. Irgendwann gibt es nur noch die große Coronaverschwörung, nur noch das eigene Körperbild, nur noch Genderdebatten oder nur noch Gewalt- und Straftaten von Migranten. Andere Probleme verschwinden dahinter.

Die Menschen sehen in diesem Zerrspiegel der Sozialen Netzwerke nicht mehr, was relevant ist für ihr Leben oder ihre Entscheidungen; sie bekommen gezeigt, was ihre Emotionen triggert. Dadurch setzen sie sich kaum noch mit anderen Meinungen, Blickwinkeln und Informationen auseinander. „Eine Welt, die aus dem Bekannten konstruiert ist, ist eine Welt, in der es nichts mehr zu lernen gibt“, sagt der Internetaktivist Eli Pariser, weil „es eine unsichtbare Autopropaganda gibt, die uns mit unseren eigenen Ideen indoktriniert.“ Pariser prägte 2011 als Autor des Buches „The Filter Bubble: What the Internet Is Hiding from You“ den Begriff „Filterblase“.

Algorithmen arbeiten gegen Demokratie und Dialektik: Gegenrede gibt es nicht, gemeinsame Lösungen können nicht gefunden werden. In Filterblasen existiert nur die eigene Meinung, die ohne Korrektiv bestätigt und verstärkt wird. Diese Dynamik lässt sich leicht missbrauchen. Denn sie wird vom zweiten grundlegenden Mechanismus der Sozialen Netzwerke noch intensiviert.

MAßGESCHNEIDERTE MANIPULATION

Soziale Netzwerke nutzen die Daten Ihrer Nutzerinnen und Nutzer nicht nur dafür, um sie möglichst lange in einer für sie möglichst angenehmen und interessanten Welt zu halten – das ist nur der erste Schritt. Die Netzwerke leben außerdem von der Zeit, die ihre Nutzerinnen und Nutzer auf den Plattformen verbringen. Denn für sie kann Werbung eingeblendet werden. Und diese Werbeplätze lassen sich verkaufen.

Dabei können Netzwerke die Zielgruppe auf Wunsch der Werbekunden anpassen, etwa auf Geschlecht und Interessen, Region und Religion, Alter und Konsumverhalten hin. Und jede Anzeige lässt sich durch Tests in Mikrozielgruppen perfektionieren. Das klappt bei manchen Produkten so gut, dass diese Anzeigen fast die Anzeigen im klassischen Mediengeschäft verdrängt haben, zum Beispiel bei Turnschuhen. Nur wer sich wirklich für neue Turnschuhe interessiert, bekommt auch Werbung dafür eingeblendet.

Dieser Milliardenmarkt ist der Kern des Geschäftsmodells der Sozialen Netzwerke. Dort richten sich nicht mehr breit gefächerte Marketingkampagnen auf Massen, um ihr Verhalten zu ändern. Im Fokus steht der einzelne Mensch. Sein Verhalten gilt es gezielt zu beeinflussen. Er soll den Turnschuh kaufen. Diese Form der datenbasierten zielgruppengenauen Beeinflussung nennt man Microtargeting. Und sie ist gefährlich.

„Es geht nicht mehr nur darum“, sagt Faktenchecker Till Eckert, „Daten und Informationen zu sammeln, um Werbung auf Zielgruppen zuzuschneiden, sondern die Leute ganz gezielt zu steuern. Das ist der Wesenskern hinter dieser neuen Ära des Kapitalismus, in der wir uns befinden.“

Es bleibt leider nicht beim Turnschuh, der beworben und angepriesen wird. Populisten und Extremisten nutzen das System der zielgenauen Manipulation genauso für sich – sie füttern es mit Desinformationen über Corona, die Klimakrise oder Migration, um Menschen mit exakt auf sie zugeschnittenen Anzeigen zu beeinflussen. Ganz schnell wird aus dem Turnschuh ein Kreuz auf dem Wahlzettel, das man sich zielgruppengenau erkaufen kann. Alternativ können es auch Unruhen, Gewalt und Hass sein.

„Der Sturm auf das Kapitol wurde maßgeblich über Soziale Netzwerke angefacht, geplant und koordiniert“, sagt Eckert. „Wenn wir das jetzt nehmen und auf den demokratischen Wähler oder die Wählerin niederbrechen, kann ich mit großer Sicherheit sagen, dass die Sozialen Netzwerke in ihrer jetzigen Form die Macht haben, Wahlen zu beeinflussen. Ich hoffe sehr, dass bei dieser politischen Einflussnahme bald ein Knackpunkt erreicht ist, an dem Regierungen und Institutionen endlich aufwachen und reagieren werden.“

Gründe, die Bedrohung ernst zu nehmen, gibt es genug.

KONKRETER ANGRIFF: CAMBRIDGE ANALYTICA 2016

Cambridge Analytica hat für dieses Microtargeting detaillierte Persönlichkeitsprofile von mehr als 87 Millionen Facebook-Nutzern im US-Präsidentschaftswahlkampf von Donald Trump verwendet. Wie war das Datenanalyseunternehmen an diesen riesigen Datensatz gelangt?

Aleksandr Kogan, Psychologieprofessor an der Universität Cambridge, hatte eine Psychotest-App namens „This is your Digital Life“ entwickelt und 2014 bei Facebook für wissenschaftliche Zwecke angemeldet. Fast 300.000 Nutzerinnen und Nutzer wurden für ihre Teilnahme bezahlt. Die App sammelte aber nicht nur ihre persönlichen Daten, sondern auch die ihrer Facebook-Freunde. Kogan gab diese Daten illegal an das Datenanalyseunternehmen weiter und damit in die Hände des Rechtspopulisten und Medienexperten Steve Bannon. Bannon war zu diesem Zeitpunkt Trumps Wahlkampfleiter. Die Daten umfassten nicht nur Angaben zu Alter, Geschlecht, Bildung und Familienstand, sondern auch psychologische Persönlichkeitsmerkmale, die unter anderem aus dem Facebook-Verhalten abgeleitet worden waren: Angaben zu Likes, Aktivitäten und Kontakten sowie Informationen zur sexuellen Orientierung oder Religion, über Beziehungsstatus, politische Präferenzen oder vergangenes Wahlverhalten. 44 Millionen Dollar gab Trumps Wahlkampfteam 2016 für rund sechs Millionen unterschiedliche Anzeigen auf Facebook aus.

Problematisch ist Microtargeting, wenn Werbende für ihre Botschaften gesellschaftliche oder politische Themen aufgreifen und in Form von sogenannten Dark Ads ausspielen. Dark Ad bedeutet, dass ein Werbepost nicht öffentlich einsehbar ist, sondern nur bei ausgesuchten Zielgruppen erscheint. Das heißt, derselbe Werbende kann gezielt sich widersprechende Botschaften an unterschiedliche Empfänger senden. Auch Fake News, Lügen und Hetze können sich so unter Ausschluss der Öffentlichkeit ungehindert verbreiten. Denn weder Vertreter anderer politischer Strömungen noch Journalisten oder eine kritische Öffentlichkeit können ohne Weiteres den Aussagen widersprechen oder ihnen Recherchen entgegenstellen.

Das ist im Trump-Wahlkampf passiert.

Anzeigen seien auf Einzelne ausgerichtet und zugeschnitten worden, sagt Brittany Kaiser, eine Whistleblowerin, die an die Öffentlichkeit ging und Einblicke in die Arbeit von Cambridge Analytica gab. Zwischen Februar 2015 und Januar 2018 war Kaiser bei dem Unternehmen Direktorin für Geschäftsentwicklung, zeitweise war sie direkt dem CEO Alexander Nix unterstellt. Sie setzte die Verträge zur Trump-Kampagne auf. „Bestimmte Zielgruppen umfassten natürlich Tausende, Zehntausende oder Millionen“, sagt Kaiser. Andere Zielgruppen seien viel kleiner bestimmt worden, etwa im Umfang von 50 bis 100 Personen. Aber auch bei ihnen sei es darum gegangen, genau herauszufinden, was den Menschen wichtig gewesen sei und was sie anklicken würden.

Ein Beispiel: Bannon definierte mit seinem Team drei entscheidende Wählergruppen, die die Konkurrentin Hillary Clinton für einen Sieg brauchte: idealistische weiße Liberale, junge Frauen und Afroamerikaner. Auf sie wurden Demotivationskampagnen abgestimmt.

Gezielt wurden für sie in den Sozialen Netzwerken Negativinformationen über Hillary Clinton und ihren Ehemann ausgespielt – unter anderem über Frauen, die behaupteten, Bill Clinton habe sie sexuell angegriffen und sie seien von Hillary belästigt oder bedroht worden. People of Colour bekamen als Werbeannoncen Videos mit Aufnahmen von 1996 gezeigt, in denen Hillary Clinton behauptete, dass einige afroamerikanische Männer „super-predators“ seien.

Die Aussagen der Kampagne, aus dem Kontext gerissene Negativinformationen, verbreiteten sich über Pro-Trump-Profile weiter im Netz. (Screenshot: CORRECTIV)

Es waren negative Aussagen ohne Kontext und Einordnung, die Clinton schaden und die Zielgruppen davon abhalten sollten, zu wählen und der Demokratin ihre Stimme zu geben.

Cambridge Analytica habe dafür ein ganzes Informationsökosystem aus Webseiten und Blogs aufgesetzt, die nicht als Teil der Trump-Kampagne erkennbar gewesen seien, sagt Christopher Wylie. Auch er ist Whistleblower. Er arbeitete als Datenspezialist jahrelang bei Cambridge Analytica und erstellte Kampagnen für Trump. Es sei nicht richtig, Cambridge Analytica als reines Datenforschungsunternehmen oder Algorithmusunternehmen zu bezeichnen, betont Wylie. „Es ist eine vollwertige Propagandamaschine." Fake-Seiten sollten im Trump-Wahlkampf bei Wählern den Anschein erwecken, sie vermittelten unabhängige Informationen – eine gängige Methode.

Mehr als 100 solcher Fake-Webseiten seien vor der US-Wahl eingerichtet worden, alle seien sie für Trump gewesen, sagt Phil Howard, Direktor der Unit for Computational Propaganda am Oxford Internet Institute. Von „rauchenden Maschinengewehren" spricht er mit Blick auf das mediale Dauerfeuer. Seriose, kritische Berichterstattung sollte in dieser Flut von Desinformationen untergehen. „Um Trump als einen Konsens erscheinen zu lassen." Wenn man nur genug Geld in die Hand nehme, sagt Howard, könne man etwas schaffen, was von vielen als Wahrheit wahrgenommen werde. Als „Werkzeug der psychologischen Kriegsführung" bezeichnet Wiley dieses System, das er selbst mitentwickelt hat. Cambridge Analytica hatte seine Methoden bereits in anderen Wahlkämpfen erprobt, vor allem in der Karibik und in Afrika. Und befeuerte später auch die Pro-Brexit-Kampagne.

Sowohl der Brexit als auch die Trump-Wahl seien über Soziale Netzwerke beeinflusst worden, sagt Carole Cadwalladr, eine britische Investigativjournalistin, die den Datenskandal um Cambridge Analytica maßgeblich aufdeckte. „Es ging um die gleichen Methoden. Emotionen und Ängste wurden durch Microtargeting zielgerecht mit der Hilfe Sozialer Netzwerke verbreitet."

GESTATTEN: SARAH THUST

„Es muss im Herbst 2020 gewesen sein", sagt Sarah Thust. Ein Youtube-Video war viral gegangen, in dem sich ein Informatiker mit teils falschen Rohdaten der Coronapandemie auseinandergesetzt hatte. Thust hatte dem Autor des Videos einen Fragenkatalog geschickt, und er hatte ihre Mail daraufhin in einer Anti-Corona-Gruppe veröffentlicht – mitsamt Signatur und Kontaktdaten. Obwohl der Informatiker ihre Kontaktdaten schnell wieder löschte, war ihre Telefonnummer im Netz. Auf einer Querdenker-Seite, die die Mail direkt weiterverbreitete, hieß es: „Ihre Handynummer findet ihr hier und sicherlich nutzt sie auch WhatsApp und freut sich über eine Nachricht, SMS oder einen direkten Telefonanruf oder eine nette E-Mail." Ein Aufruf, dem viele folgten. „Auf einen Schlag bekam ich Anrufe von Wildfremden", sagt Thust. Darunter auch ein Anruf, der sie tief in ihrem Privatleben traf.

Anfangs blockierte sie Nummern von Anrufern, die sie belästigten. Später nahm sie bei unbekannten Nummern nicht mehr ab. Thust war angespannt. Sie brauchte ihr Handy für ihre Recherchen, schließlich konnten hinter fremden Nummern auch Informanten oder Quellen stecken und nicht nur wütende Anrufer.

Hinzu kam, dass das Faktencheck-Team kurz zuvor Anzeige erstattet hatte. Ein bekennender Reichsbürger hatte Thust als „Stück Scheiße" beschimpft und ihr mit „Nürnberger Prozessen" gedroht. Trotz der Anzeige schrieb ihr der Absender weiter, „selbst nachdem die Polizei bei ihm war", sagt Thust. In einer wirren E-Mail bedankte er sich für die Anzeige, sprach von der „Pädophilie der herrschenden Klasse" und dass Thust den „Genozid" am deutschen Volk unterstützt habe. „Normalerweise berühren mich solche Sachen nicht", sagt sie. „Beschimpfungen und Drohungen waren immer schon Teil meines Berufs. Journalismus ohne Gegenwind wäre kein Journalismus." Doch dann kam dieser Anruf.

Es war früher Nachmittag, Thust saß bei ihrem Zahnarzt im Wartezimmer, zusammen mit zwei oder drei anderen Patienten. Plötzlich klingelte ihr Handy. Sie kannte die Nummer nicht, nahm trotzdem ab. „Ich hatte überhaupt nicht mehr an den Vorfall gedacht. Es war schon Wochen her. Und dann war plötzlich diese Person dran, sie klang wie eine Frau, die mich sehr ungehalten ohne Begrüßung oder Hallo direkt wegen David Schraven anging, unserem Publisher, und nach der Finanzierung von CORRECTIV fragte", erzählt Thust. „Mehr weiß ich gar nicht mehr von dem Gespräch. Ich war völlig perplex. In so einer Situation, beim Arzt im Wartezimmer, bist du nur Mensch. Und das ist das wirklich Harte, wenn solche Übergriffe stattfinden."

Alle Verteidigungsmechanismen, die sie im Arbeitsalltag schützten, waren heruntergefahren. Der Übergriff kam unvorbereitet. „Auch wenn es den Leuten vielleicht gar nicht bewusst ist, mir ist dadurch klar geworden, wie schnell solche Anfeindungen ins Privatleben überschwappen können." Wie bei Menschen, die einen Einbruch in ihre Privatwohnung erleben müssen, war auch bei Thust das Gefühl zerstört, einen Schutzraum zu haben. „Zu dem Zeitpunkt hatte ich noch keine Strategie, damit umzugehen. Deswegen hat es mich aus der Bahn geworfen."

Grundsätzlich gilt: Faktenchecken geht an die Substanz. Das weiß Thust. „Man wird beleidigt, man wird beschimpft. Man muss in der Öffentlichkeit aufpassen, ob man über seine Arbeit redet oder besser nicht. Vorher konnte ich nach der Arbeit wieder in die Anonymität abtauchen – jetzt ging das nicht mehr. Ich stehe für CORRECTIV.Faktencheck. Immer. Dadurch ist eine permanente Anspannung da."

Anfeindungen gegen Journalisten haben zugenommen. Eine Mail oder eine Kurznachricht sind schneller im Affekt versendet, als ein Brief geschrieben, frankiert und abgeschickt ist. „Wir verlieren elementare Zeit damit, solche Anfeindungen zu lesen, zu löschen oder anzuzeigen. Zeit, die uns für investigative Recherchen fehlt", sagt Thust.

Sie fing im Sommer 2020 bei CORRECTIV an. Damals übernahm sie schnell das Telegram-Monitoring im Faktencheck-Team. Das heißt, Thust behielt die einschlägigen Gruppen auf dem Messengerdienst im Blick und sichtete dort die Meldungen. Mehrere Hundert Gruppen am Tag, Schwerpunkt Coronaleugner und Rechte. Das Telegram-Monitoring ist ein wichtiger Bestandteil der Faktencheckarbeit von CORRECTIV. Immer wieder entstehen große Veröffentlichungen daraus: zum Beispiel eine Recherche zu gefälschten ukrainischen Regierungsdokumenten, die von prorussischer Seite verbreitet wurden, oder ein umfangreicher Hintergrundbericht zu angeblich geschmuggelten Waffen auf europäischen **Schwarzmärkten**.

Sarahs ausführliche Recherche zum angeblichen Waffenschmuggel kannst du hier nachlesen.

Die Recherche in den Telegram-Gruppen ist fordernd. „Mich hat es nicht überrascht, dass es irgendwann zu Eskalationen wie dem Mord in Idar-Oberstein oder Übergriffen gegen Politiker:innen gekommen ist. Im Gegenteil. Ich habe damit gerechnet, dass das früher oder später passieren wird", sagt Thust. „Immer wieder wird in den einschlägigen Telegram-Gruppen aufgerufen, die Bundesregierung zu stürzen und sogenannte Mittäter zu bestrafen." Immer wieder werde mit Todesurteilen gedroht. „Solche Aussagen haben deutlich zugenommen. Jeder Post in diesen Gruppen macht entweder Angst oder schürt Wut und Unzufriedenheit."

Es gebe auch mal positive Beiträge in den Gruppen, sagt die Faktencheckerin. Aber positiv wirkten sie häufig nur auf den ersten Blick. Einzelne Mitglieder würden etwa für ihren Einsatz gelobt werden, für ihren Kampf gegen die Ungerechtigkeit, die alle erfahren hätten – und schon sei die Gruppe wieder bei ihrem Kernthema. „An dem Punkt kann ich mich auch reinfühlen in die Menschen dieser Bewegung", sagt Thust. „Wenn du in diesen Gruppen abtauchst und ‚draußen' gefühlt alle gegen dich sind, versinkst du in der Finsternis. Gleichzeitig fühlst du dich aber auch gut, weil du denkst, dass du es kapiert hast – und die anderen nicht. Ich bin da sehr, sehr, sehr tief eingetaucht", sagt die Faktencheckerin. „Bis zu einem Punkt, an dem ich wirklich physische Symptome hatte. Noch bevor ich Telegram öffnete, wurde mir morgens schlecht, so ein richtiges Übelkeitsgefühl, mir schnürte sich der Hals zu. Es ist einfach eine sehr belastende, eine sehr negative Welt, die in diesen Blasen entstanden ist. Dort täglich hineinzuschauen fühlt sich an, als würdest du am Abgrund stehen und versuchen, nicht hineinzufallen."

Bei diesem Blick in den Abgrund könne man schon mal ins Straucheln geraten, sagt Thust. „Wer die Telegram-Kanäle zu lange konsumiert, beginnt zu denken, alle Menschen seien so negativ und hasserfüllt." Es ist der Trugschluss der Echokammern: Eine Minderheit wirkt plötzlich riesig. Ihre Rufe hallen lauter, weil sich ihre Echos potenzieren. Ein Gefühl der Ohnmacht überkam Thust immer öfter nach Feierabend. „Das Problem ist", sagt sie, „dass einige Gruppen auf lange Sicht immer radikaler werden. In ihnen herrscht teilweise mehr Zusammenhalt als in den eigenen Familien, so wirkt es zumindest. Es sind ganz bestimmte Charaktere, die generell nach etwas suchen, mit dem sie sich abgrenzen können. ‚Seht her! Ich weiß was, was ihr nicht wisst. Ich habe eine besondere Meinung! Ich bin was Besonderes.' Dieses Wir-gegen-die-Gefühl wächst immer und immer weiter, die Fronten verhärten sich."

Und dann dieses Eindringen in ihre Privatsphäre – auf einem spärlich gepolsterten Metallstuhl im Wartezimmer eines Berliner Zahnarztes. Was eigentlich keine heftige Attacke war, traf sie tief. „Ich habe dann erst mal für ein paar Wochen das Telegram-Monitoring an einen Kollegen abgegeben und Pause gemacht", sagt Thust. Sie brauchte Abstand. Erst dann konnte sie sich weiter auf Telegram umsehen.

„Mittlerweile öffne ich nicht mehr die App, scrolle nicht mehr die Verläufe durch und lese jede einzelne Nachricht." Das Faktencheck-Team benutzt nun technische Werkzeuge, um die Gruppen zu analysieren. Dadurch nicht mehr ständig das Telegram-Interface vor Augen zu haben helfe bereits, sagt Thust. „Ich versuche das einfach nicht an mich ranzulassen, mich vom Hass zu distanzieren. Manchmal geht das auch mit schwarzem Humor. Vor allem hilft es aber, mich immer wieder daran zu erinnern, dass dieser Hass nicht gegen mich persönlich gerichtet ist, sondern dass diese Person mich lediglich als Ventil dafür nutzt, weil sie mit ihren eigenen Emotionen nicht umgehen kann."

Ruhe und Ausgleich findet Thust bei ihren Katzen, aber auch auf Reisen, am liebsten „dahin, wo alles neu und anders ist". Sie sei gern in Wäldern und am Meer, sagt sie. „Menschen können lästig werden, Natur und Lebewesen dagegen sind dankbar und lebenswichtig."

Man fragt sich zunehmend, was sich Subjekte wie Sie eigentlich einbilden?! Hoffentlich kommt es in der Zukunft zu einer Abrechnung mit solchen von Hochmut zerfressenen Personen. Es ist außerdem überaus bedauerlich, dass Ihre Mutter, als sie mit Ihnen schwanger war, nicht eine Fehlgeburt erlitt. Das hätte der Gesellschaft einiges an Hybris und Hetze erspart. Nun ja, nun sind sie ja leider hier – aber die Hoffnung auf ihre Unfruchtbarkeit oder immerzu fortdauernde Fehlgeburten lässt ein dezentes Schmunzeln aufkommen... :)

Voller Abscheu und mit hoffnungsvollen Wünschen für ein Ihrerseits von Leid und Krankheit geprägtes Leben verbleibend... ;-)

—

Mail vom 21. September 2021 an Sarah Thust, CORRECTIV.Faktencheck, vermeintlicher Absender eine Frau

KAPITEL 4

DAS VOKABULAR DER KRISE

KAPITEL 4 – DAS VOKABULAR DER KRISE

DEFINITIONEN FÜR DESINFORMATION

Was ist überhaupt Desinformation, und wie unterscheidet sie sich zum Beispiel von der Malinformation? Wer verbreitet eigentlich Fake News, und was sind die typischen Lügen-Narrative der Verschwörungsschwurbler?

Querdenker kokettieren gern damit, dass sie Sanktionen erfahren. Greifen Faktenchecker einen Beitrag von ihnen auf oder sperrt sie eine Plattform, weil sie Falschnachrichten verbreitet haben, legen sie es häufig als Auszeichnung und Bestätigung ihres Widerstandes aus. (Screenshot: CORRECTIV)

MISINFORMATION

Eine Misinformation kann eine Fehlinformation sein oder eine Falschnachricht – in gedruckter Form auch gern Zeitungsente genannt. Sie ist eine falsche Information, die aus Versehen in Umlauf gebracht wurde. Hinter Misinformation steht keine Absicht, jemandem schaden oder ihn beeinflussen zu wollen. Wie allen Menschen unterlaufen auch Journalistinnen und Journalisten Fehler, als solche sind Misinformationen zu verstehen. Nachdem sie aufgefallen sind, werden sie in der Regel im Beitrag richtiggestellt, und die Korrektur wird erkennbar gemacht.

Formen von Misinformation:

- Unbeabsichtigte Fehler in der Berichterstattung.
- Gerüchte und Verschwörungstheorien, die zitiert, aber nicht eingeordnet werden.
- Satire und Parodie, die Sachverhalte überspitzen oder verdrehen, um auf soziale Missstände hinweisen, vom Empfänger aber als solche nicht erkannt werden, weil sie unter Umständen nicht ausreichend gekennzeichnet wurden. Hier ist der Übergang zur Desinformation unscharf.

Falschinformationen entstehen meistens ohne Vorsatz. „Bei Sucharit Bhakdi haben wir zum Beispiel gesehen“, sagt Faktencheckerin Sarah Thust, „wie Lokalmedien Interviews mit ihm veröffentlicht, aber seine Aussagen nicht kommentiert oder eingeordnet haben. Dann steht das so da und wird von Leser:innen als Expertenmeinung wahrgenommen. Solche Fehler in der Medienberichterstattung sind Stellschrauben. Zusätzlich generieren sie Aufmerksamkeit für die Person oder das Thema, was den Effekt noch mal verstärkt. Da Verschwörungstheorien viel mehr in den Fokus der Medien gerückt sind, geschieht dies auch im Bewusstsein der Menschen. Populisten und Politiker, die ein Interesse daran haben, dass sich Fronten herausbilden, dass die einen gegen die anderen stehen, greifen solche Medienberichte über diese Themen und Theorien dankbar auf.“

DESINFORMATION UND FAKE NEWS

Desinformationen sind absichtlich verbreitete Falschnachrichten, bewusst irreführende oder verzerrte Informationen. Sie können dazu dienen, die öffentliche Meinung und Stimmung zu beeinflussen. Ihre Verbreiter versuchen meist, einer Person, einer sozialen Gruppe, Organisation oder einem Land gezielt zu schaden.

Desinformation zählt zu den Propagandatechniken.

Fake News treiben die zur Lüge gewordene Unwahrheit auf die Spitze. Wer sie produziert, imitiert die Form klassischer Nachrichten und etablierter Medien – und versteckt sich hinter dieser Fassade, die einen Anschein von Glaubwürdigkeit erzeugen soll. Dazu dienen etwa fingierte Nachrichtenseiten oder gefälschte Online-Konten, die sich an genau definierte Zielgruppen richten. Wie geschickt und aufwendig diese Fakes manchmal umgesetzt sind, werde ich in diesem Buch mit zahlreichen Recherchen und konkreten Beispielen unserer Faktenchecker verdeutlichen.

Das Bild ist echt, der Papst darauf auch, aber der angebliche Rockefeller ist ein Holocaustüberlebender. So wird gern im Netz getrickst. (Screenshot: CORRECTIV)

Formen von Desinformation:

- Falsche Verknüpfungen: Überschriften, Bilder oder Bildunterschriften versprechen mehr, als der Artikel halten kann; durch die Überspitzung werden Emotionen und Interesse geweckt und dadurch Klicks generiert (Clickbaiting).

- Irreführende Inhalte: Richtige Informationen werden so verkürzt oder aus dem Zusammenhang gerissen, dass sie eine falsche Aussage bekommen, zum Beispiel Teilzitate oder einzelne Daten einer Statistik.

- Falsche Zusammenhänge: Authentische Inhalte wie Fotos werden in einen neuen Zusammenhang gestellt. Ein Beispiel ist ein Foto, das beweisen soll, dass Angela Merkel gegen die Maskenpflicht verstoßen habe und die Bevölkerung mit den Coronaschutzmaßnahmen daher nur „verarscht" werde. Es zeigt, wie die Kanzlerin ohne Maske eng mit anderen europäischen Regierungschefs beisammensitzt. Das Bild stammt allerdings von 2018, es ist zwei Jahre vor der Pandemie entstanden. Auf einem anderen Foto küsst der Papst die Hand eines Holocaustüberlebenden, in der Bildbeschreibung wird dieser zu einem Mitglied der Rockefeller-Familie gemacht und das Foto damit zum Beweis für die jüdische Weltverschwörung.

- Betrügerische Inhalte: Quellen werden gefälscht, um echt zu wirken. Das kennt wahrscheinlich jede und jeder aus seinem E-Mail-Postfach, wenn eine ominöse Nachricht auffordert, ein Passwort zu erneuern. Die E-Mail-Adresse, das Logo – alles scheint echt zu sein, trotzdem handelt es sich oftmals um **Phishing**, also den Versuch, persönliche Daten zu erbeuten.

(it diesem Trick haben sich ussische Hacker im US-'ahlkampf 2016 Zugriff auf ie Mailkonten der Demoraten verschafft. Detailiert gehe ich im 6. Kapitel uf die Phishing-Attacke in, Abschnitt: Guccifers ngriff 2.0.

- Überarbeitete Inhalte: Authentische Inhalte oder Bilder werden bearbeitet, um einen falschen Eindruck zu vermitteln. Auf dem Preisschild im Supermarkt macht Bildbearbeitung aus der Bezeichnung „Weihnachtsmann" eine „Jahresendfigur". Stoff für einen Shitstorm, denn Islamfeinde wollen aus der Fälschung den Untergang des christlichen Abendlandes herauslesen. Oder der ukrainische Präsident Volodymyr Selenskyj wird hinter Putin montiert, um dem Russen Hasenohren zu zeigen.

- Erfundene Inhalte: Hier sind der Fantasie keine Grenzen gesetzt. Es kann behauptet werden, was immer der eigenen Agenda nutzt. Das können falsche Zitate sein, die zum Beispiel Politikern zugeschrieben werden, oder absurde Behauptungen wie die, dass die Coronatoten eigentlich alle an 5-G-Strahlung gestorben sind.

Bei Faktenchecks gibt es nicht nur Schwarz oder Weiß. Gerade in längeren Medienberichten vermischen sich oft korrekte Fakten mit falschen Interpretationen oder Fehlinformationen. Um die Inhalte möglichst genau bewerten zu können, wählen unsere Faktenchecker eine von elf Kategorien – von komplett falsch bis vollkommen richtig. Welche dazwischenliegen, erfährst du hier.

Die verschiedenen Formen von Desinformation lassen sich auch frei **miteinander kombinieren**.

MALINFORMATION

Malinformationen sind wahre Informationen, die strategisch verbreitet werden, um jemandem zu schaden. Gerade in Wahlkämpfen spielen sie eine große Rolle und sollten Bürgerinnen und Bürgern bewusst sein. Ein Beispiel dafür ist die Hack-and-Leak-Aktion im Präsidentschaftswahlkampf 2016 zwischen Clinton und Trump. Russische Hacker erbeuteten damals E-Mails der Demokraten und veröffentlichten sie. Eine weitere Form von Malinformation sind sogenannte Rachepornos, also intime Aufnahmen, die etwa ein verlassener Mann nach der Trennung im Netz veröffentlicht. Auch Doxing zählt zu Malinformation, also das Zusammentragen und Veröffentlichen persönlicher Daten gegen den Willen der Betroffenen. Malinformationen können Hate Speech auslösen, wenn veröffentlichte Informationen, zum Beispiel zur Religionszugehörigkeit oder sexuellen Orientierung, im Internet zu Angriffen gegen eine Person anstacheln.

VERBREITER VON DESINFORMATION

Die konkreten Urheber einer Desinformation zu ermitteln ist nicht immer möglich. Die Dynamiken des Internets und Sozialer Netzwerke schützen sie. Wenn Inhalte erst mal ins Netz geladen wurden, lassen sie sich dort nach Belieben kopieren, verändern und vervielfachen. Plattformübergreifend. Ein und dasselbe Youtube-Video kann zum Beispiel gleich auf mehreren Kanälen auftauchen. Oder Nutzer fertigen Screenshots einer Bildkachel auf Facebook an und verschicken diese per Whatsapp, wo sie dann immer weiter verbreitet wird. Ein Schneeballeffekt, der es schwer macht, den Ursprung herauszufinden.

„Die Verbreiter von Desinformation gibt es nicht“, sagt Sarah Thust. „Es ist ein großes Sammelsurium von Menschen, die teils ganz unterschiedliche Motive verfolgen. Von Extremisten bis hin zu Personen mit konkreten finanziellen Interessen.“ Grundsätzlich lassen sich aber die Verbreiter von Fake News in private und professionelle unterteilen.

Privatpersonen verbreiten Desinformationen häufig in der Überzeugung, die Falschnachrichten seien wahr und sie würden ihr Netzwerk mit den Inhalten bereichern. Dass der böse Vorsatz bei diesen Sendern fehlt und dadurch Desinformationen zu Misinformationen werden, bietet eine große Chance für Faktenchecker. Wenn die Personen noch offen für Informationen von außen sind, können Faktenchecks an dieser Stelle ansetzen, entweder korrigieren oder ganz verhindern, dass falsche Nachrichten weiterverbreitet werden.

Für Einzelpersonen gibt es vielerlei Ansporn, Fake News zu verbreiten. Sie erzeugen damit Aufmerksamkeit, finden Bestätigung und sozialen Rückhalt in Filterblasen. Dies ist besonders wichtig, wenn sie bereits länger Teil einer (Online-)Community sind und dort viel investiert haben. Verbreiten sie öffentlich Desinformation, prägt dies auch ihr persönliches Image. Und es kann soziale Kosten verursachen – wenn es etwa zum Bruch mit Freunden und der Familie kommt. Innerhalb der neuen Gemeinschaft müssen sie die eigenen Werte, Ansichten oder Vorurteile nicht hinterfragen, dort erhalten sie stetig Zuspruch von Gleichgesinnten. Dazu gibt ihnen die Vorstellung Halt, dass sie als Erleuchtete etwas Besonderes seien. So fördert das Verbreiten von Desinformation einerseits die Isolation einer Person und andererseits ihre Abhängigkeit von der Aufmerksamkeit und Zuwendung der Community.

Ominöse Kapuzenträger projizieren Trugbilder von Coronaviren an die Höhlenwand und halten Menschen in ihrer Angst gefangen. Die Erleuchteten entkommen derweil ins Freie und sehen die wahre Welt. Höhlengleichnis anno 2022, aus dem Newsfeed eines Querdenkers. (Screenshot: CORRECTIV)

Aufmerksamkeit spielt auch für die professionellen Verbreiter von Fake News eine große Rolle. Da Fake News Emotionen triggern und die Algorithmen der Sozialen Netzwerke genau darauf anspringen, lassen sich mit ihnen beträchtliche Werbeeinnahmen erzielen. Denn Aufmerksamkeit bedeutet Klicks, und Klicks wiederum generieren Geld. Eine einfache Rechnung.

Neben diesem materiellen Motiv steht das ideologische. Und das ist das gefährlichste. Ob es Lobbyverbände fossiler Industrien sind, die den Zweifel am Klimawandel nähren, politische Akteure, die über Desinformationen ihre Weltsicht verbreiten und den Gegner diskreditieren, oder einfach nur staatsverdrossene Unruhestifter – mit ihren teils über Jahre und Jahrzehnte geplanten Kampagnen polarisieren sie und spalten Gemeinschaften, entreißen uns die Faktengrundlage und die gemeinsame Sprache. Ihr Informationskrieg ist ein Angriff auf das Wesen der Demokratie – das muss so deutlich gesagt werden. Denn ohne Sprache kein Dialog. Und ohne Dialog keine gemeinsamen Lösungen.

Anders heruntergebrochen: Im Kalender steht, heute ist Dienstag. Dein Gegenüber ist aber davon überzeugt, es sei Donnerstag. Versuche, dich mit ihm am Samstag zu treffen! Ihr werdet niemals zusammenkommen.

Genau das machen Fake News mit unserer Gesellschaft.

VERSCHWÖRUNGSTHEORIEN

Nur weil du paranoid bist, heißt das nicht, dass sie nicht hinter dir her sind. Aus der Timeline eines Verschwörungstheoretikers. (Screenshot: CORRECTIV)

Du willst mehr wissen? Wer an Verschwörungserzählungen glaubt, wie sie sich verbreiten und welche Folgen sie für unser Miteinander haben? Einen Überblick dazu hat ein Kollege zusammengefasst. Hier kannst du seinen Artikel lesen.

Die Psychologin Pia Lamberty forscht an der Universität Mainz zu Verschwörungsglaube. **Verschwörungserzählungen** definiert sie als „eine Annahme darüber, dass als mächtig wahrgenommene Einzelpersonen oder eine Gruppe von Menschen wichtige Ereignisse in der Welt beeinflussen und damit der Bevölkerung gezielt schaden, während sie diese über ihre Ziele im Dunklen lassen". Mit einem Verschwörungsglauben gingen Vorurteile gegen all jene einher, die man als mächtiger empfinde, sagt Lamberty. Es sind einfache Erklärungen für komplexe Ideen. Mit Verschwörungserzählungen und klar definierten Feindbildern „lassen sich abstrakte Bedrohungen handhabbar machen", sagt Lamberty. „Nehmen wir die Coronakrise – man hat plötzlich nicht mehr dieses unsichtbare Virus, sondern konkrete Verschwörer, gegen die man sich zur Wehr setzen kann."

Dabei wird die Welt in ein klares Schwarz-Weiß getaucht: Die Verschwörerinnen und Verschwörer sind böse, die Opfer gut. „Populismus ist in seiner Definition sehr nahe am Verschwörungsglauben dran", sagt Lamberty: „Wir da unten gegen die da oben." Nicht verwunderlich also, dass es so viele Schnittmengen zwischen den Anhängern verschiedener Verschwörungserzählungen gibt. Je extremer dieser Verschwörungsglaube, desto gefährlicher. „Man erschafft mit einem Feind das absolut Böse, das Satanische, und in dem Moment hat man psychologisch die Möglichkeit, sich als das absolut Gute darzustellen", sagt Lamberty. „Wenn jemand wirklich an so etwas glaubt, sieht er sich im schlimmsten Fall berechtigt, auch gewaltsam vorzugehen", und sei eher bereit, zu drastischen Mitteln wie Anschlägen zu greifen.

Die Radikalisierung, die Lamberty beschreibt, fesselt die Menschen, die in ihren Sog geraten. Man verbreitet Desinformation, wenn man Fakten und Tatsachen nicht wahrhaben möchte. Schnell reiht man dann eine Falschnachricht an die nächste, um das Konstrukt und die übergeordnete Erzählung nicht einbrechen zu lassen. Von dort aus ist es nur ein kleiner Schritt zur umfassenden Verschwörungsfantasie. Schließlich hängt alles miteinander zusammen …

Eine Verschwörungserzählung lässt sich anhand mehrerer Kriterien erkennen:

- Nichts geschieht durch Zufall; alles wurde geplant; die Verschwörer bleiben im Verborgenen.
- Nichts ist so, wie es scheint; den Plan durchschaut man erst, wenn man die Verschwörer kennt.

- Alles ist miteinander verbunden; Presse, Politik oder sonstige Institutionen sind Teil der Verschwörung.

VERSCHWÖRUNGSTHEORIE, -ERZÄHLUNG, -IDEOLOGIE, -MYTHOS ODER -GLAUBE?

Der Begriff Verschwörungstheorie mag zum allgemeinen Sprachgebrauch gehören, doch Wissenschaftler kritisieren ihn. Denn der Bestandteil „-theorie" des zusammengesetzten Wortes impliziere, es gebe für solche Erzählungen eine theoretische Grundlage, die wissenschaftlichen Standards entspreche. Das ist aber nicht der Fall. Glaubt jemand an eine Verschwörung, obwohl Beweise dagegensprechen (und keine stichhaltigen dafür), so bezeichnet man das treffender als Verschwörungsideologie. Die Amadeu Antonio Stiftung schreibt: „Von ‚Ideologie' spricht man, wenn der Glaube an eine Verschwörung so weit gefestigt ist, dass ein ganzes Weltbild damit einhergeht. Der Begriff verdeutlicht auch, dass es sich bei Verschwörungsideologien um ein ideologisches Denksystem handelt, das Kritik und Widerspruch ausschließt."

Der Begriff Verschwörungserzählung ergibt aus wissenschaftlicher Sicht Sinn, wenn es darum geht zu analysieren, welche Erzählungen (**Narrative**) innerhalb einer Verschwörungsideologie gebündelt werden.

Im letzten großen Abschnitt dieses Kapitels werde ich noch ausführlich auf Narrative eingehen. Welches versteckt sich hinter einem gefakten Weihnachtsmann, welches hinter einer mit einer Burka verhüllten Schönheitskönigin? Und warum hält manch ein AfD-Politiker das Abhacken von Händen für ein plausibles Szenario im deutschen Recht?

Verschwörungsmythen stehen schließlich ganz oben auf der Verschwörungspyramide. Sobald jemand glaubt, Reptiloiden lenkten die Geschicke der Welt, ist er dort angelangt. Reptiloiden sind dem Vernehmen nach außerirdische Echsenmenschen, zu denen auch Angela Merkel gehört. Aus anderen Erzählungen ist allerdings zu hören, die ehemalige Kanzlerin sei 1954 mit sowjetischer Unterstützung aus Hitlers Sperma gezeugt worden. Auch mit der QAnon-Verschwörungstheorie, Kinder bluteten in unterirdischen Lagern aus, um ominösen Eliten mit dem aus ihren Körpern gewonnenen Adrenochrom ein längeres Leben zu bescheren, ist die Spitze des Abstrusen erklommen. Bei alldem darf man getrost von Mythen sprechen.

„Der Verschwörungsglaube hat sich während der Pandemie anscheinend ebenso stark verbreitet wie die Anfälligkeit für Desinformation", sagt unsere Faktencheck-Chefin Alice Echtermann. „Beides ist mehr im Mainstream angekommen. Verschwörungsglaube gab es schon immer, wurde aber eher belacht, weil an Echsenmenschen oder die flache Erde geglaubt wurde. Wir haben uns damals einfach nicht vorgestellt, dass so viele Menschen so eine Grundanfälligkeit für dieses Denken haben, dass sich diese

Vorstellungen von einer Verschwörung so weit verbreiten könnten. Das fängt ja schon damit an, dass man glaubt, alles folgt einem großen Plan, also auch die Pandemie, Zufälle gibt es nicht. Da muss doch irgendwas dahinterstecken. Das Schlimme ist aus journalistischer Sicht", betont Echtermann, „dass das teilweise auch so sein könnte. Es gibt durchaus reale Verschwörungen. Das macht es für viele Menschen schwierig, die realistischen von den übertriebenen Geschichten zu trennen."

Willst du es nicht sehen, hast du ein Brett vorm Kopf. Aus der Timeline eines Verschwörungstheoretikers. (Screenshot: CORRECTIV)

DER FEINE UNTERSCHIED

Im Laufe dieses Buches beschreibe ich, wie das Verbreiten von Desinformation abläuft. Viele meiner realen Beispiele klingen nach Verschwörungstheorien – da will ich nichts beschönigen.

Wie unterscheiden sich aber die Beispiele, die ich aufzähle, von den Erzählungen der Verschwörungstheoretiker? Der Informationskrieg der Russen gegen westliche Demokratien ist eine reale Verschwörung, global geplante **Desinformationskampagnen** milliardenschwerer Ölkonzerne oder die gezielte Manipulation von Wahlen über Soziale Netzwerke sind es auch. Warum ist auf der anderen Seite der Glaube Unsinn, es gebe einen Deep State, der unsere Regierungen aus dem Verborgenen steuere? Wieso gehört die Erzählung vom Great Reset, mit dem „globale Finanzeliten" eine neue wirtschaftliche und politische Weltordnung heraufbeschwören wollen, ins Regal der Fiction? Und was ist mit der Mär vom Great Replacement, nach der Europas Bevölkerung durch Migranten ersetzt werden soll? Der Unterschied liegt nicht nur in dem, wovon erzählt wird. Oder im Wahrheitsgehalt einer Geschichte. Er liegt auch darin, welche Funktion die Story für den Erzähler hat.

Reale Verschwörung: Shell wusste bereits in den 80er-Jahren aufgrund eigener Studien, dass der Menschheit ein Klimawandel droht, sollte sie nichts ändern. Der Konzern hat die Erkenntnisse nie veröffentlicht. Stattdessen tat er sich mit Ölmultis wie Chevron, BP und Exxon zusammen und schürte in der Öffentlichkeit systematisch Zweifel am Wahrheitsgehalt der Klimaforschung.

„Ein Verschwörungsmythos gedeiht meist dort, wo logische Erklärungen fehlen", sagt Sarah Thust vom CORRECTIV.Faktencheck-Team. „Er soll quasi Licht ins Dunkel bringen und liefert eine möglichst einfache Erklärung. Die Simplifizierung einer komplexen globalen Welt. Und genau da sollte man skeptisch werden, denn für die Wirklichkeit gibt es keine einfache Erklärung und nur selten den einen Sündenbock." Rothschild sei so ein Fall, sagt Thust. Die Geschichte um die jüdische Familie reicht weit zurück, als Bankiers sind die Rothschilds seit dem 19. Jahrhundert immer wieder Gegenstand von Verschwörungserzählungen. „Die Rothschilds sind aber bei Weitem nicht mehr so einflussreich, wie viele denken. Anhänger von Verschwörungsmythen argumentieren häufig, das man das nicht sicher wissen und ausschließen könne. Ich antworte darauf, dass seit Jahrzehnten Menschen inklusive Journalisten dem Mythos hinterherrecherchieren und keinerlei Belege dafür gefunden haben. Irgendwann ist auch mal gut. Am Ende des Tages ist der Unterschied: Das eine ist beweisbar, und das andere wird immer wieder im Zusammenhang mit Desinformation verbreitet."

Für Vernunft und Logik verloren (und stolz darauf). Foto aus dem Newsfeed eines Querdenkers. (Screenshot: CORRECTIV)

TATSACHENBEHAUPTUNG UND MEINUNG

„Wir überprüfen Gerüchte und potenzielle Falschinformationen, die sich im Internet, auf Blogs, in Videos oder in anderer Form in Sozialen Netzwerken verbreiten. (...) Geeignet für einen Faktencheck sind nur Tatsachenbehauptungen, keine Meinungen oder Zukunftsprognosen."

Von der CORRECTIV.Faktencheck-Webseite

Wenn unsere Faktenchecker fragwürdige Beiträge vorgelegt bekommen, müssen sie in einem ersten Schritt sichten und herausarbeiten: Was ist überhaupt überprüfbar?

„Teilweise schicken uns Menschen einen Kommentar", sagt Alice Echtermann, „einen astreinen, auch klar als Kommentar gekennzeichneten Text und sagen: ‚Mach mal den Faktencheck darüber! Er hat doch unrecht.' Aber eigentlich haben sie nur eine andere Meinung als der Autor. Für viele Menschen scheint es unmöglich geworden, das zu unterscheiden.

Vielleicht haben wir diese Art von Analyse – was ist ein Fakt, was eine Meinung? – in der Schule nicht ausreichend gelernt. Vielleicht wird das in den Schulen nicht genug unterrichtet. Diese Menschen wollen, dass wir einen Faktencheck machen, um eine vermeintlich falsche Meinung zu korrigieren. Aber genau das machen wir ja nicht. Und das ist so schwierig zu vermitteln."

Als Faustregel gilt: Eine Äußerung ist eine Tatsachenbehauptung, wenn man sie beweisen kann – das heißt, sie beschreibt einen Umstand, der zum Beispiel durch Urkunden, Zeugen oder Sachverständige bestätigt (oder auch widerlegt) werden kann. Demnach ist eine Tatsachenbehauptung immer entweder wahr oder falsch.

Eine Meinungsäußerung dagegen ist nie wahr oder falsch. Sie ist eine Wertung, Auffassung oder Prognose, also eine subjektive, nicht verifizierbare Äußerung. Das heißt, es lässt sich bei voller Kenntnis des Sachverhalts darüber streiten.

- Der Stuhl ist blau – Tatsachenbehauptung.

- Der Stuhl ist hässlich – Meinungsäußerung.

Vorstellungen und Meinungen als Tatsachen darzustellen – ohne Einschränkung, Erklärung oder Diskussionsspielraum – ist eine wirksame Propagandatechnik. Ebenso die Verbreitung von falschen Informationen.

Beispiele:

- Wir wissen ja alle, dass die Mainstream-Medien nicht über Verbrechen von Asylbewerbern berichten.

- Es ist kein Geheimnis, dass die Coronaimpfungen Hunderttausende Menschenleben gekostet haben.

Als Fakt wird im Sinne der Rechtsprechung übrigens ein tatsächlich bewiesener Zustand bezeichnet.

QUALITÄT VON QUELLEN

„Für unsere Faktenchecks machen wir uns auf die Suche nach Belegen für oder gegen eine Behauptung. Wir verwenden dabei, soweit möglich, nur Primärquellen: Dokumente, Statistiken, Studien, Angaben von Augenzeugen, Betroffenen und Behörden sowie Einordnungen von Wissenschaftlerinnen und Wissenschaftlern. Den Rechercheweg dokumentieren wir in unseren Artikeln und legen unsere Quellen offen."

Von der CORRECTIV.Faktencheck-Webseite

Zur Erklärung: Journalistinnen und Journalisten unterscheiden zwischen Primär-, Sekundär- und Tertiärquellen. Primärquellen sind der direkte Ursprung einer Information, zum Beispiel eine von einem Journalisten besuchte Veranstaltung samt den dort gehaltenen Reden und Gesprächen oder auch eine wissenschaftliche Untersuchung zu einem bestimmten Thema. Eine Sekundärquelle wäre etwa bei einer wissenschaftlichen Studie die Pressemitteilung des Herausgebers zu dieser Publikation. Sollte ein Journalist auf Basis dieser Pressemitteilung einen Artikel verfassen (und nicht selbst in die Studie schauen), würde der Artikel zur Tertiärquelle.

Wie beim Stille-Post-Spielen ist es für eine Journalistin oder einen Journalisten immer am besten, die Information direkt vom Ursprung zu erfahren. Wenn das nicht geht, sollte sich die Journalistin oder der Journalist zumindest darum bemühen, möglichst nah dran zu sein.

Aber das ist nicht das einzige Kriterium, das beim Umgang mit Quellen wichtig ist. Journalistinnen und Journalisten suchen nach bestimmten Informationen, um Sachverhalte zu verstehen – wie Detektive. Quellen müssen sie dabei immer kritisch hinterfragen: Vernachlässigen sie vielleicht Aspekte? Wie subjektiv ist ihre Sicht? Was sind ihre eigenen Interessen? Es gehört zur journalistischen Sorgfaltspflicht, Informationen zu prüfen, bevor sie veröffentlicht und damit weiterverbreitet werden. So steht es auch im Pressekodex.

Selbst bei sogenannten privilegierten Quellen sollten diese Fragen im Hinterkopf behalten werden. Dazu zählen etablierte Nachrichtenagenturen, Behörden, die zur wahrheitsgemäßen Auskunft verpflichtet sind, sowie Pressestellen von Staatsanwaltschaften und Polizei.

Diese Quellen genießen zwar in Deutschland größte Glaubwürdigkeit, doch auch bei ihnen müssen Journalistinnen und Journalisten kritisch bleiben. Schon weil Fehler menschlich sind und es absolute Objektivität nicht gibt.

„Die Grundregel als Investigativreporter", erklärt Till Eckert: „Trust nobody, trust no source. Hinterfrage alles fünfmal. Als Faktenchecker müssen wir einen Balanceakt zwischen diesem Misstrauen und Geschwindigkeit machen. Wir müssen schnell reagieren, sonst bringen die Faktenchecks nichts. Wenn ein Artikel erst nach einer Woche oder zwei veröffentlicht wird, hat die Desinformation bereits riesige Kreise gezogen." Wollte man maximale Gründlichkeit mit höchster Schnelligkeit verbinden, müsste man eine Redaktion mit 100 Leuten haben, sagt Eckert, mit einer starken dokumentarischen Abteilung, die wie eine Behörde arbeitet und Fakten sammelt. Das Faktencheck-Team müsste eng mit Investigativleuten zusammenarbeiten, um quasi perfekte Faktenchecks machen zu können. „Das hieße aber, wir könnten weniger produzieren." Und das würde dem Konzept der Faktenchecks widerstreben.

„Wir arbeiten nach bestem Wissen und Gewissen", sagt Eckert über das Faktenchecken. „Es ist die bestmögliche Version der Wahrheit, die wir liefern können. Nicht mehr und nicht weniger." Diese Definition habe ihm geholfen, einen Kompromiss zwischen den unterschiedlichen Forderungen zu finden, die auf ihm lasteten: dem Anspruch eines Faktencheckers, möglichst schnell zu arbeiten, und dem des Investigativjournalisten, möglichst kritisch und genau zu recherchieren. Dieser Kompromiss verhindere, dass die Ansprüche in eine Schieflage zueinander gerieten.

Der Autor einer journalistischen Veröffentlichung kann mit der gezielten Auswahl von Quellen die Berichterstattung in eine bestimmte Richtung lenken – auch das sollte immer berücksichtigt werden. Wissenschaftler und Experten können so ausgesucht werden, dass sie politische Aussagen eher stützen oder ablehnen. Hier ist abermals journalistische Sorgfalt gefragt. Grundsätzlich gilt das Zwei-Quellen-Prinzip: Eine Information kann veröffentlicht werden, wenn zwei Quellen diese unabhängig voneinander bestätigen. Außerdem sollten die Quellen immer genannt werden (wer, wann und wo?), was sie nachprüfbar macht.

ALTERNATIVE FAKTEN

Der US-Wahlkampf war schrill gewesen. Als Donald Trump Anfang 2017 ins Weiße Haus einzog, ließ der neu gewählte Präsident nicht nach. Bald wurden dabei drei Begriffe laut, die auch für dieses Buch maßgeblich sind: Alternative Facts, Mainstream Media und Fake News. Faktenchecker-Kreise benutzen den Begriff Fake News genau deswegen eher ungern. Zu sehr hat ihn Trump in seinem Kampf gegen die Medien politisiert und instrumentalisiert. Da er aber zum allgemeinen Sprachgebrauch gehört (und ich nicht Teil der Faktencheck-Redaktion bin), wirst du ihn in diesem Buch synonym zu Desinformation lesen können.

Auch die Bezeichnung Mainstream Media (MSM) ist seit Trumps Amtsantritt endgültig zum Kampfbegriff geworden. Der Vorwurf, der in dem Begriff mitschwingt: Die großen Massenmedien – Medienhäuser, Verlage, Rundfunkanstalten – seien „gleichgeschaltet", sie würden einhellig im Sinne der Regierung, einer geheimen Elite oder, wie in Trumps Vorstellung, im Sinne eines linken Establishments berichten. Mainstream-Medien seien demnach volksferne, unkritische Hofberichterstatter, sie seien das Gegenteil von alternativen Medien.

Alternative Facts, den dritten Begriff, benutzte Kellyanne Conway, damalige Beraterin des US-Präsidenten, am ersten Tag nach Trumps Amtseinführung. Damit trat sie, ob gewollt oder nicht, die Grundpfeiler dessen ein, was die Gesellschaft als gemeinsame Realität definiert. Convay versuchte, eine nachweislich falsche Aussage des damaligen Pressesprechers Sean Spicer zu erklären. Spicer hatte die Zahl der Besucherinnen und Besucher bei der Amtseinführung Trumps deutlich zu hoch angegeben, er hatte sie sogar als die größte in der Geschichte der USA bezeichnet. Conway nannte diese unwahre Aussage in ihrer Rechtfertigung schlicht „alternative Fakten".

Damit begann in den USA die Mauer zwischen Meinung und Fakt zu bröckeln.

Kurz nach Trumps Ernennung schrieb die rechte Nachrichtenseite *Breitbart*: „Um seine Behauptung zu untermauern, präsentierte Spicer das, was die Trump-Beraterin Kellyanne Conway später als ‚alternative Fakten' bezeichnete – ein harmloser und zutreffender Begriff in einem juristischen Umfeld, in dem jede Seite eines Rechtsstreits ihre eigene Version der Fakten darlegt, über die das Gericht entscheiden soll. In der hitzigen Debatte wurde der Begriff jedoch schnell zu einem Mem der Linken als Euphemismus für ‚lügen'. (...) Trump hat nicht gelogen – und Spicer oder

Conway auch nicht. Sie haben lediglich ihre Version der Ereignisse wiedergegeben. Aber *CNN* und die *New York Times* sagten ausdrücklich, dass Trump ‚falsche' Behauptungen aufgestellt habe, sei es über die Größe der Menschenmenge oder über die Medien, obwohl seine Behauptungen klar vertretbare Meinungen waren."

Es war das erste von schier unzähligen Malen, in denen Trump und sein Team in den vier Jahren Amtszeit die Realität mit Füßen traten. Und das mit Folgen für die ganze Welt.

Nur ungern verlinke ich einen *Breitbart*-Artikel. Dieser Text hat jedoch fast schon historischen Wert, wenn man erlebt hat, was seit 2017 unter einem Präsidenten Trump mit den USA und der Welt geschehen ist. Er ist bezeichnend für die schmerzfreie Realitätsverdrehung, die viele Verschwörungsblogs und Fake-News-Seiten beherrschen.

„Es reichte den Journalisten nicht aus", schreibt ***Breitbart*** in seinem damaligen Artikel weiter und wird prophetisch, „die Fakten unabhängig zu ermitteln und zu berichten und ihre Leser oder Zuschauer entscheiden zu lassen. Sie waren auf Streit aus – und legten am ersten (oder zweiten) Tag ein Etikett fest: ‚Trump hat gelogen.' (...) In Zukunft werden wir wahrscheinlich noch viel mehr von ‚alternativen Fakten' hören, die aus ihrem ursprünglichen (harmlosen) Kontext gerissen und als Grundlage für eine alternative Realität verwendet werden. Nicht einmal Trump kann dies verhindern."

Das war im Januar 2017 auf einer Nachrichtenseite zu lesen, die bis heute ein Treiber von Hetze, Desinformation und Verschwörungstheorien ist. Einer Seite, die den Informationskrieg im vergangenen Jahrzehnt prägte. Und damit einen Präsidenten wie Trump erst möglich machte.

„Der ‚Trumpismus' – das Wirken des US-Präsidenten Donald Trump in den vergangenen vier Jahren – hat eine Realitätsverweigerung salonfähig gemacht." Das folgert ein Team aus Geschichtswissenschaftlern der Universität Konstanz in einem Aufsatz für die Bundeszentrale für politische Bildung zum Ende von Trumps Amtszeit. Die Forscher, die sich mit Wissensformen und -praktiken von sozialen Bewegungen beschäftigen, schreiben weiter: „‚Fake News' beziehungsweise ‚alternative Fakten' zeichnen sich gerade dadurch aus, dass sie gängigen Regeln der Überprüfbarkeit entzogen sind – wahr ist, was als wahr behauptet wird und in einer konkreten Situation eine soziale Funktion erfüllt."

Populisten wie auch Querdenker, halten die Autoren fest, gingen davon aus, dass Politik und Wissenschaft im Grunde auf einfachen, allgemeingültigen und intuitiv erspürbaren Wahrheiten beruhten. „Die Kluft zwischen umfassender und komplexer, nicht zuletzt in statistischer Weise begriffener Realität einerseits und der individuell wahrgenommenen Situation andererseits wird nicht anerkannt; Intellektuelle und akademische Wissenschaftler:innen, die auf der Bedeutung dieser Kluft beharren, werden als Repräsentant:innen einer Welt abgelehnt, die mit dem richtigen und wahren Alltagswissen der ‚echten' Bevölkerung nichts mehr zu tun haben."

Die Postfaktizität stieg mit den Coronafallzahlen an. (Screenshot: CORRECTIV)

„Die ‚Querdenker', die auf ihr Bauchgefühl und Erfahrungswissen verweisen", schreibt das Team der Uni Konstanz weiter, „treiben den ohnehin hohen Stellenwert von Emotionalität in sozialen Bewegungen nochmals deutlich weiter. Ihre emotionale Beweisführung und gefühlten Fakten stehen einer breiten gesellschaftlichen Mehrheit gegenüber."

Willst du dich selbst im Faktenchecken versuchen? Ganz am Ende dieses Buches habe ich ein Schulungspaket vorbereitet mit Tutorials, Recherchetipps und Übungen zu journalistischem Handwerk und Know-how, wie du Fake News aufdecken kannst. Es wird deine Praxisprüfung zum Faktenchecker.

Doch „Ich glaube, also habe ich recht!" kann nicht der Leitsatz unserer Gesellschaft sein.

Deswegen brauchen wir **Faktenchecks**.

NARRATIVE DER DESINFORMATION

Dass keine Meinungsfreiheit herrsche, ist ein Narrativ. Die Verbreiter von Desinformation bedienen sich gern bestimmter Narrative und kultivieren sie, um die Ablehnung einer Menschengruppe oder Politik erklären und untermauern zu können oder eine Weltanschauung zu vermitteln. Und das überall auf der Welt.

Erinnerst du dich an die Falschmeldung, die ich am Anfang dieses Buches angerissen habe? Als der Europäische Rat am 13. Dezember 2018 den „Aktionsplan gegen Desinformation" annahm, behaupteten viele rechte Medien, dass eine Verbindung zum UN-Migrationspakt bestehe. Falschnachrichten kursierten dazu im Netz. Die Desinformation, die EU verhänge für Islamkritik Geldstrafen, verbreitete ein Artikel, den *Philosophia Perennis* veröffentlichte. Der Blog ist eines der Nachrichtenportale der Neuen Rechten in Deutschland. Der Text selbst war die Übersetzung eines Artikel, der ursprünglich auf der Webseite des amerikanischen Gatestone Institute erschienen war, eines rechten Thinktanks, der zum Netzwerk von Robert Mercer gehört.

Du siehst: Geschichten kennen keine Ländergrenzen.

ür diesen Abschnitt habe ch mich aus der Artikelserie Narrative der Desinforation" bedient. Folgende rtikel meiner CORRECIV-Kollegen sind darunter rschienen: „Deutschland ird ein islamischer Staat", Migration verdrängt deutche Traditionen", „Klimaandel? Früher sagte man infach Sommer!" und „Die einungsfreiheit wird eineschränkt". Hier kannst du ie Texte nachlesen.

An sich sind **Narrative** nichts Schlechtes. Sie interpretieren Ereignisse, erhöhen und verallgemeinern sie. Sie geben einen Blickwinkel vor: Statt sachlich darzustellen, setzen sie Ereignisse in einen stimmigen Kontext, lassen Einzelheiten weg und glätten die Erzählung, damit wir die Welt ordnen und erklären können. Narrative können Werte vermitteln, Gefühle wie Hoffnung wecken und damit beeinflussen, wie wir die Welt sehen. Ihr Wahrheitsgehalt ist dabei weniger entscheidend als ihre Strahlkraft. Narrative können eine Gesellschaft stärken und zusammenschweißen. Wenn sie missbraucht werden, können sie eine Gesellschaft aber auch zerreißen und Hass und Gewalt legitimieren.

Dass die EU-Institutionen und -Mitgliedstaaten Medien Fördergelder vorenthalten würden, wenn sie die Migrationspolitik der Uno kritisierten, schreibt die Autorin am Ende des Gatestone-Artikels über den UN-Migrationspakt. Dabei transportiert sie nicht nur das Narrativ der bedrohten Meinungsfreiheit. Sie formuliert auch den Vorwurf, die Presse werde von der Politik gekauft und zur Hofberichterstatterin degradiert: „Der Pakt sieht vor, dass Medien, die die Migrationsagenda der UN nicht unterstützen, keine öffentlichen Mittel erhalten. Wie steht es damit um die ‚uneingeschränkte Achtung der europäischen Grundprinzipien der Meinungsfreiheit, einer freien Presse und des Pluralismus‘?“

Es wird deutlich: Ein Narrativ kommt selten allein. Um ein Weltbild zu vermitteln und zu schützen, bauen die Verbreiter von Narrativen ganze Konstrukte aus Verflechtungen und Abhängigkeiten auf. Das mögen anfangs wacklige Kartenhäuser sein, sie können aber zum Überbau von Parallelgesellschaften werden. Die Behauptung, die Meinungsfreiheit sei eingeschränkt, ist zum Beispiel nur stimmig, wenn eine andere Karte gezückt und dem Konstrukt hinzugefügt wird: der Kampfbegriff „Lügenpresse“. Er dient dazu, die Organe zu diskreditieren, die eigentlich für eine freie Meinung und Öffentlichkeit kämpfen sollten. Und dann muss natürlich jemand hinter allem stehen, der lenkt und einen teuflischen Plan verfolgt.

Verschwörungsfans, hergehört: Bei uns ist es häufig der jüdische Milliardär George Soros. CORRECTIV hat seit dem Jahr 2016 **Geld** von ihm über die Open Society Foundations erhalten.

Falls du die Spendenbeträge der Open Society Foundations konkret wissen willst:

2016: 26.884,00 Euro
2017: 132.138,62 Euro
2018: 85.676,95 Euro
2019: 58.693,73 Euro
2020: 45.879,98 Euro
2021: 70.240,54 Euro

Sag mal Mädchen, wie alt bist du denn? 16?

Weißt du für welche Firma du arbeitest? Hat dir Soros ins Hirn geschissen? Erst denken, dann schreiben! Wenn USA aussteigt, die kriminelle WHO zu unterstützen und vorher der größte Geldgeber war, an Nr. 2 steht Kill Bill, dann ist er natürlich Hauptsponsor, nachdem die USA aussteigt. Wie dumm muss man sein, sowas zu schreiben wie du!

Geh scheissen!

—

Mail vom 21. Mai 2020 an Cristina Helberg, CORRECTIV.Faktencheck, vermeintlicher Absender ein Mann

Ein weiteres Beispiel macht deutlich, mit welcher Wucht viele Medien angegangen werden und wie fruchtbar der Boden für solche Angriffe ist. Es ging vor wenigen Jahren prominent durch die Öffentlichkeit. Unsere Faktenchecker haben es sich damals genauer angeschaut:

Das Schiff Sea-Watch 3 rettete am 12. Juni 2019 einige Seemeilen entfernt von der libyschen Küste Flüchtende aus einem sinkenden Schlauchboot. Matteo Salvini, zu diesem Zeitpunkt noch Italiens Innenminister, verbot der Kapitänin des Schiffes, Carola Rackete, in den Hafen von Lampedusa einzufahren. Weil sie das Leben der Menschen an Bord bedroht sah, lenkte sie das Schiff nach zwei Wochen auf See trotzdem zur Anlegestelle. Dort führte sie die Polizei ab. Ein Gericht entschied letztendlich: Rackete war im Recht.

So konnte die rechte Szene die Geschehnisse natürlich nicht stehen lassen.

Rackete und „Sea-Watch 3" – alles nur ein Fernsehspiel für ARD und „Panorama"?

DANIEL MATISSEK

15. Juli 2019 Brennpunkt, Meinung 144 Kommentare

Szene aus dem "Panorama"-Film (Screenshot/ARD-Mediathek)

Man wird ja wohl noch fragen dürfen! Der Beitrag des Blogs Journalistenwatch zu den Geschehnissen auf der Sea-Watch 3. (Screenshot: CORRECTIV)

„Was sich hier abzeichnet, ist ein ungeheuerlicher Skandal. Handelte es sich bei der ganzen Fahrt der Sea-Watch bis hin zur Verhaftung der Kapitänin etwa um nichts weiter als ein geniales Propagandastück? Immer mehr deutet zumindest darauf hin", spekulierte der Blog ***Journalistenwatch*** in einem Artikel. Er bezog sich auf eine Doku des *ARD*-Magazins *Panorama* über die Geschehnisse auf der Sea-Watch 3. Zwei Reporter des TV-Magazins waren laut *Panorama* vom 9. Juni, als das Schiff den Hafen in Sizilien verließ, bis zum 29. Juni an Bord, als es in Lampedusa anlegte. Für den Blog *Journalistenwatch* ein dankbarer Zufall, um sein Narrativ bestätigt zu sehen: „Der (...) knapp zwanzigminütige Einspieler mit den Aufnahmen von Bord ist ein Paradestück von Berechnung und inszenatorischer Ruchlosigkeit, wie man es auf hoher See seit der Dauerbegleitung der ‚KdF'-Kreuzfahrtschiffe der 1930er Jahre durch die Kamerateams des NS-Propagandaministeriums nicht mehr gesehen hat. Mit Journalismus hat dies nichts, aber auch gar nichts mehr zu tun, was hier geschieht."

Über die Finanzierung von *Journalistenwatch* schreibe ich ausführlich im 5. Kapitel, Abschnitt: Transatlantische Bündnisse. Es wird um die Verbindungen, Hintermänner und ideologische Unterstützung aus der US-Alt-Right-Bewegung gehen. Spoiler: Unser alter Bekannter Robert Mercer ist mit dabei.

Der Autor schwingt dabei szenetypisch die Keule des NS-Vergleichs. Sein Text wirft unter anderem die Frage auf, ob die Geflüchteten „extra für die Reportage aufs Meer gebracht" wurden, ob die Bilder nur gestellt waren, um die Zuschauer zu manipulieren: „Wie viele Takes es gebraucht hat, bis hier die richtigen Stimmungsbilder im Kasten waren? Wer weiß." Dass die Reporter Leid schamlos inszenieren und in ihrer Berichterstattung lügen würden, ist nicht der einzige Vorwurf des Autors. Er holt zum Rundumschlag aus, vermischt Vorurteile gegenüber Flüchtenden mit dem Narrativ, dass die linke Hypermoral eine kritische Öffentlichkeit unmöglich mache:

„Die ‚Geretteten' (...) sind allesamt und ausnahmslos junge, kräftige Männer, muskulös und offensichtlich gesund. Ihr Trauma muss folglich unsichtbar sein, und so haben sie Folter-Storys in petto, die so sonderbar unpräzise und untereinander so ähnlich bis gleichlautend anmuten, dass es wirkt, als hätten die Schlepperbarone sie diese auswendig lernen lassen. Gewiss; sie könnten wahr sein. Aber sie könnten ebenso vorgeschoben sein, um der ‚Flucht' ein humanitäres Motiv zu geben. (...) Es ist die mentale Hauruck- mit der Totschlagmethode kombiniert: Bei derartigen Opfergeschichten macht sich jeder schon zum Mittäter, der sie bloß kritisch hinterfragt. (...) Die hier am Werk sind – das Kamerateam auf der Sea-Watch bis in die Redaktionsstuben von ‚Panorama' – sind keine Journalisten. (...) Sie sind das, was man früher PR-Kader oder ‚Verbindungsoffiziere' genannt hätte."

War es objektiver Journalismus oder nur ein „Propagandafilm der Staatsmedien“? Hier findest du eine archivierte Version der *Panorama*-Reportage vom Sommer 2019.

Mit seinem Artikel schlug *Journalistenwatch* in eine beliebte Kerbe vieler Verschwörungstheoretiker: Der öffentlich-rechtliche Sender soll gelogen haben, soll eine Seenotrettung fingiert haben?! Leserinnen und Leser fühlten sich in ihrer Weltsicht bestätigt: Das Staatsfernsehen macht Propaganda für die linksgrüne Politik. Das ist der **Beweis**! Obwohl der Artikel nur Fragen und Polemik, aber keinerlei Belege oder Indizien liefert – wie wir in unserem Faktencheck zeigten –, entwickelte er sich zum Internethit.

In kürzester Zeit schaffte er es zu hoher Reichweite und fand trotz fehlender Fakten prominente Verbreiter. „Sollte dieser Bericht zutreffen, ist Panorama jedenfalls kein #Westfernsehen“, twitterte der ehemalige Verfassungsschutzpräsident Hans-Georg Maaßen und verlinkte den Journalistenwatch-Artikel. Auch ein AfD-Bundestagsabgeordneter sprang auf. Zumindest Maaßen löschte seinen Tweet später wieder. Der Schaden war zu diesem Zeitpunkt bereits angerichtet.

Vielen dürfte der Text die Grundlage dafür geliefert haben, dem Narrativ zu glauben, dass die sogenannten Mainstream-Medien Tatsachen verdrehen, sie absichtlich weglassen oder von der Politik oder anderen Mächten gesteuert werden. Nach einer Studie der Mainzer Johannes-Gutenberg-Universität glaubte im Jahr 2019, als der Artikel viral ging, rund jeder vierte Bundesbürger: „Die Medien arbeiten mit der Politik Hand in Hand, um die Meinung der Bevölkerung zu manipulieren.“

„Es ist verrückt“, sagt Alice Echtermann. „Diese Szene gibt sich ja sehr große Mühe, uns zu diskreditieren, und wird nicht müde zu behaupten, wir würden ausschließlich Meinungen verbreiten. Unsere eigenen Meinungen. Dabei hören wir nicht auf, den Leuten immer wieder vorzubeten, dass echter Journalismus Meinungen und Tatsachen voneinander trennen muss. Doch das interessiert viele Leute nicht. Eigentlich wollen sie nur ihre eigene Meinung bestätigt wissen, deswegen gefällt ihnen das bei den ganzen tendenziösen Falschnachrichten. Die Gräben ziehen sich zunehmend entlang von Ideologien. Das ist in den letzten Jahren nicht besser, sondern schlimmer geworden. Die Zahl dieser Webseiten hat zugenommen, die Medienlandschaft wird dadurch zusätzlich kaputt gemacht.“

Misstrauen gegenüber Medien habe es schon immer gegeben, sagt Stefan Ottlitz, deutscher Journalist und Leiter der Produktentwicklung beim *Spiegel*. „Gegenüber manchen Titeln mehr, gegenüber anderen weniger. Dass sich dieses Misstrauen nun aber über digitale Vernetzung zum einen leichter transportiert, zum anderen schlicht sichtbarer wird, ist ein neuer

Einflussfaktor. Ich sehe da vor allem eine größere Wucht, die Kritiker einzelner Titel oder Gegner des Mediensystems durch Vernetzung entfalten können: Ein Kampagnenvorwurf ist heute schnell konstruiert und noch schneller massenhaft verbreitet."

Was Ottlitz beschreibt, klingt fast wie die Geschichte des Begriffs „Lügenpresse": Es gibt ihn schon lange, heute aber eskaliert er auf den Bühnen des Internets.

Schmiert Bill Gates das Recherchenetzwerk CORRECTIV!?

Die globale Finanz-Krake George Soros schmierte CORRECTIV bereits 2017 mit gut 100.000 EURO!

Unabhängiger, schmieriger Faktenchecker-Journalismus kostet eben Geld! + Pfui Deibel, es läuft wie geschmiert! + Das ebenso schmierige HANDELSBLATT bezeichnete diese Bestechung als „Spende für Kampf gegen Fake -News"! + Fuck HANDELSBLATT! + Fuck CORRECTIV! + Fuck Gates! + Fuck Soros! + Fuck geschmierte Lügenpresse! + Fuck Fake Facts!

Und alle wollen an Merkels klebrigen, ranzigen STASI-Zitzen saugen!

MS

(Der Kampfschlesier und Reichsbürger!)

*Wer hier Realsatire findet, der ist ein geschmierter Faktenchecker!

—

Mail vom 23. August 2020 an CORRECTIV, Absender MS, der Kampfschlesier

DAS GEREDE VON DER „LÜGENPRESSE"

Primärquellen sind schon etwas Feines. Die veröffentlichten Verfassungsschutzberichte des Innenministeriums kannst du hier als PDF herunterladen.

Der Verfassungsschutz bezeichnet den Lügenpressebegriff als „Taktik rechtsextremistischer Propaganda". Ziel sei die Diffamierung der etablierten Medien. „Diese werden vor allem im Zusammenhang mit der Zuwanderungsdebatte als verlängerter Arm der gleichfalls verachteten verantwortlichen staatlichen Stellen betrachtet", heißt es im **Verfassungsschutzbericht** von 2016. Und weiter: „Die Medien – so der Vorwurf – berichteten einseitig im Sinne der Regierung."

Ein Hebel, den extreme Strömungen nicht erst seit der Jahrtausendwende nutzen, um die Deutungshoheit und die Verbreitung ihrer Narrative zu sichern.

Erstmals tauchte der Begriff Mitte des 19. Jahrhunderts auf. Seitdem findet er immer wieder Verwendung bei gesellschaftlichen Auseinandersetzungen und in Kriegen. Sowohl im Ersten Weltkrieg als auch in der NS-Zeit sei der Lügenpressebegriff als bewusste Diffamierung eingesetzt worden, um Informationen, die von der offiziellen Propaganda abwichen oder aus dem Ausland kamen, als unglaubwürdig darzustellen, sagt Ralf Klausnitzer vom Institut für deutsche Literatur der Humboldt-Universität Berlin. „Der Begriff ist ein Kampfbegriff (…), um so etwas wie den Gegner, den anderen, zu stigmatisieren, auszugrenzen und ihm die Wahrheitsfähigkeit abzusprechen", erläutert Klausnitzer die dahinterstehende Denkweise. Außerdem habe der Begriff einen „verschwörungstheoretischen Grundgestus": Wer ihn verwende, unterstelle, dass er im Besitz einer Wahrheit sei und eine Fähigkeit besitze, das angeblich faule Spiel der „Meinungsmacher" zu durchschauen.

In den 2010er-Jahren fand der Begriff den Weg zurück in die breite Öffentlichkeit. Verantwortlich waren dafür die rechte Szene und die Pegida-Bewegung. Wer Geschichten um Nachteile und Risiken für das „deutsche Volk" strickt, von denen sich in der Realität kaum eine Spur findet, behauptet nach dem Lügenpresse-Narrativ ganz einfach, die Medien würden diese „Bedrohungslage" bewusst verschweigen. Zum „deutschen Volk" gehört nicht jeder, die „Bedrohungslage" erkennt man nur mit der „richtigen Gesinnung", und wer den Medien glaubt, lässt sich manipulieren. Alles in diesem Ansatz läuft darauf hinaus, auszugrenzen und die eigene Deutungshoheit zu bewahren. Ähnlich wie im Verfassungsschutzbericht aufgeführt, beobachtet auch unser Faktencheck-Team, dass das Lügenpresse-Narrativ vor allem dann bedient wird, wenn es in eine politische Agenda passt, etwa in Kombination mit Themen wie Migration, Corona oder Klimawandel.

Ein Beispiel: Migration führt zu Destabilisierung, zu Islamisierung, zu Asylmissbrauch und letzten Endes zum Zusammenbruch der zivilisierten Gesellschaft – eine weitverbreitete Narrativkette wie diese ist nur möglich, wenn in der Vorstellung ihrer Anhänger Politik wie Presse gleichermaßen an einem Strang ziehen, um das Volk zu hintergehen. In den Augen vieler Verschwörungstheoretiker verschweigen Politik und Medien nicht nur, dass der Islam den Volksaustausch plant und Migration als Waffe nutzt, um einen Angriff auf die christliche Identität und Kultur zu führen. Mehr noch: Sie unterstützen ihn sogar dabei.

Über all diesen „kleinen" Narrativen meiner Aufzählung, die angeblich die Ängste und Sorgen der Deutschen zum Ausdruck bringen, stehen zwei Hauptnarrative: die Bedrohung von außen, verkörpert durch den Islam, und die Bedrohung von innen, die von einem Establishment aus Politik und Medien ausgeht.

SIEBEN MAL GERMAN ANGST

Wie verbreiten sich in den Sozialen Netzwerken die Erzählungen vom angeblich nahenden Untergang der Deutschen? Für ihre **Analyse** „Toxische Narrative – Monitoring rechts-alternativer Akteure" hat die Amadeu Antonio Stiftung exemplarisch die Facebook-Seiten bedeutender Akteure des verschwörungstheoretischen, rechtsextremen und rechtspopulistischen Spektrums untersucht. Dazu gehörten unter anderem das *Compact-Magazin*, *PI-News*, die AfD, die Identitäre Bewegung und *KenFM*. Die Autorengruppe der Stiftung erfasste über einen Zeitraum von elf Monaten die zehn beliebtesten Facebook-Beiträge jedes Monats, um sie zu analysieren. Am Ende hatte sie 1.063 Beiträge ausgewertet, die 2.908 Erzählungen enthielten. Daraus ergaben sich 27 wiederkehrende Narrative, die sich unter sieben Hauptnarrativen bündeln ließen.

Will ich die Narrative von Verschwörungsschwurblern durchbrechen, muss ich sie zuerst verstehen. Mit ihrer Analyse hat die Amadeu Antonio Stiftung eine gute Grundlage geschaffen. Die Narrative der Rechten tauchen fast identisch bei Querdenkern, Reichsbürgern oder Klimawandelleugnern auf. Hier findest du die ganze Veröffentlichung.

Die Verbreiter dieser Erzählungen können die Narrative vielfältig variieren und an immer neue Umstände anpassen. Auch lassen sich darin die Handlung und Details ändern, damit die Erzählungen bei Lesern in den unterschiedlichsten Gewändern erscheinen.

Die sieben Hauptnarrative, die die Amadeu Antonio Stiftung im Rahmen ihrer Analyse identifiziert hat, lauten:

- Der Untergang der Deutschen
- Bedrohung von außen

- Bedrohung von innen
- Das Establishment manipuliert
- Globale Verschwörung
- Widerstand und Lösungen
- Repressionen für Widerstand

Der Lügenpressevorwurf lässt sich wunderbar mit jedem Angst-Narrativ und jeder noch so absurden Desinformation koppeln. Wenn Medien gewisse Fake News nicht verbreiten, lügen sie. Ganz einfach.

Der Journalist und Blogger Sascha Lobo geht in einer *Spiegel*-Kolumne sogar noch einen Schritt weiter. Er sieht im Lügenpresse-Narrativ eine Art universellen Freifahrtschein: „Vielmehr ist die Funktion von ‚Lügenpresse' oder das angrenzende ‚Mainstream-Medien' als Symptom der Denkpest viel teuflischer: Sie ermöglicht, sich vollkommen frei auszusuchen, was man für richtig hält, was für falsch oder wo man einfach das Gegenteil des Inhalts für richtig hält. ‚Mainstream-Medien', kurz MSM, ist die Selbsterlaubnis, sich stets nur die Informationen herauszusuchen, die einem in den Kram passen."

Und so bauen sich Schwurbler und Verschwörungsgläubige ihre Welt.

FALLSTUDIEN: WEIHNACHTSMÄNNER, DER ISLAM UND DIE ANGST VOR DEM UNTERGANG DES ABENDLANDES

Schauen wir uns mal ein paar Beispiele aus dem Faktencheck-Alltag an: Wenn es nach vielen Falschmeldungen geht, die unseren Faktenchecker unaufhörlich begegnen und von denen ich hier einige Beispiele gebe, ist die Kulturübernahme durch den Islam bereits im vollen Gange.

Deshalb steht zum Beispiel auf dem Preisschild der Schokoladenweihnachtsmänner im Supermarktregal „Jahresendfigur" statt der christlichen Bezeichnung. Das ist ein Klassiker der Desinformation, der jedes Jahr wiederkehrt. Der dazugehörige Post auf Facebook behauptet, das Foto zeige das neue Sortiment einer großen Supermarktkette in Deutschland. Eine frei erfundene Falschmeldung, wie die CORRECTIV.Faktencheck-Recherche ergab. Doch die Empörung ließ im Netz nicht lange auf sich warten. Nur die wenigsten Nutzerinnen und Nutzer, die mit dem Beitrag interagierten, hinterfragten das Foto. Stattdessen wurde reflexhaft geteilt, beschimpft und gehasst.

Unter dem Beitrag kommentierten Nutzer zum Beispiel: „Unfassbar … warum darf man uns im eigenen Land den Glauben wegnehmen???“, „Aber eine Islamisierung findet nicht statt …“, „Unfassbar wie wir auf Muslime Rücksicht nehmen Sie aber auf uns überhaupt nicht“, „Bitte lasst die Jahresendfigur in den Regalen, genauso wie den Winterstern“ und „Wer sowas kauft sollte einen Stempel in den Ausweis bekommen als Deutschlandhasser“.

Schokolade bleibt Schokolade – egal, wie sie nun heißt. Der Facebook-Beitrag vom 17. November 2019. (Screenshot: CORRECTIV)

Empörung und Wut brodelten in den Kochtöpfen der Kommentarspalten über, obwohl im Originalbeitrag nichts von Muslimen stand. Das Foto reichte vielen Kommentatoren schon als vermeintlicher Beweis für einen drohenden Angriff auf die deutsche Kultur, zur Bestätigung ihres Weltbildes und der eigenen Ängste.

Bewegt man sich in dieser Desinformations-Bubble, ergibt das aber alles Sinn. Schließlich soll auch der Papst eine Islamisierung Europas als „Fortschritt für die Menschheit" bezeichnet haben (stimmt nicht). Ein Supermarkt soll alle Weihnachtsprodukte aus dem Sortiment genommen haben, weil Muslime in einem Dortmunder Einkaufszentrum den Weihnachtsbaum zerstörten (beides Quatsch). Und die Scharia soll deutsches Recht werden (natürlich Unsinn). AfD-Politiker nahmen allerdings die drohende Islamisierung unserer Justiz so ernst, dass sie schnell die entsprechende Meldung der Online-Satireseite *Berliner Express* teilten. „Mit Hände abhacken oder auch Auspeitschungen sollte es kein Problem geben …", zitiert AfD-Politiker Bernd Gögel einen angeblichen Bundesrichter aus dem Artikel.

Absolut plausibel für die AfD.

„Wir können doch nicht hingehen und auch in Deutschland Steinigungen erlauben", so ein anonym bleiben wollender Bundesrichter zur fna, „aber mit Hände abhacken oder auch Auspeitschungen sollte es kein Problem geben." Da müsse man eben auch mit den Muslimverbänden einen Kompromiss finden, „mit dem alle Seiten leben können." Allerdings sei dies eine Sache der Gesetzgeber. Die Richter könnten sich nur daran orientieren, was der Bundestag als gültige Rechtslage definiere.

http://berliner-express.com/.../die-scharia-muss-teil-der-de.../

https://focus.de/9387189

Der AfD-Politiker Bernd Gögel veröffentlichte den kompletten Satire-Artikel des *Berliner Express* über seinem Bild. Satire ist eben nicht jedermanns Sache.
(Screenshot: CORRECTIV)

Besonders laut wird es in der fremdenfeindlichen Verschwörungsbubble, wenn es um die deutsche Frau geht. Der Blog *Halle Leaks* meldete im Februar 2019, nicht mehr lange und alle Bewerberinnen der Miss-Germany-Wahl müssten wohl in Burka antreten. Um „sogenannte ‚religiöse Minderheiten' nicht zu verletzen und keine Glaubenskriege in Berlin anzuzetteln", gebe es ab jetzt keine Bikinis mehr zu sehen. Ein Teil der Nachricht stimmte. Tatsächlich würde es in Zukunft weniger Haut zu sehen geben.

Bei dieser Desinformation wurde ein wahrer Kern neu eingekleidet – um in der Sprache der Meldung zu bleiben. Richtig ist: Die Veranstalter der Misswahl reagierten nach eigenen Angaben mit dem Verbot von Bikinis auf dem Laufsteg auf gesellschaftliche Entwicklungen. Es gehe nicht mehr länger nur um das Aussehen der Kandidatinnen. Man wolle sich als emanzipierte Marke präsentieren. Burkas waren allerdings nie als Alternative im Gespräch.

Bikinis werden bei der Wahl der "Miss Germany" nicht mehr zu sehen sein, um die Gefühle durch Zeigen von zu viel Haut von sogenannten "religiösen Minderheiten" nicht zu verletzen und keine Glaubenskriege in Berlin anzuzetteln. Der Schritt zur Burka-Pflicht für alle Bewerberinnen ist nun nicht mehr weit

Miss Germany als Katze im Sack. Schönheitskönigin dicht verhüllt.

blog.halle-leaks.de

"Die Teilnehmerinnen gehen erstmals ausschließlich im Abendkleid sowie in Freizeitmode auf den Laufsteg, sagte Organisator Max Klemmer. Vorstellungsrunden im Bikini oder in anderer Bademode werde es – im Gegensatz zu bisher – künftig nicht mehr geben."

Die Überschrift eines *Halle Leaks*-Artikels vom 20. Februar 2019 suggeriert einen Kniefall vor dem Islam: Miss Germany nur noch „als Katze im Sack".
(Screenshot: CORRECTIV)

Um es noch mal für jede und jeden auf den Punkt zu bringen: Schuld am Wegfall der Bikiniparade war keine Islamisierung, sondern ein weniger sexistisches Frauenbild. Wenn man das aber akzeptieren würde, statt sich hinter der Angst vor der Unterdrückung unserer Frauen und drohenden Glaubenskriegen zu verstecken, müsste man wohl auch sich und sein Welt- beziehungsweise Frauenbild hinterfragen.

Und das machen Menschen eher ungern.

FALLSTUDIEN: NIKLAS LOTZ, HEIKO SCHRANG UND EIN „WECKRUF FÜR DEUTSCHLAND"

Wie die vorangegangenen Beispiele zeigen, setzen sich Fake News in der Regel aus zwei Komponenten zusammen: dem Schwindel und der Neuigkeit beziehungsweise dem aktuellen Anlass.

Manchmal sind sie komplett falsch, wie das manipulierte, also nachträglich veränderte Foto von der „Jahresendfigur" (wahlweise auch Zipfelmützenmann) oder frei erfundene oder fälschlich zugeordnete Zitate (die einen großen Teil der Desinformationen ausmachen, denen unsere Faktenchecker begegnen – häufiger bei Politikern und Philosophen als beim Papst).

Manchmal enthalten sie auch einen wahren Kern, der mit süßen Lügen und Fehlinterpretationen ummantelt wird. Diese Fake News sind schwieriger zu checken. Und auch aus der Welt zu schaffen.

Was aber allen Varianten gemein ist: Sie transportieren ein Narrativ – vom diffusen Gefühl der Angst bis zur ausgefeilten Weltsicht.

Ein Profi in dieser Masche ist Trumps ehemaliger Chefstratege. „Insbesondere der US-Präsidentenberater Steve Bannon, der stark mit der Alt-Right-Bewegung sympathisiert, hat diese Ideologie über sein Newsportal Breitbart befördert, indem er auf ‚rolling narratives' setzte", sagt Timo Reinfrank, Geschäftsführer der Amadeu Antonio Stiftung. „Dabei koppelte er in tausenden Artikeln aktuelle Themen mit einer rassistischen Narration, um seiner Weltsicht virale Deutungshoheit zu verschaffen. Diesen Erfolg von Breitbart versuchen die unterschiedlichen Fraktionen der deutschen rechtsalternativen Szene nachzuahmen."

Auch Alice Echtermann weiß aus ihrer Arbeit im Faktencheck-Team, dass Bannon Maßstäbe gesetzt hat. „Breitbart hat in diesem Bereich Pionierarbeit geleistet", sagt sie. Das Nachrichtenportal hat während der US-Wahl 2016 sehr laut und mit Nachdruck die Trommeln für Trump geschlagen. „Breitbart ist für viele alternative Medien hier ein Vorbild. Zum Glück sind wir aber noch nicht so weit wie in den USA. Alternative Medien haben sich dort viel früher etabliert und sind bereits viel größer. Allerdings", schränkt Echtermann ein, „hat während der Pandemie vieles einen Wachstumsschub erfahren – auch die rechtsextreme Szene. Impfungen abzulehnen ist nichts Rechtsextremes. Zu leugnen, dass ein Virus gefährlich ist, ist nicht rechtsextrem. Aber die Rechtsextremen sind total gut darin geworden, die Punkte zu finden, in denen die Gesellschaft uneinig ist, auf diesen Zug aufzuspringen und das für sich zu nutzen. Genau das haben sie während der Pandemie gemacht: ein Potenzial gesehen, um zu rekrutieren und selbst zu wachsen und ihre eigenen Ideale weiter in die Gesellschaft und in die Bevölkerung zu tragen."

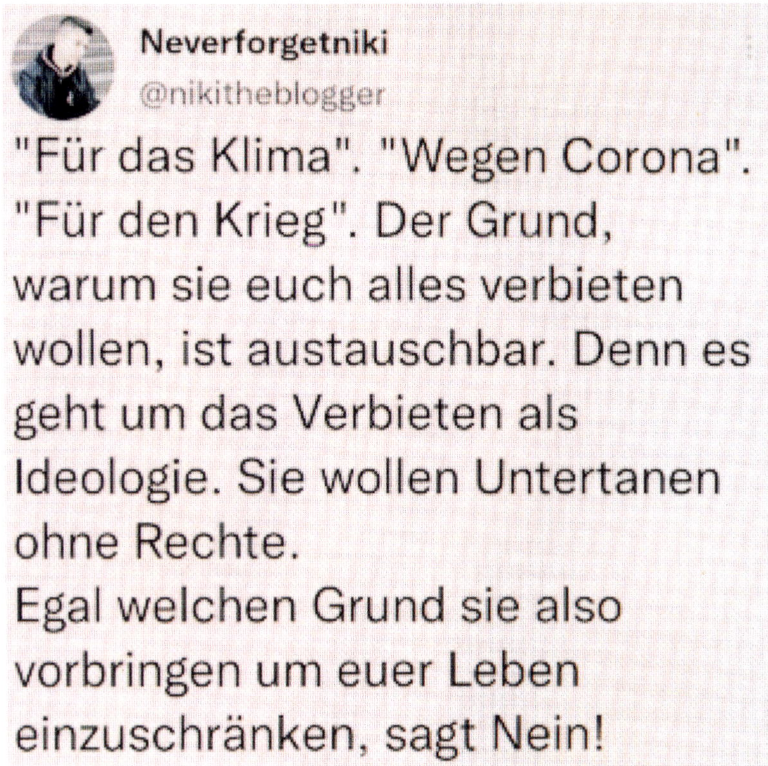

Steile These, die der rechte Influencer Niklas Lotz in seinem Tweet vom 17. April 2022 aufstellt. Eigentlich ist aber der Grund austauschbar, mit dem Rechte und Verschwörungsideologen bei ihren Followern Angst schüren. (Screenshot: CORRECTIV)

„‚Für das Klima'. ‚Wegen Corona'. ‚Für den Krieg'. Der Grund, warum sie euch alles verbieten wollen, ist austauschbar. Denn es geht um das Verbieten als Ideologie", schrieb der rechte Blogger Niklas Lotz am 17. April 2022 auf Twitter.

Warum sein Tweet entlarvend ist für das Spiel mit den Narrativen, möchte ich kurz an der Geschichte von Lotz erklären, besser bekannt als „Neverforgetniki".

Mit großem Aufwand hat die Neue Rechte in den vergangenen Jahren ein Netzwerk von Medien und Influencern aufgebaut. Sie nutzt es, um Desinformation zu verbreiten, Nachwuchs heranzuziehen und ein junges Publikum zu erreichen. Detailliert haben wir das im Februar 2020 in der CORRECTIV-Recherche „Gesucht: Influencer*in, jung, rechts“ nachgezeichnet. Zwei entscheidende Gesichter dieser Szene sind Niklas Lotz, Anfang 20, und die etwas jüngere **Naomi Seibt**.

Wer baut junge Youtuberinnen und Youtuber für die rechte Szene auf? Welche Tricks nutzt sie, und was verspricht sich die Szene von einer „Anti-Greta“ oder einem „Anti-Rezo“? Das hat Alice in einem umfangreichen Hintergrundartikel aufgedeckt. Hier kannst du ihren Text lesen.

Seibt, eine AfD-nahe Youtuberin, spielt eine nicht unbedeutende Rolle in unserer Recherche zu den internationalen Netzwerken der Klimawandelleugner. Undercover trafen wir Ende 2019 Seibt in Madrid – zusammen mit dem Direktor für Klimapolitik des Heartland Institute, eines amerikanischen Thinktanks, der von Robert Mercer finanziert wird. Du erinnerst dich sicherlich: Der rechtskonservative Milliardär steht hinter dem Cambridge-Analytica-Skandal, hat Trump zur Wahl verholfen und unterstützt die Neue Rechte in Deutschland und Europa. Und du merkst wahrscheinlich: Die Verbindungen zwischen den verschiedenen Akteuren sind kompliziert und global verworren. Vieles hängt miteinander zusammen – wie es auch bei Verschwörungstheorien der Fall ist.

Lotz bezeichnet sich selbst gern als konservativ oder bürgerlich und wehrt sich vehement gegen den Vorwurf, er sei „rechts“ oder gar „rechtsextrem“. In seinen Videos wettert er mit altkluger Miene gegen „Massenmigration“ und die Medien, gegen die Grünen, die SPD, die Klimabewegung oder Seenotrettung. Bei Lotz’ erstem Schritt in die Öffentlichkeit half **David Berger**, der Betreiber des rechten Blogs *Philosophia Perennis*. Für Berger schrieb Lotz im Januar 2019 einen Gastbeitrag. Der Titel: „Echte Meinungsfreiheit gibt es in Deutschland nur noch, wenn man die Meinung des Mainstreams vertritt!“

vid Berger ist Publizist, tholischer Theologe und fen homosexuell. Auf seinem og *Philosophia Perennis* tzt er gegen „Islamisierung“ und „Mainstreamdien“. Ein Porträt über ihn nnst du auf unserer Webite lesen.

Dieses Narrativ wurde zu Lotz’ Marke.

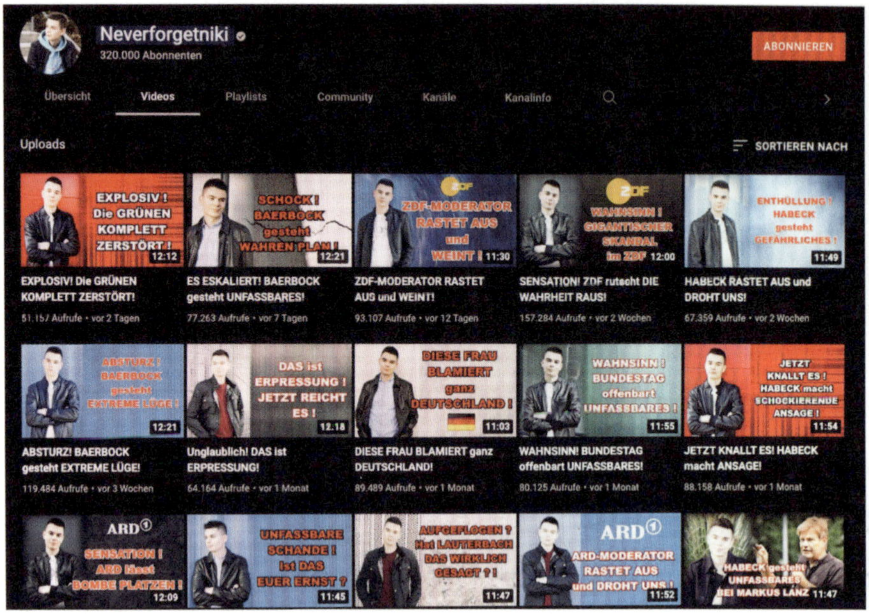

Mit der AfD auf einer Linie – auch was die Obsession für Ausrufezeichen anbelangt: der rechte Influencer Niklas Lotz unter seinem Pseudonym Neverforgetniki.
(Screenshot: CORRECTIV)

Kurz nach dem Gastbeitrag veröffentlichte Lotz sein erstes politisches Video auf Youtube. Es folgten Clips in Anlehnung an Rezos „Die Zerstörung der CDU". Niklas machte daraus: „Die Zerstörung von ARD und ZDF", „Die Zerstörung von Fridays for Future" oder „Die Zerstörung von #wirsindmehr". Immer klarer fand er seine Rolle in der rechten Szene: Nikki nimmt kein Blatt vor den Mund. In den großbuchstabigen Überschriften seiner Videos, konsequent von Ausrufen oder Fragen durchzogen, geht es immer wieder um „UNFASSBARES", „EXTREMES", „ESKALATIONEN", „WAHNSINN", „AUSRASTER" und „ABSTÜRZE". Lotz inszeniert sie, um dem Mainstream aus Medien und Politik „ANSAGEN" zu machen. Seine 326.000 Abonnenten (Stand: Januar 2022) feiern ihn dafür.

Zu einem seiner größten Unterstützer wurde Heiko Schrang. Der Verleger und Autor (unter anderem „Die Jahrhundertlüge, die nur Insider kennen" und „Die Jahrhundertlüge, die nur Insider kennen 2") war vor der Coronapandemie vor allem gut vernetzt unter Rechtspopulisten. In seinem Youtube-Kanal warnte er, dass „300 Millionen Afrikaner einfach überall reinmarschieren", sobald der UN-Migrationspakt verabschiedet werde. (Anmerkung: Es kam nicht so.) Er spricht von der „Impf-Lüge", weiß, dass

Corona nur ein „Geheimplan der Regierung" sei, kennt die „5G-Zombies" oder die „GEZ-Mafia", die er 2020 medienträchtig verklagte. Alles beliebte Themen der Verschwörungsbubble, die der rechte Esoteriker Schrang mit seinen Statements bedient. „Nur wer gegen den Strom schwimmt, der gelangt zur Quelle", sagt der Fan fernöstlicher Heilslehre in einem seiner Videos.

Auch über den Angriffskrieg der Russen will der rechte Esoteriker Heiko Schrang mehr wissen als andere. (Screenshot: CORRECTIV)

Ende 2019 verlegte Schrang in seinem Verlag „Macht steuert Wissen" das erste Buch von Niklas Lotz. Der Titel: „Mein Weckruf für Deutschland". Zuvor bewarb Schrang den jungen Youtuber offensiv über seinen eigenen Kanal auf der Videoplattform. Heißt: Verlag, Vertrieb, Werbung – alles aus einem Guss.

So wird der Nachwuchs in der Szene etabliert: „Merkt Euch diesen Namen: Neverforgetniki" (rechts). (Screenshot: CORRECTIV)

Einig zeigten sich Schrang und Lotz, als Russland die Ukraine überfiel. Seit Beginn des Krieges positionieren sie sich als Kritiker des europäischen Kurses. Den Weg der beiden haben viele Köpfe der Verschwörungsszene eingeschlagen: rechte Influencer, die als Klimawandelskeptiker auftraten, dann Kritiker der Coronamaßnahmen wurden, um sich schließlich als Putin-Versteher zu geben. Er zeichnet sich in Nikis Tweet vom Anfang ab. Wir erinnern uns:

„‚Für das Klima'. ‚Wegen Corona'. ‚Für den Krieg'. Der Grund, warum sie euch alles verbieten wollen, ist austauschbar. Denn es geht um das Verbieten als Ideologie. Sie wollen Untertanen ohne Rechte. Egal welchen Grund sie also vorbringen um euer Leben einzuschränken, sagt Nein!"

Die Sätze transportieren konsequent durch alle Krisenherde eine Widerstandserzählung: wir gegen die. Sie wollen euch entrechten, euch etwas wegnehmen, euch unterdrücken. Wehrt euch gegen sie! Wer auch immer „sie" sein sollen – die Politiker, die Presse, das Establishment, die dunklen Strippenzieher im Verborgenen. Letzten Endes geht es nur um eins: Widerstandskämpfer zu sein. Wie Niki so schön sagt: Der Grund ist austauschbar.

„Wer sich radikalisiert, will sich das eigene Leben als Heldengeschichte erzählen“, schreibt die Journalistin und Autorin Dana Buchzik, „möchte sich auserwählt fühlen, als Weltretter und Träger von Geheimwissen. Die jeweilige Ideologie ist für ihn dabei Mittel zum Zweck.“ Buchzik wuchs in einer Sekte auf und hat später das Buch „Warum wir Familie und Freunde an radikale Ideologien verlieren – und wie wir sie zurückholen können“ geschrieben. Sie berät und gibt Workshops zum Umgang mit Verschwörungstheorien. Buchzik weiter: „Auch wenn der Verfassungsschutz und weite Teile der Politik und des Journalismus bis ins Jahr 2021 hinein lieber an eine neue Massenradikalisierung aus dem Nichts glaubten, trotz aller Reichsbürger und Rechtsextremer, trotz Reichskriegsflaggen, Hitler-Gruß und antisemitischer Verschwörungsparolen bei Querdenken-Demonstrationen – die Pandemie hat nicht auf magischem Wege Bürger in ideologische Geiselhaft genommen, sondern die Radikalisierung all jener beschleunigt, die schon lange menschenfeindliche Überzeugungen hegten.“

Wer sich radikalisiere, schreibt die Amadeu Antonio Stiftung, entwerfe „ein apokalyptisches Bild, aus dem es nur einen Ausweg zu geben scheint: den Kampf der ‚Guten‘ gegen die ‚Verschwörung‘.“ Dabei ist es egal, um welche echte oder vermeintliche Krise es sich konkret handelt. „Lügenpresse“ wird durch alle Lager hindurch gebrüllt, das eigene Weltbild eisern aufrechterhalten.

Und das Feindbild muss stimmen: links-grüne „Gutmenschen“, die Verbote und Verzicht durchdrücken, mal mit der Corona-, mal mit der Klimalüge. Und nebenher wollen sie das deutsche Volk durch Migration in die Knie oder mit Waffenlieferungen in einen falschen Krieg gegen Russland zwingen. Das Handeln der bösartigen Institutionen hat natürlich System. Gesteuert wird die Weltverschwörung von der Ostküstenelite, den Zionisten, den Rothschilds oder konkret von dem jüdischen Milliardär George Soros.

Verschwörungsmythen seien, zumindest strukturell, immer antisemitisch, schreibt die Amadeu Antonio Stiftung weiter. „Die Stereotype, mit denen die vermeintlichen Weltverschwörer beschrieben werden (hinterlistig, gierig, blutrünstig, bösartig, manipulativ; Kontrolle über Wirtschaft, Politik, Medien, Kultur, Bildung etc.), decken sich mit denen, die im Antisemitismus seit Jahrhunderten Jüdinnen und Juden zugeschrieben werden.“

Auch Schrang bedient antisemitische Narrative. Eine Infobroschüre der Stadt Dortmund verweist in diesem Zusammenhang auf ein Video des

Youtubers. Schrang bringe darin die Pandemie mit George Soros in Verbindung. Der Philanthrop investiere in Pharmafirmen, die Impfstoffe produzierten und ein Labor in Wuhan betrieben, behauptet Schrang. Er mahnt: „Stellt euch immer die ‚W'-Fragen: Warum ist das jetzt da? Wovon könnte abgelenkt werden? Wer hat ein Interesse daran?"

Eigentlich ein guter Ansatz. Wären nicht so viele Kritiker und Mahner beim Blick auf die eigene Szene blind.

> Das Volk, das geflüchtet ist aus diesem Land, aus diesem Land, wo das Erzböse war, und haben ihr Land gefunden, haben ihr eigenes Land in etwas verwandelt, was noch schlimmer ist, als Deutschland war. (...) Das ist das Schlimme an den Juden: Sie lernen gut. Es gibt kein Volk, das besser lernt als sie. Aber sie haben das Böse jetzt gelernt – und umgesetzt. Deshalb ist Israel jetzt living hell – die lebende Hölle.

–

Sucharit Bhakdi in einem Interview vom April 2021 zu den Coronamaßnahmen der Regierung Israels

GESTATTEN: TILL ECKERT

„Wenn irgendjemand davon ausgegangen ist“, sagt Till Eckert, „dass sich die Wut und das Unverständnis in Luft auflösen werden, nur weil die Sonne wieder scheint, Covid weniger wird und die Pandemie endet, liegt er falsch.“

Als Mitglied der Faktencheck-Redaktion habe man live beobachten können, wie sich der Prozess des Denkens während der Pandemie verändert habe, sagt Eckert. „In den zwei Jahren hat sich ein Fog of War über unserer Gesellschaft ausgebreitet, ein Nebel des Krieges.“ All die Falschnachrichten und Desinformationskampagnen sind in seinen Augen Nebelmaschinen. Sie blasen einen Dunst aus Zweifel und Unwahrheiten. „Ganz viele Menschen standen während der Pandemie in diesem Nebel und wussten nicht mehr, was sie noch glauben, wem sie vertrauen konnten. Sie verloren die Orientierung.“

Streit und Beschimpfungen, Gerüchte und Falschnachrichten gab es schon vor Corona. Früher allerdings standen die etablierten Medien zwischen den Sozialen Netzwerken und der breiten Öffentlichkeit, sagt

Eckert, sie haben Nachrichten ausgewählt und auf Qualität geprüft. Diese Funktion haben die Medien verloren. „Der Skandal ist", ergänzt der Faktenchecker, „dass in einer Zeit, in der sich jeder Mensch öffentlich äußern kann, mittlerweile Algorithmen steuern, was wahrgenommen wird oder nicht. Letztlich erlauben wir Algorithmen, die programmiert wurden, um Profit zu maximieren, uns vorzugeben, was wir sehen und denken. Die Algorithmen betreiben Agenda-Setting. Das führt in Filterblasen, zu schlechter Kommunikation und Isolation."

Eckert macht es anschaulich: „Ich kann dem Algorithmus zum Beispiel vermitteln, dass ich mich nur noch in der Sport-Community bewegen möchte. Das kann ich auf jeder sozialen Plattform tun. Sobald ich beginne, ein paar einschlägige Videos anzuschauen und zu liken, das ein oder zwei Tage konsequent verfolge, werden mir sehr schnell beinahe ausschließlich Inhalte zu diesem Themenkomplex angezeigt. Dasselbe kann ich mit Essen machen, mit veganer Ernährung oder Grillfleisch, mit Interior Design, Filmkritiken oder Videospielen. Die erste Ebene des Prozesses ist diese inhaltliche."

Auf der zweiten Ebene bilden sich nun innerhalb dieser Komplexe Communitys. „Du machst online Bekanntschaften mit Menschen, die deine Interessen teilen, genauso denken wie du, genau so sprechen", sagt Eckert. „Du findest dich ab diesem Moment in einer Welt wieder, die in exakt die gleiche Richtung läuft wie du. Ein Freund hat dafür den Begriff ‚streamlining' benutzt. Die Gedanken der Menschen und auch die Art und Weise, wie sie sich über Dinge Gedanken machen, werden mit der Zeit stromlinienförmig. Weil sie immer in eine Richtung fließen – ohne Widerstände."

In der Realität des Internets entstehen diese Echokammern nicht nur bei banalen Themen wie Sport, Videospielen, Möbeln oder Zimmerpflanzen, sie entstehen auch um Ideologien und ideologische Denkmuster. „Zum Beispiel gibt es eine riesengroße Community zu ETF-Investment", sagt Eckert, „also zu börsengehandelten Investmentfonds. Das ist Wahnsinn. Wir haben also eine kapitalistische Bubble im Netz, wir haben eine woke, linke, progressive, feministische, antirassistische Bubble und ebenso eine konservativ, national, protektionistisch, imperial tickende Bubble." Wer in diesen Blasen landet, wird durch den Algorithmus abgeschottet. „Du wirst nichts anderes mehr oder nur noch sehr wenig sehen, das in irgendeiner Art und Weise deine Haltung zu diesem Thema angreifen oder ändern könnte. Du wirst weniger Alternativen vorfinden – für dich, für deinen Kopf, für deine Gedanken." Und das jeden Tag. Stundenlang. Auf Facebook, Instagram oder Youtube. Dieses eine Thema, diese eine Sichtweise kann so zur Weltsicht werden. „Es ist völlig irrelevant, in welcher Bubble du dich befindest“, sagt Eckert, „entscheidend ist, was dort mit dir passiert.“

Die Menschen in den Filterblasen bestätigen sich gegenseitig, Sichtweisen verstärken und radikalisieren sich. Sport, Körperkult oder Schönheitsideale können so groteske, wahnhaft ungesunde Formen annehmen. Ernährungskonzepte können zu heilbringenden Religionen erhoben werden, oder die eigene Lebensweise kann als einziger Weg erscheinen. Und hier wird es gefährlich. „Der Algorithmus ist in seiner Funktionsweise perfekt für ideologisches Denken, perfekt für konservatives und nationalistisches Gedankengut. Weil er darauf ausgelegt ist, keine Alternativen, keine Gegenargumente oder andere Sichtweisen zuzulassen.“ Der Algorithmus ist das Gegenteil von Demokratie, von Austausch, Kompromissen und Miteinander. „Die Kommunikationsform des Streits wird in den Filterblasen quasi abgeschafft“, sagt Eckert. „So werden die Lebenswirklichkeiten vieler Menschen immer weiter auseinanderdriften.“

In diese Struktur, in der nebeneinander nur existieren kann, was in dieselbe Richtung läuft, platzte 2020 eine globale Pandemie. Die Welt war verunsichert und hatte Angst. Wissenschaftlerinnen und Wissenschaftler konnten noch keine klaren Antworten liefern, dafür aber das Internet. Der Nebel des Informationskrieges stieg auf, die Filterblasen gaben Sicherheit unter Gleichgesinnten. Und das mehr als zwei Jahre lang.

„Der israelische Historiker Yuval Noah Harari“, sagt Eckert, „spricht von Pflanzensamen, die während der Pandemie gesät wurden. Ihre Keime können sich erst nach Jahren zeigen oder nach Jahrzehnten. Trotzdem sind sie da. Was in der Pandemie gepflanzt wurde, ist Misstrauen. Gegen die Demokratie, gegen ihre Institutionen, gegen Andersdenkende. Und das verschwindet nicht so einfach.“

KAPITEL 5

CHRONIK DER KRISE

KAPITEL 5 – CHRONIK DER KRISE

2015 – 2016: DARK ADS UND DER BREXIT

Was ist überhaupt Desinformation, und wie unterscheidet sie sich zum Beispiel von der Malinformation? Wer verbreitet eigentlich Fake News, und was sind die typischen Lügen-Narrative der Verschwörungsschwurbler?

Facebook-Werbeanzeige der „Vote Leave"-Kampagne im Jahr 2016.
(Screenshot: CORRECTIV)

„So wie das duale, präsidiale System in den USA halte ich auch Volksabstimmungen für sehr gefährdet", sagt Alice Echtermann. „Wenn man es schafft, die Wahl zu framen, wie es zum Beispiel Trump in den USA gemacht hat, also auf ein Thema zu fokussieren, dann wird sie umso anfälliger für Desinformation, weil auf dieses eine Thema gefeuert wird und Menschen gezielt beeinflusst werden können." Wie groß ist der Einfluss einer solchen Manipulation auf das Ergebnis einer Wahl? Das lässt sich schwer nachweisen, erklärt die Faktencheckerin, etwa bei der Abstimmung über den EU-Austritt Großbritanniens. „Niemand weiß genau, wie das Brexit-Referendum ausgesehen hätte ohne die Kampagnen und Desinformationen. Wissenschaftlich sauber lässt sich das nicht sagen. Wenn man aber genügend Mittel hat, wenn man viel Energie und Ressourcen investiert, kann man – davon bin ich überzeugt – eine Wahl manipulieren und Menschen durch Desinformationskampagnen in eine gewünschte Richtung bewegen. Gerade bei Volksabstimmungen."

2016 beeinflussten maßgeblich zwei Kampagnen die Brexit-Entscheidung: eine mit dem späteren Außenminister Boris Johnson: „Vote Leave". Die andere, „Leave.EU", um Nigel Farage, den Frontmann der UK Independent Party (Ukip). Die EU-skeptische und rechtspopulistische Partei hatte sich den EU-Austritt des Vereinigten Königreichs zum Hauptziel gemacht.

„Cambridge Analytica war nach der Einbindung von Steve Bannon in intensiven Verhandlungen mit beiden Brexit-Kampagnen", sagt Whistleblowerin Brittany Kaiser. Neben Cambridge Analytica habe auch das kanadische Softwareunternehmen AggregateIQ (AIQ) an den Kampagnen mitgewirkt. Von 2013 bis 2016 war AIQ für die britische SCL Group tätig, den Mutterkonzern von Cambridge Analytica. Das Unternehmen entwickelte für SCL unter anderem „Software-Tools" für den Wahlkampf in Trinidad und Tobago im Jahr 2014 und später auch für den amerikanischen Wahlkampf. Mit seiner Software ermöglichte AIQ die Auswertung von Facebook-Daten und das Aufsetzen von Microtargeting-Kampagnen. Rund 80 Prozent der AIQ-Einnahmen kamen zwischen 2013 und 2015 von SCL. Die Mitarbeiter beider Unternehmen nutzten dieselben Datenbänke und tauschten Informationen aus. Whistleblower Christopher Wylie sagt, SCL habe AggregateIQ immer als seine kanadische Niederlassung bezeichnet. SCL und AIQ arbeiteten noch zusammen, als das kanadische Unternehmen auch mit den Brexit-Kampagnen beauftragt wurde. Kaiser sagt, die „Leave.EU"-Kampagne habe schließlich im Schwerpunkt Cambridge Analytica übernommen, die „Vote Leave"-Seite AIQ.

„AIQ", erklärt die Whistleblowerin, „war ein Partner, der Zugang zu den Daten von Cambridge Analytica hatte, während der gesamten Zeit, in der sie die ‚Vote Leave'-Kampagne durchführten. Ein großer Teil des Geldes, um diese Daten zu sammeln und um die Infrastruktur dieser beiden Unternehmen aufzubauen, kam also von Mercer-finanzierten Kampagnen." Die Geschäftsbeziehungen zwischen Cambridge Analytica und „Leave.EU" gehen auch aus internen E-Mails hervor, die Kaiser 2019 einem Ausschuss des britischen Unterhauses vorlegte, um der Frage nachzugehen, inwieweit das Referendum beeinflusst worden war.

Facebook sei der Schlüssel zur gesamten Kampagne gewesen, sagt Andy Wigmore. Wigmore arbeitete als Kommunikationsdirektor für Aaron Banks, einen Unternehmer, der „Leave.EU“ mit 8,4 Millionen Pfund finanzierte. „Durch den Einsatz von künstlicher Intelligenz, wie wir es getan haben“, sagt er, sei es möglich, Interaktionen einzelner Nutzerinnen und Nutzer auszuwerten, um dann Maßnahmen auf sie abzustimmen. Dadurch „erfährt man alles Mögliche über diese Person und wie man sie mit welcher Art von Werbung überzeugen kann. Und man weiß, dass es in ihrem Netzwerk auch andere Leute gibt, denen das gefällt, was sie likten, sodass man es verbreiten kann. Und dann folgt man ihnen. Der Computer lernt ständig dazu und hört nie auf zu überwachen.“

Populisten unter sich: Donald Trump und Andy Wigmore (rechts).
(Screenshot: CORRECTIV)

In einem aufgezeichneten Gespräch mit Emma Briant, einer Expertin für Medien und Propaganda an der Universität Sheffield, zeigte Wigmore, wie begeistert er von dieser Methode war. Faszinierend sei, welch große Wirkung man erziele, wenn man Emotionen statt Fakten nutze. Das sei eine Macht, die „eine Welle des Hasses und des Rassismus all dieser rechten

Bewegungen erzeugte, die all diese Dinge stärkten". Wigmore sagte, dass diese Techniken nicht neu seien und sprach dabei über die Propagandastrategie der Nazis: „Wenn man all das abscheuliche Grauen wegnimmt (…), war die Art und Weise, wie sie es schafften, das zu tun, was sie taten, sehr clever. Im reinen Marketingsinn. (…) Man kann die Logik erkennen, wie sie die Dinge präsentierten und die Bilder, alles davon." Es gehe aber immer darum, die technischen Möglichkeiten zu nutzen, die man aktuell habe. Sowohl beim Trump-Wahlkampf als auch bei den Brexit-Kampagnen seien das vor allem Twitter und Facebook gewesen. „2016 war einzigartig", sagte Wigmore.

„Leave.EU" stellte den aggressivsten Flügel der Brexit-Kampagnen und befeuerte gezielt die Ängste vor unkontrollierter Einwanderung. Ein typischer „Leave.EU"-Beitrag auf Facebook warnte zum Beispiel die Wähler, dass „Einwanderung ohne Assimilation einer Invasion gleichkommt". Bewusst setzten die Betreiber der Brexit-Kampagnen auf das Reizthema Migration. Man habe dabei, sagte Wigmore, in weiten Teilen die Trump-Kampagne kopiert. Im Kern habe das bedeutet: „Je unverschämter wir sind, desto mehr Aufmerksamkeit bekommen wir. Und je mehr Aufmerksamkeit wir bekommen, desto unverschämter werden wir sein." Das bestätigte auch Großspender Banks vor dem britischen **Sonderausschuss** zum Brexit.

anks Aussagen stammen aus em Zwischenbericht zu Desnformation und Fake News, en das britische Parlament m Juli 2018 veröffentlichte. icht nur in diesem Abschnitt utze ich die Unterlagen als uelle, auch im 6. Kapitel iefern sie Infos, wenn es arum geht, wie die Rusen das Brexit-Referendum eeinflusst haben. Hier geht s zum Zwischenbericht als DF.

„Meine Erfahrung mit den sozialen Medien ist, dass sie ein Feuersturm sind, der wie ein Buschfeuer über die Sache hinwegfegt", beschrieb „Leave.EU"-Finanzier Banks die Kampagnenmethode. „Unsere Fähigkeit war es, Buschfeuer zu entfachen und dann einen großen Ventilator aufzusetzen und ihn zum Blasen zu bringen. (…) das Einwanderungsthema war das, was die Lauffeuer entfachte."

Auch den aggressiven Euroskeptiker Nigel Farage, das Gesicht der „Leave. EU"-Kampagne, hat Banks in erheblichem Umfang finanziert und gefördert. Farage sei ein guter Freund der Mercers gewesen, sagt Wigmore, der 2016 ein Treffen zwischen Farage, Banks und Trump im Trump Tower orchestrierte, das damals viel Aufmerksamkeit in den Medien fand. Auf einem Bild ist zu sehen, wie Farage und Trump grinsend vor einer goldenen Aufzugtür stehen und der Amerikaner in typischer Pose den Daumen nach oben reckt. America (wie auch Britain) first!

Nigel Farage (rechts) freut sich sichtlich über sein Treffen mit Donald Trump am 12. November 2016. (Screenshot: CORRECTIV)

Tatsächlich weisen die Bewegungen diesseits und jenseits des Atlantiks ähnliche Züge auf: Wie Mercer und Bannon verbreiteten auch die Brexit-Fürsprecher das Narrativ vom Kampf gegen das politische Establishment und bedienten mit populistischen Phrasen und einfachen Antworten den Frust vieler Wähler. Und ebenso, wie Trump mit dieser Linie die Wahl gewann, entschieden auch die Brexit-Anhänger das Referendum für sich.

Farage nannte das Ergebnis „einen Sieg für die einfachen Leute. Wir haben gegen die multinationalen Konzerne gekämpft, wir haben gegen die großen Handelsbanken gekämpft, wir haben gegen die große Politik gekämpft, wir haben gegen Lügen, Korruption und Betrug gekämpft."

Wie das, was Trump, Bannon und Mercer von sich gaben, hinterlassen auch die Phrasen der britischen Rechtspopulisten einen fahlen Nachgeschmack.

Hinter der Selbstbeweihräucherung zeigt sich aber die eigentliche Gefahr. Die Vorstellung habe sie nicht mehr losgelassen, sagt die britische Investigativjournalistin Carole Cadwalladr, „wie machtlos und verletzlich wir waren und immer noch sind und dass es eine Klasse sehr reicher Leute gibt, die sich die neuen Technologien zunutze machen, um Macht und Einfluss für sich selbst anzuhäufen". Mit Cambridge Analytica habe alles angefangen, meint Cadwalladr. „Sie haben für die Trump-Kampagne und für die Brexit-Kampagne gearbeitet. Sie begannen, Informationskriegsführung zu betreiben."

Und Facebooks Geschäftsmodell lieferte die perfekte Infrastruktur dafür.

Erst zwei Jahre nach der Brexit-Entscheidung wurden die Facebook-Anzeigen der „Leave.EU"-Kampagne öffentlich. Es waren personalisierte Werbeanzeigen, die den Briten zielgruppengenau im Vorfeld des EU-Referendums in ihren Facebook-Newsfeeds angezeigt worden waren. Außer dem Sender, dem Empfänger und Facebook waren sie niemandem bekannt gewesen. Und das Unternehmen hatte selbst dann gezögert, die Anzeigen zur Verfügung zu stellen, als es Anfragen aus dem britischen Parlament erhalten hatte. Monatelang hatten Abgeordnete aus dem parlamentarischen Ausschuss des Unterhauses die Dokumente von Facebook eingefordert.

Das deckt sich zum Teil mit den Erfahrungen des CORRECTIV.Faktencheck-Teams. „Facebook bleibt bei aller Kooperation für uns an einigen Stellen undurchsichtig", sagt Faktencheckerin Uschi Jonas. „Das Problem ist, die Social-Media-Unternehmen agieren sehr nach ihrem Gutdünken. Sie spielen damit, sich nicht so ganz in die Karten schauen lassen zu wollen, und ziehen sich immer wieder aus der Affäre, konsequent Verantwortung dafür zu übernehmen, was auf ihren Plattformen passiert."

Auch die britischen Abgeordneten kritisierten diese Intransparenz in ihrem Zwischenbericht deutlich. So habe Facebook „möglichst wenige Informationen zur Verfügung" gestellt und relevante Informationen zurückgehalten, außer es sei ausdrücklich darum gebeten worden. „Immer wieder hat Facebook bis hin zur Verschleierung vermieden, unsere schriftlichen und mündlichen Fragen zu beantworten", schrieben die Abgeordneten über diese häppchenweise Herausgabe der kleinstnotwendigen Wahrheit.

Willst du dir die Brexit-Werbeanzeigen selbst ansehen? Aus heutiger (und auch aus europäischer) Sicht sind sie durchaus amüsant.

Unsere Faktenchecker haben 2018 die **Werbeanzeigen** analysiert, die Facebook nach Monaten doch noch an den Ausschuss geschickt hatte. Konkret handelt es sich um Anzeigen, die AIQ für die Kampagnen „Vote Leave“, „50 Million“, „BrexitCentral/BeLeave“ und „DUP Vote to Leave“ im Jahr 2016 schaltete. Sie zeigen, wie die politische Forderung, aus der EU auszusteigen, an verschiedene Zielgruppen angepasst wurde und wie Falschmeldungen als Dark Ads nur für kleine Personenkreise ausgespielt wurden.

„Die Kontrolle müsste in solchen Fällen eigentlich erfolgen, bevor die Werbeanzeige geschaltet wird“, sagt CORRECTIV.Faktencheckerin Sarah Thust. „Die Plattform müsste das ablehnen – das passiert aber manchmal nicht. Und dann verbreitet sich die irreführende Info, für die Nutzerinnen und Nutzer mit ihren Daten bezahlt haben, und die jeweilige Plattform verdient auch noch Geld damit. Wir als Faktenchecker bekommen von solchen Werbeanzeigen im Zweifel nichts

Eine der Facebook-Werbeanzeigen der „BeLeave“-Kampagne im Jahr 2016 wetterte gegen die europäische Bürokratie. (Screenshot: CORRECTIV)

Hier zehn konkrete Beispiele von bezahlten Brexit-Werbeanzeigen mit Faktencheck:

MIT LÜGEN GEGEN DIE EU

In mehreren Werbeanzeigen behauptete die Kampagne „Vote Leave“ im Jahr 2016, dass die Türkei und mehrere südosteuropäische Länder der EU beitreten würden. „Albanien, Mazedonien, Montenegro, Serbien und die Türkei treten der EU bei. Ernsthaft“, steht in einer der veröffentlichten Werbeanzeigen.

Die Facebook-Werbeanzeigen der „Vote Leave“-Kampagne schürten im Jahr 2016 Ängste und Sorgen – besonders vor einem EU-Beitritt von Kandidatenländern wie Albanien oder Serbien. (Screenshot: CORRECTIV)

Eine andere Werbeanzeige suggeriert, durch einen EU-Beitritt der Türkei drohe die Einwanderung von 76 Millionen Türken nach Großbritannien. Damit lägen die neuen Außengrenzen Großbritanniens nun an Syrien und dem Irak.

Die Brexit-Kampagnen zielten auf irrationale Ängste ab: Wenn es nach dieser Facebook-Werbeanzeige der „Vote Leave"-Kampagne geht, drohen alle 76 Millionen Türken im Jahr 2016 nach Großbritannien zu kommen, sollte das Land in die EU aufgenommen werden. (Screenshot: CORRECTIV)

Richtig ist: Albanien, Mazedonien, Montenegro, Serbien und die Türkei sind sogenannte „Kandidatenländer" der Europäischen Union. Die Verhandlungen laufen teilweise schon seit mehreren Jahren. Ein konkretes Beitrittsdatum ist aktuell für keines der Länder geplant – und das war es auch 2016 nicht.

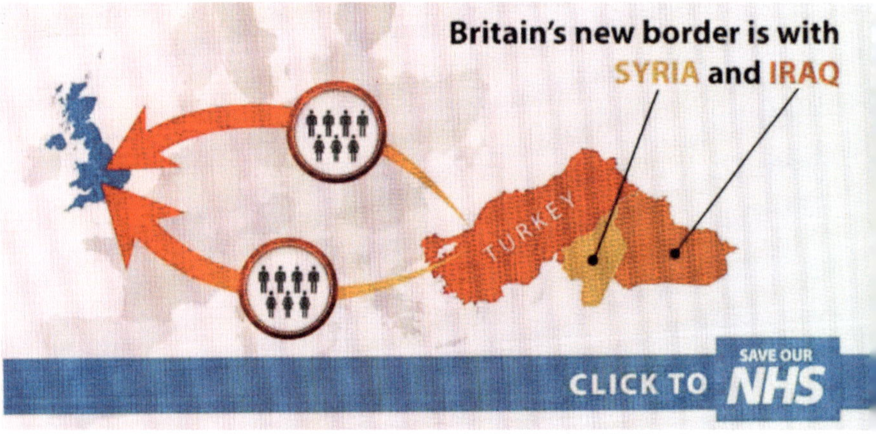

Großbritannien wird von Irakern und Syrern überrannt, suggeriert diese Facebook-Werbeanzeige der „Vote Leave"-Kampagne im Jahr 2016. (Screenshot: CORRECTIV)

In diesen Kontext passen auch Werbeanzeigen, die fälschlicherweise visafreies Reisen für Türken in die EU ankündigten. „76 Millionen Türken wird von der EU das (visafreie) Reisen gewährt. Gute Nachrichten? Ja/Nein“, fragte eine Anzeige.

Richtig ist: Bis heute haben Türken keine Visafreiheit in der EU. Sie benötigen ein Visum. Auf der Webseite der deutschen Vertretungen in der Türkei findet sich der Hinweis, dass türkische Staatsangehörige nur mit Visum einreisen können.

TARGET: BRITISCHE JUGENDLICHE

Auch bei jungen Menschen versuchten die Kampagnen, Ängste vor unkontrollierter Zuwanderung zu schüren. (Screenshot: CORRECTIV)

Offenbar war die britische Jugend eine Zielgruppe der Brexit-Kampagnen. Mehrere Anzeigen richteten sich unter dem Motto „BeLeave“ konkret an junge Menschen – mit Slogans wie „Wir brauchen ein Migrationssystem, das der britischen Jugend mehr Jobs sichert“ oder Anzeigen zur EU-Regulierung von Streamingdiensten und Carsharing.

Die EU gefährdet angeblich Jobs, die freie Mobilität und den ungestörten Serienabend – mit diesen Themen versuchten die Macher der „BeLeave"-Kampagne junge Menschen zu erreichen. (Screenshot: CORRECTIV)

TARGET: TIERFREUNDE UND TEETRINKER

Wie spezifisch die definierten Zielgruppen sein können, zeigt sich an folgenden Werbeanzeigen. Offenbar wurden Anzeigen gezielt auf tierliebe Menschen und Teetrinker zugeschnitten. Mehrere Anzeigen behaupten beispielsweise, die EU verhindere den Schutz von Eisbären und Walen und wolle Teekessel verbieten.

Tierschützer, aufgepasst: Stimmt für den Brexit! Denn EU-Gesetze gefährden Eisbären und Wale, behaupteten Facebook-Werbeanzeigen der „Vote Leave"-Kampagne. (Screenshot: CORRECTIV)

Sogar an einem nationalen Kulturgut wie dem britischen Tee will sich die EU vergreifen, behaupten diese Facebook-Werbeanzeigen der „Vote Leave"-Kampagne. (Screenshot: CORRECTIV)

Bei dem angeblichen Verbot von Teekesseln handelt es sich um eine Falschmeldung. Der Hintergrund: Die EU wollte den Stromverbrauch von Haushaltsgeräten senken. Grundlage war die 2013 beschlossene EU-Ökodesign-Richtlinie. 2015 prüfte die EU in einem Papier verschiedene Haushaltsgeräte auf mögliche Regulierungen. Darunter waren auch Wasserkocher und elektrische Wasserkessel. Im selben Jahr kam die EU in einem Abschlussbericht zu dem Ergebnis, eine „Energiekennzeichnung" könne für Wasserkocher eine machbare Option zu sein. Von einem Verbot ist dort jedoch keine Rede. Aber EU-Bürokratie, ob echt oder erfunden, ist stets für einen Aufreger gut. Nicht nur in Großbritannien.

Letzten Endes gehe es immer nur um Emotionen, erklärte Andy Wigmore der Journalistin Cadwalladr. „Man nennt es biopsychosoziales Profiling", sagte er über die Nutzung von Facebook-Daten für seine Kampagne. „Es nimmt die physischen, mentalen und Lifestyle-Attribute von einem und arbeitet heraus, wie Menschen funktionieren, wie sie emotional reagieren."

2017: DEUTSCHLAND UNTER BESCHUSS

Wechseln wir den Schauplatz. Der Angriff auf den Frieden in demokratischen Gesellschaften ging auch anderswo weiter. An vorderster Front mal wieder Steve Bannon. Nach Großbritannien und den USA nahm er sich Deutschland vor. Um sein Vorgehen zu erklären, werde ich eine *Breitbart*-Meldung über Ausschreitungen Schritt für Schritt auseinandernehmen und richtigstellen. Der Artikel ist ein Paradebeispiel für die schmutzigen Waffen der Desinformation. Und er schlug vor unserer Haustür ein, zumindest vor meiner. Direkt im Ruhrgebiet, wo ich lebe.

Deutschland wird angegriffen. Allerdings mit Desinformation, nicht von einem 1.000-köpfigen Mob. (Screenshot: CORRECTIV)

„Enthüllt: 1.000-köpfiger Mob greift Polizei an und setzt Deutschlands älteste Kirche in der Neujahrsnacht in Brand“ – unter der alarmierenden Schlagzeile das verwaschene Bild offensichtlich feiernder arabischstämmiger Männer und eines Polizisten von hinten. *Breitbart* veröffentlichte den Artikel am 3. Januar 2017.

Bannons Hetzseite hatte für diese angebliche Nachricht Teile eines Liveblogs der *Ruhr Nachrichten* aus dem Kontext gerissen. Binnen kürzester Zeit löste der Beitrag auf Facebook Zehntausende Interaktionen aus. Deutschsprachige Medien aus dem rechten Spektrum griffen die Meldung auf, fachten das Buschfeuer an und breiteten es aus. Leserinnen und Leser im Internet reagierten mit Wut und Gewaltaufrufen gegen Muslime. Bannon hatte einen Feuersturm heraufbeschworen. Der verantwortliche Kollege der *Ruhr Nachrichten* bekam Fotos geschickt von Galgen und abgetrennten Köpfen. Einige Nachrichten an den Reporter riefen zum Mord an der damaligen Bundeskanzlerin auf: „Wo ist der 100.000-Mann-Mob, der die verräterische Angela Merkel lyncht?“

Breitbart hatte über seinen britischen Ableger und seine Kanäle in den Sozialen Netzwerken gezündelt und diese Nachricht verbreitet – direkt in das Zielgebiet Deutschland hinein, ins Ruhrgebiet, nach Dortmund.

Die Schlagzeile ist eine Falschmeldung, das ganze Konstrukt bewusste Desinformation, mit der Hass und Zwietracht in die deutsche Gesellschaft gebracht werden sollten. Sie trägt fast alles in sich, was in der Diskussion um Lügenpressevorwürfe, Fake News und Populismus wichtig ist. Als ein Lehrstück, „wie aus Fake-News, Hass und Propaganda ein Aufruf zu Lynchjustiz gegen Angela Merkel wird“, bezeichnet der Reporter der *Ruhr Nachrichten* die Eskalation seiner Berichterstattung über die Silvesternacht. Viele deutsche Medien griffen die *Breitbart*-Berichterstattung auf und brandmarkten sie als Fake News – darunter der *Deutschlandfunk*, *der Spiegel*, *ntv* und *der Stern*.

Also Lupe raus und zurück zu Schlagzeile und Bild: Warum ist so falsch, was dort steht? Und was löst es aus?

Beginnen wir bei den Fakten: Der Artikel bezieht sich auf Geschehnisse am Platz von Leeds an der Reinoldikirche in der Dortmunder Innenstadt. Dort feierten in der Neujahrsnacht 2017 einige Hundert Menschen auf der Straße. Das ist zu Silvester nicht ungewöhnlich – auch nicht in Dortmund. Es trifft auch zu, dass unter den Feiernden etliche Menschen arabischer Herkunft waren und dass sie Alkohol tranken. Auch das ist nicht ungewöhnlich. Aber waren es 1.000 Menschen?

Die Dortmunder Polizei sagt: Ja. Es seien rund 1.000 Menschen auf dem Platz von Leeds gewesen. Nicht nur der Jahreswechsel gab vielen von ihnen Grund zum Feiern, sondern auch ein Waffenstillstand, der zum 30. Dezember 2016 in Syrien in Kraft getreten war, dem Land, aus dem die meisten von ihnen geflohen waren. Das ist der Kern der Wahrheit in der Desinformation von *Breitbart*. Dieser Kern ist wichtig. Die besten Fake News haben ihn, um ihn dann zu verdrehen, auszuschmücken und mit Lügen zu ummanteln.

Zunächst aber wird interpretiert. *Breitbart* spricht von einem Mob auf der Straße. Das ist nicht grundlegend falsch. Denn es ist eine Wertung der Fakten, wenn man 1.000 Menschen, die auf der Straße feiern, als Mob beschreibt. Eine Wertung, die viele Menschen nachvollziehen können. Sie ist ein erster Schritt, die Nachricht mit einem Bedrohungs-Narrativ zu verweben.

MIT ÄNGSTEN SPIELEN

Die gezielte Desinformation beginnt im nächsten Baustein des Satzes: Mob „greift Polizei an“. Nein, das ist nicht passiert. Es haben keine 1.000 Leute die Polizei angegriffen. Wahr ist: Am Rande der Feier kam es zu kleineren Zwischenfällen. Daran waren auch einige wenige Menschen beteiligt, die vorher friedlich gefeiert hatten. Vielleicht ein Dutzend, vielleicht mehr, das lässt sich nicht mehr genau rekonstruieren – aber sicher keine 1.000 Menschen. „Bei der größeren Gruppe handelte es sich nach jetzigen Erkenntnissen um circa tausend Menschen, die nicht ausschließlich aus Männern bestand sondern auch aus vielen Familien mit Kindern“, heißt es im Polizeibericht. Aus dieser Gruppe hätten einige Leute mit Böllern geschmissen – unter anderem auch in die Richtung der Polizei.

Wörtlich: „Es kam zum Teil zu unsachgemäßem Einsatz von Silvesterfeuerwerk.“ Aber: Beamte seien nicht „massiv angegangen worden“, teilte die Dortmunder Polizei mit: „Nach Einschätzung des Polizeieinsatzleiters war dies für eine Silvesternacht in Dortmund ein eher durchschnittlicher bis ruhiger Verlauf.“ Eine Polizeisprecherin ergänzte: Die Zahl der Straftaten sei im Vergleich zum Vorjahreswechsel sogar zurückgegangen. „Bei den aufgeführten Delikten war nichts Schwerwiegendes dabei.“

Der erwähnte Teilsatz – ein Mob habe Polizisten angegriffen – gibt also nicht die Wahrheit wieder, sondern spielt gezielt mit Vorurteilen und Ängsten. Die *Breitbart*-Desinformation drückt im Subtext folgende Furcht aus: „Wir sind nicht sicher, weil ein 1.000-köpfiger fremdländischer Mob es wagt, unsere Polizei anzugreifen.“

Und dann bringt *Breitbart* schon den nächsten Halbsatz: Der Mob „setzte Deutschlands älteste Kirche in Brand". Auch das ist Unsinn. In Dortmund waren die Römer nie. Im Ruhrgebiet steht deswegen auch nicht die älteste Kirche Deutschlands. Die Reinoldikirche ist in Teilen alt, ja, aber nicht älter als 1.000 Jahre. Diese Aussage hat *Breitbart* im Nachhinein korrigiert, als einzige in dem Artikel. Das ändert aber nichts daran, dass die Kirche nicht in Brand gesteckt wurde. Diese Behauptung ist falsch. Neben der Kirche stand damals ein Baugerüst. In der Silvesternacht flog eine Rakete in dieses Baugerüst und steckte dort ein Fangnetz in Brand. Ein Feuer, das kurz aufflackerte und zügig von der Feuerwehr gelöscht wurde. Das war es.

Diese Passage ist also erfunden. Und auch hier gibt es einen Subtext: „Unsere Behörden sind nicht in der Lage, in unseren Städten unsere heiligen Stätten zu schützen." *Breitbart* setzt noch einen drauf. Im Teaser unter der Schlagzeile heißt es weiter: „Bei den Neujahrsfeiern in Dortmund zog ein Mob von mehr als 1.000 Männern mit ‚Allahu Akbar'-Rufen durch die Stadt, griff die Polizei mit Feuerwerk an und setzte historische Kirche in Brand." In der Polizeimeldung ist hingegen zu lesen: „So schnell wie sich die Menschenansammlung gebildet hatte, löste sie sich auch wieder auf. Bereits vor 1 Uhr hatte sich die Menge wieder in Kleingruppen aufgeteilt über den Hauptbahnhof in unterschiedliche Richtungen begeben." Das schnelle und deeskalierende Eingreifen der Beamten habe „Ausschreitungen unterbunden und ein fröhliches Feiern gewährleistet".

Wichtig sind in der *Breitbart*-Darstellung vor allem das Wort „Neujahrsfeiern" und der direkte Bezug zum muslimischen Glauben: „Allahu akbar" heißt „Gott ist größer" – ein Teil des muslimischen Glaubensbekenntnisses. In einer Stellungnahme zu den Fake-News-Vorwürfen gegen seine Berichterstattung macht *Breitbart* am 8. Januar keinen Hehl aus seiner Auslegung des Begriffes: „In Wirklichkeit ist ‚Allahu Akbar' sowohl eine Unterwerfungserklärung an Allah als auch ein Kriegsschrei, der die Überlegenheit Allahs gegenüber allen anderen Götter und Religionen zum Ausdruck bringen soll."

Mit den Begriffen „Neujahrsfeiern" und „Allahu akbar" spielt *Breitbart* auf die Ereignisse in der Kölner Silvesternacht 2015/2016 an, in der es zu massenhaften sexuellen Übergriffen durch Migranten gekommen war, und verknüpft diese mit einem im Namen Allahs randalierenden Mob. Mit Muslimen, die angeblich heilige Stätten der Christen angreifen. Es wird damit ein weiterer Verdacht geweckt: Die „Medien des Establishments" berichteten nicht wahrheitsgemäß über den Dortmunder Skandal – so, wie die „Mainstream-Medien" und die Polizei schon ein Jahr zuvor die

Übergriffe in Köln „anfangs heruntergespielt" hätten. *Breitbart* vermittelt den Eindruck, die Lügenpresse würde beim Vertuschen helfen. Dabei hatten etliche Zeitungen und Sender Berichte über die Vorgänge gebracht. Nur sahen diese anders aus, als *Breitbart* behauptet.

Bei der all der Auseinandersetzung über Details der Berichterstattung darf man eines nicht vergessen – entscheidend ist etwas anderes: *Breitbart* greift mit seinen Subtexten und seiner Desinformation – dass Muslime heilige Stätten in einem christlichen Land angreifen – auf ein altes Muster zurück, das sich bereits vor 1.000 Jahren bewährte. Schon Papst Urban II. benutzte im Jahr 1095 dieses Narrativ, um Ängste zu schüren und den ersten Kreuzzug auszurufen: „Aus dem Land von Jerusalem und von der Stadt Konstantinopel kam ein schwerwiegender Bericht, (...) dass nämlich das Volk des Reichs der Perser, ein fremdes Volk, ein Gott gänzlich fern stehendes Volk, (...) die weder ein Herz haben noch an Gott glauben, die Länder jener Christen überfallen, mit Schwert, Raub und Feuer verwüstet, die Gefangenen teils in ihr Land verschleppt, teils auch elendiglich abgeschlachtet, die Kirchen Gottes entweder von Grund auf zerstört oder für den Ritus ihrer eigenen Heiligen in Beschlag genommen haben."

Eine Schlussfolgerung liegt hier nahe: Wie der Aufruf zum Kreuzzug vor fast 1.000 Jahren wollte *Breitbart* mit seiner Lüge Menschen gegen einen andersgläubigen Feind mobilisieren. Diesmal zur Stärkung rechtspopulistischer Positionen, die schon mit Pegida und der angeblichen „Rettung des Abendlandes" Einzug in die deutschen Wahlkämpfe gefunden hatten.

Du hältst das für überzogen? Doch das ist es nicht. Hier greift alles ineinander.

BREITBART NEWS DAILY CALLERS CELEBRATE BREXIT, CREDIT BREITBART'S COVERAGE 'FOR BRINGING US THE TRUTH'

3,153 | EMAIL | PARLER | TWEET

by MICHELLE MOONS | 24 Jun 2016 | 279

On the morning after the United Kingdom's historic Brexit vote

Breitbart **auf Erfolgskurs und im Fahrwasser von Rechtspopulisten aus den USA und Europa. Das Foto zeigt den Gründer der Seite, Andrew Breitbart.**
(Screenshot: CORRECTIV)

Wie anfangs erwähnt, hatte die ultrarechte US-Nachrichtenseite *Breitbart* die Falschmeldung über ihren britischen Ableger verbreitet. Dieser hatte mit ähnlichen Lügen bereits erfolgreich für den Brexit gekämpft. Nach eigener Aussage soll *Breitbart London* am 23. Juni 2016, als Großbritannien für den EU-Austritt stimmte, die höchsten Zugriffszahlen gehabt haben – von allen *Breitbart*-Seiten weltweit. Bannon, der damals *Breitbart News* leitete, der die Firma Cambridge Analytica mitgründete und zeitweise deren Vizepräsident war, war beratend an der britischen „Leave"-Kampagne beteiligt.

In dieser Zeit waren Bannon und *Breitbart* mit ihren Methoden anscheinend so in Fahrt gekommen, dass die Macher der Webseite pünktlich zu den deutschen Bundestagswahlen 2017 überlegten, auch einen deutschen Ableger zu gründen. Um in Deutschland Einfluss zu entfalten. Die

AfD Heidelberg freute sich auf Twitter: „#Breitbart kommt nach Deutschland. Fantastisch! Das gibt ein Erdbeben in unserer verkrusteten Medienlandschaft."

Im Geiste vereint: Mit Herzen und Emojis feiern die deutschen Rechtspopulisten die angekündigte *Breitbart*-Expansion. (Screenshot: CORRECTIV)

Breitbart-Chefredakteur Alex Marlow sagte damals, er wolle mit seinen Plänen rechtspopulistische Parteien in Europa unterstützen. „Da ist einfach eine unterversorgte Leserschaft. Es sind dieselben Menschen, die schon in Großbritannien und in den USA ignoriert worden sind." Marlow zielte damit auf die Menschen, die sich von Politik und Medien zurückgelassen fühlen. Gerade in Deutschland und Frankreich, wo die Unterstützung für nationalistische und rechtspopulistische Parteien seit Mitte der 2010er-Jahre wächst, erhofften sich die *Breitbart*-Macher viele neue Leser.

Wie in den USA und in England sollte die Saat des Hasses vor allem in Arbeitergegenden aufgehen. Donald Trump hatte schließlich die Präsidentschaftswahl in den früheren demokratischen Hochburgen des sogenannten Rostgürtels gewonnen, den ehemaligen Industriemetropolen der USA. Deswegen konzentrierte sich *Breitbart* zu Beginn seiner Kampagne auch nicht auf die florierenden Gegenden in Süd- oder Norddeutschland, sondern setzte auf eine Lüge in Dortmund, einer schwächelnden Stadt im Ruhrgebiet, wo auch die Sozialdemokratie seit der Jahrtausendwende in einer Krise steckt. Die SPD hatte zuvor 40 Jahre lang die absolute Mehrheit geholt. Nun brachen ihre Wahlergebnisse ein, viele Arbeiter wandten sich von den Sozialdemokraten ab. Hier im Stahlgürtel Nordrhein-Westfalens sollte der Angriff ansetzen.

Dafür gab es einen strategischen Grund.

DIE FRÜCHTE VON MISSTRAUEN, ANGST UND HASS

Vor der Bundestagswahl im Herbst 2017 standen in NRW erst einmal Landtagswahlen im Mai an. Hier sollte deshalb offenkundig auch der Lackmustest erfolgen, ob sich die rechtspopulistische AfD in einem sozialdemokratisch geprägten westdeutschen Flächenland durchsetzen könnte. Hier kam der erste Schlag, dem viele weitere vor der Bundestagswahl folgen sollten. Und es fanden sich Bündnisse zusammen.

Denn *Breitbart* agierte nicht allein. Wie später herauskam, wurde die Falschmeldung aus Dortmund auch über ultrarechte deutsche Webseiten verbreitet. Zum Beispiel brachten die rechtsradikale Seite *Dortmund Echo* und die AfD-Fraktion der Ruhrgebietsstadt die Nachricht in der gleichen Tonlage wie *Breitbart*. In Österreich spielte das ultrarechte Medium *Wochenblick* die Geschichte mit identischer Zielrichtung aus.

Eine Dynamik, die den Verbreitern von Desinformation nutzt: „Eigentlich können wir immer einen sich selbst verstärkenden Effekt beobachten", sagt Faktencheckerin Uschi Jonas. „Ein Thema poppt bei zwei, drei einschlägigen Akteuren auf, der Rest greift es auf, bis schließlich alle in dieselbe Richtung laufen. Wenn eine Behauptung über verschiedene Kanäle und Webseiten verbreitet wird, profitieren am Ende alle davon. Die Behauptung wird dadurch für viele glaubwürdiger."

Bei der Wahl im Mai 2017 zog die AfD mit 7,4 Prozent erstmals in den Landtag von NRW ein, verfehlte aber das angestrebte, zweistellige Ergebnis. Zumindest auf Landesebene. Im Ruhrgebiet sah es anders aus, ein überproportional hoher Stimmenanteil kam aus der Region: Der AfD-nahe Alternative Arbeitnehmerverband Mitteldeutschland (Alarm) veröffentlichte am Montag nach der NRW-Wahl einen Facebook-Beitrag mit drei Fördertürmen in der Abenddämmerung des Reviers, dazu die zweistelligen Ergebnisse der AfD in den Wahlkreisen der Kohleregion. Im gesamten Ruhrgebiet kam die AfD auf 9,5 Prozent. Als wir die Menschen vor Ort nach dem Grund für ihr AfD-Kreuz fragten, hörten wir Sätze wie: „Um uns Malocher kümmert sich niemand" oder „Hier leben einfach viele sozial schwache Menschen".

Der AfD-nahe Arbeitnehmerverband Alarm feiert auf Facebook die AfD-Hochburgen im Ruhrgebiet bei der Landtagswahl 2017. (Screenshot: CORRECTIV)

Diese Motive sind nicht neu, sie wiederholen sich: Ein Jahr zuvor hatte die AfD bei der Landtagswahl in Sachsen-Anhalt das Rekordergebnis von 24,3 Prozent geholt und war als zweitstärkste Partei in den Landtag eingezogen. Zwei Drittel der befragten AfD-Wähler hatten damals angegeben, sie hätten ihre Entscheidung getroffen, weil sie enttäuscht von den anderen Parteien gewesen seien.

Den Grund für den AfD-Erfolg benannte damals die *Rheinische Post* in einer Analyse: „die Wut vieler Menschen auf die Eliten, auf ‚die da oben'. Das meint Politiker, aber auch Wirtschaftsbosse oder Medienleute. Von denen fühlen sie sich nicht ernst genommen, ja sogar hinters Licht geführt." Der Berliner Historiker Paul Nolte wird dazu zitiert: „Vielleicht haben sich die Eliten, die Politik, die Wissenschaft und auch die Medien zu bequem in dieser Welt des Wandels eingerichtet. Andere haben das nicht geschafft. Um die muss sich mehr gekümmert werden."

Enttäuschung und Frust machen empfänglich für Desinformation, das ist leider so. Und sie geben Fake-News-Schleudern Aufwind.

Denn Lügen sind attraktiver als die Wahrheit, oft allein schon, weil sie nicht von den „etablierten Medien" kommen, vom Establishment. Lügen sind süß, wenn man in einer schwierigen Situation steckt. Sie sind einfacher zu glauben, wenn sie eigene Vorurteile bestätigen. Sie sind schneller zu konsumieren, weil sie mit Emotionen spielen. Die Früchte von

Misstrauen, Angst und Hass ernten dann polarisierende, populistische Politiker, die Mehrheiten auf Basis von Abneigungen und Gefühlen anstreben. Diese Politiker sind oft dazu bereit, ihre Wahlerfolge mit Lügen zu erschwindeln.

„Ich will nicht mit dem Finger auf die AfD zeigen", sagt CORRECTIV.Faktencheckerin Sarah Thust, „trotzdem ist es einfach so, dass AfD-Politiker:innen eher damit auffallen, wirklich Falsches wiederzugeben, als andere politischen Vertreter. Aber auch bei Leuten wie Sahra Wagenknecht, die sich am politischen Rand bewegen, sieht man, dass häufiger Informationen aus dem Kontext gerissen werden oder der Kontext nicht wiedergegeben wird, dass Statistiken verzerrt dargestellt oder falsch interpretiert werden. Das ist klassische politische Propaganda, um die eigenen Thesen zu stützen. Falschinfos können natürlich von überallher kommen – aus einigen Richtungen kommen sie aber öfter."

Die AfD präsentiert sich wie auch andere rechtspopulistische Parteien, die Front National in Frankreich, die österreichische FPÖ oder die UK Independence Party (Ukip), als Alternative zur Arroganz und Ineffizienz der etablierten Parteien. Als Partei des „Anti-Establishments" bezeichnete die damalige Vorsitzende Frauke Petry die AfD auf ihrem Parteitag 2016 in Stuttgart.

Dabei hat kaum eine deutsche Partei in ihrer Geschichte so viele Skandale, Affären und Intrigen auf dem politischen Kerbholz wie die Alternative für Deutschland.

2017: UNSER KAMPF GEGEN FAKE NEWS BEGINNT

Die US-Wahl und die Brexit-Abstimmung zeigten, wie wichtig Faktenchecks für den Schutz demokratischer Gesellschaften sind. Damals hatten wir auch begonnen, mit Facebook zu verhandeln. Am 15. Januar 2017 gab die Social-Media-Plattform schließlich bekannt, dass Facebook eine Kooperation mit CORRECTIV eingehen werde, um Desinformationen in seinem Sozialen Netzwerk zu bekämpfen. Das war zwei Wochen, nachdem *Breitbarts* Falschnachricht über die vermeintlichen Dortmunder Silvesterunruhen viral gegangen war.

Spiegel Online schrieb über unser Vorhaben: „Facebook steht in der Kritik weil sich auf der Plattform wiederholt offensichtliche Lügengeschichten und Diffamierungen verbreiten. So war etwa die Endphase des US-Wahlkampfs geprägt durch solche Fake News, die sich mehrheitlich gegen die spätere Wahlverliererin Hillary Clinton richteten und erst durch Facebook Verbreitung erfuhren. In Deutschland hat die Bundesregierung Facebook mit Bußgeldern gedroht, wenn die Firma nicht entschieden gegen Verleumdungen und andere strafbare Inhalte auf der Plattform vorgeht. Und so wird die Bundesrepublik jetzt nach ersten Kooperationen in den USA beim Fact Checking das zweite Land, in dem eine Partnerschaft gegen Fake News ins Leben gerufen wird."

Fake News seien Gift für eine Demokratie, sagte Jutta Kramm, 2017 Leiterin unseres Faktencheck-Teams Echtjetzt. Echtjetzt war die Vorgängerredaktion von CORRECTIV.Faktencheck. „Deshalb ist es nötig, sich ihnen entgegenzustellen und auf eine aufgeklärte, auf Wahrheit basierte politische Diskussion zu bestehen. Die Enttarnung von Desinformationen und Faktenchecks ist notwendig, um die freie Meinungsbildung und unser Zusammenleben als tolerante Gesellschaft zu gewährleisten."

Großbritannien und die USA hätten gezeigt, ergänzte unser damaliger Chefredakteur Markus Grill zum Start der Faktencheck-Redaktion, „dass Wahlkämpfe heute von gezielten Desinformationen geprägt sind, das untergräbt die demokratische Willensbildung. Wir wollen dagegen mit den Mitteln der Aufklärung vorgehen."

Das Problem ist allerdings: Wir können nur so weit auf Facebook arbeiten, wie uns das Unternehmen lässt. Aber dazu später. Betrachten wir erst einmal die Zusammenarbeit an sich.

UMSTRITTENE KOOPERATION

Anfangs waren wir in Deutschland die Einzigen, die mit dem Konzern kooperierten, um in diesem Informationskrieg zu den entscheidenden Schlachtfeldern zu gelangen. Dafür erfuhren wir schon damals viel Kritik. „Wahrheitsministerium" und „käufliche Medienhuren" gehörten noch zu den sachlicheren Bezeichnungen.

Dabei löschen oder zensieren wir nichts, wir versuchen nur, die Filterblasen zu durchstoßen.

„Natürlich ist unsere Kooperation mit Facebook umstritten", sagt Alice Echtermann. „Es hat viele, viele Nachteile, trotzdem ist es eine sehr effektive technische Lösung, um an diese Menschen ranzukommen. Am Ende geht es nur um die Frage: Wie erreiche ich die Leute? Realistisch betrachtet, gehen diese Menschen nicht auf unsere Webseite. Klar, wir könnten unsere Artikel weiter SEO-optimieren, damit sie bei Google schön weit oben stehen. Dann finden die Leute, wenn sie in der Richtung googeln, hoffentlich auch den Faktencheck. Aber so durchbrichst du nicht die Filterblase. Da gibt es eigentlich nur technische Lösungen in den Sozialen Netzwerken selbst."

Im Rahmen unserer Kooperation mit Facebook bekommen wir Zugang zu einer internen Facebook-Liste, in die ein Algorithmus Inhalte einfügt, die potenziell falsch sind – das sind Videos, Bilder oder Links zu Artikeln. Sie kommen unter anderem in die Liste, wenn Nutzer sie als Falschmeldungen gemeldet haben.

„Auch andere Signale gehen an den Algorithmus. Vielleicht wenn jemand ‚Das sind Fake News' kommentiert oder wenn etwas sehr schnell und viel geteilt wird", beschreiben wir in unseren **FAQ** unsere Arbeit auf Facebook. Wie genau das funktioniert, macht Facebook aber nicht transparent. „Neben der Liste, die Facebook uns zur Verfügung stellt, setzen wir weitere Monitoring-Tools ein, um potenzielle Falschmeldungen unter anderem auf Facebook und in anderen Sozialen Netzwerken zu finden. Diese Meldungen, die wir anderswo finden, können wir ebenfalls in die Liste einfügen. Niemand schreibt uns vor, was wir prüfen. Wir suchen die Inhalte, die wir prüfen, eigenständig aus. Im nächsten Schritt können wir die Inhalte auf der Liste dann mit unseren Faktenchecks verknüpfen und so dafür sorgen, dass Desinformationen oder Falschmeldungen auf Facebook zusammen mit Faktenchecks gesehen werden. Dies ist der einzige Weg, Fake News dort zu begegnen, wo sie wirken: in den Newsfeeds der Nutzer."

Was passiert mit Fake News auf Facebook? Auf welche Weise werden sie mit unseren Faktenchecks verknüpft? Und wie objektiv können wir überhaupt sein? Wenn du mehr über unsere Arbeit auf der Plattform und die Kooperation mit Meta lesen willst, findest du hier unser gesamtes FAQ zur Zusammenarbeit.

Und das ist der springende Punkt: dort zu sein, wo der Kampf entschieden wird – ohne die Angst, sich schmutzig zu machen. Menschen, die in die Parallelwelten aus Desinformation und Verschwörungstheorien abrutschen, erreicht man nicht mit der *Tagesschau* zur Primetime (Querdenker-Kreise nennen die Sendezeit abfällig „08/15" – nullachtfünfzehn). Wir erreichen sie nicht mehr auf klassischem Wege über etablierte Medien. Es interessiert sie nicht, dass, bildlich gesprochen, im Olympiastadion traumhafter Fußball gespielt wird, wenn sie auf dem Bolzplatz Herne-Süd sitzen und zugucken, wie sich die Spieler auf dem Rasen gegenseitig die Köpfe einschlagen.

Durch unsere Kooperation mit Facebook haben wir die Chance, diese Menschen mit unseren Artikeln und Faktenchecks zu erreichen.

„Ich bin niemand, der das für eine perfekte Lösung hält“, sagt Echtermann, „aber mir fällt keine bessere ein als diese Labels und das Fact-Checking auf den Plattformen. Ich bin strikt dagegen, alles zu löschen, was potenziell falsch ist. Diese Labels mit Links zu ausführlichen Faktenchecks, die Kontext liefern, sind für mich das, was am besten mit der Meinungsfreiheit in Einklang zu bringen ist. Unsere Kooperation mit Facebook ist einer der effektivsten Hebel, die wir haben, um die Filterblasen aufzubrechen. Die Leute werden gezwungen, ob sie wollen oder nicht, den Faktencheck zu sehen, weil er automatisch auf dem Facebook-Post aufpoppt. Und alle, die den Post geteilt haben, werden benachrichtigt.“

Gemeinsam gegen Lügen im Wahlkampf. (Screenshot: CORRECTIV)

Lügen und erfundene Geschichten, Verschwörungstheorien und absichtliche Verdrehungen der Wahrheit seien nicht neu, sagt Jutta Kramm. „Aber erst im digitalen Zeitalter können solche Unwahrheiten rasend schnell und tausend-, ja millionenfach verbreitet werden. Deshalb ist es wichtig, solche Falschnachrichten aufzuspüren und klarzustellen.“ Kramm war auch Chefin unseres Projekts „WahlCheck17“, das gemeinsam mit der gemeinnützigen Rechercheorganisation First Draft Desinformationen in der heißen Phase des Bundestagswahlkampfes 2017 bekämpfte.

as International Fact-hecking Network hat einen erhaltenskodex mit Grund-egeln aufgestellt, an die ich jede Faktencheck-Orga-isation halten muss, wenn ie Teil des Netzwerkes sein öchte. Die Selbstverpflich-ung sorgt für einheitliche tandards und Qualität.

Das heutige CORRECTIV.Faktencheck-Team arbeitet genauso, wie es früher Echtjetzt tat, nach dem Vorbild zahlreicher internationaler Faktenchecker und bekennt sich zu den Prinzipien des **International Fact-Checking Network** am amerikanischen Poynter Institute und dem „European Code of Standards for Independent Fact-Checking Organisations“. Weltweit arbeitet Facebook mit mehr als 50 Partnern in über 30 Ländern zusammen. In Deutschland kooperiert Facebook neben CORRECTIV.Faktencheck seit Anfang 2019 mit der *Deutschen Presse-Agentur* (*dpa*) und seit 2020 mit *AFP*, der ältesten internationalen Nachrichtenagentur.

2017 – 2019: TRANSATLANTISCHE BÜNDNISSE

Im Kampf gegen Desinformation ist es wichtig, dass sich die etablierten Medien als Einheit verstehen, als Schutzwall, um gemeinsam dem Angriff durch Fake News zu begegnen. Die andere Seite macht es genauso.

In Deutschland beobachtet CORRECTIV seit Jahren, dass rechte Webseiten wie *Ein Prozent* oder *Philosophia Perennis* in Sozialen Netzwerken immer wieder Fake News verbreiten, mit denen sie Konfliktthemen aufgreifen. Teilweise stützen sich diese Medien auf Desinformationen russischer Herkunft, dann wieder auf Meldungen aus den USA. Für sie spielt es keine große Rolle, woher eine falsche Information stammt, solange sie in das eigene Narrativ und Nachrichtenschema passt. Hauptsache, das „Wir gegen die“-Schema wird durch Meldungen erfüllt, die angeblich in den Mainstream-Medien nicht vorkommen.

„Da, wo es brennt, da, wo Konfliktpotenzial herrscht, keimt das ‚Wir gegen die‘-Gefühl und spaltet“, sagt CORRECTIV.Faktencheckerin Sarah Thust. Das „wir“ sind in diesem Fall die Verbreiter der Fake News und alle, die mit ihnen einer Meinung sind. Das „die“ sind alle anderen. „Populistische oder rechte Gruppen zeichnen ein Schwarz-Weiß-Bild von der Welt“, sagt Thust. Damit erreichten sie vor allem Menschen, die mit ihrer Lebenssituation zu kämpfen hätten. „Unsicherheit und Angst vor der Zukunft sind für jeden Menschen schwer auszuhalten. Der Mensch sucht in so einer Situation nach Lösungen – findet er keine, entsteht ein Gefühl der Machtlosigkeit, und dadurch steigt die Frustration. Rechte behaupten dann, hinter solchen Situationen steckt die große Verschwörung einer Elite. Dafür lassen sie Informationen aus, verdrehen Tatsachen und spitzen Aussagen zu. Und das prusten sie über Soziale Netzwerke wie über ein Megafon in die Öffentlichkeit.“

RECHTE BRANDSTIFTER AUS DEN USA

Das „Wir gegen die“-Schema ist auch Grundlage transatlantischer Bündnisse. Seit einiger Zeit lenken rechtsextreme Kaderschmieden aus den

USA wie das Middle East Forum Mittel nach Deutschland um, um hier Fake-News-Webseiten zu unterstützen. Bei unseren Recherchen stießen wir auf die Namen alter Bekannter: Robert Mercer und seine Tochter Rebekah.

Das Middle East Forum wurde ursprünglich gegründet, um US-Interessen im eigenen Land und im Nahen Osten zu vertreten. Nach einem strategischen Schwenk unterstützt die Organisation nun auch Kräfte in Europa, die sich islamfeindlich äußern und mithilfe von Fake News Politik machen, wie eine CORRECTIV-Recherche aufdeckte.

Der rechtskonservative US-Aktivist Daniel Pipes prophezeit, dass die „Pax Americana", der Frieden, der in Europa seit 1945 unter der Leitung der USA herrsche, bald zu Ende gehe. (Screenshot: CORRECTIV)

In einer dreiteiligen Serie machten unsere Faktenchecker öffentlich, wie das deutsche Hetzportal *Journalistenwatch* (oder auch *Jouwatch*) von dem US-Thinktank Middle East Forum finanziert wurde und sich professionalisieren konnte. *Jouwatch* ist ein Verbindungsstück der deutschen Neuen Rechten nach Amerika. Ideologisch unterstützt wird es dabei vom islamfeindlichen Gatestone Institute, das immer wieder als Quelle für europaweite Desinformation gilt. Du bist ihm bereits im zweiten Kapitel begegnet.

Wir erinnern uns: Rebekah Mercer hatte versucht, den langjährigen Gatestone-Vorsitzenden John Bolton in Trumps Regierung zu installieren. Schließlich wurde Bolton Trumps nationaler Sicherheitsberater. Lassen wir aber Bolton und Mercer erst einmal beiseite und fangen wir mit Daniel Pipes an, der in Deutschland eher wenig bekannt ist. Der amerikanische Historiker gründete 1994 die Denkfabrik Middle East Forum mit Sitz in Philadelphia und ist bis heute ihr Direktor.

Im Frühjahr 2019 lud die AfD Vertreter alternativer Medien zu einer Konferenz in den Bundestag ein. Darunter auch Autoren von *PI-News* und *Journalistenwatch*. Wir waren damals bei diesem fragwürdigen Netzwerktreffen zwischen Politik und Fake-News-Szene undercover dabei.

Im März 2019 traf sich Pipes mit rechten alternativen Medien in Berlin. Interviews erschienen bei einschlägigen Nachrichtenseiten wie *Philosophia Perennis*, *Journalistenwatch* und *PI-News*. Gesprochen wurde unter anderem darüber, wie „Europa vor Islamismus gerettet werden kann“. Pipes traf auch Politiker der AfD, zum Beispiel Markus Frohnmaier und Jürgen Braun, wie *PI-News* damals berichtete.

PI-NEWS-INTERVIEW MIT DEM DIREKTOR DES MIDDLE EAST FORUMS IN BERLIN

Daniel Pipes: AfD, FPÖ und Fidesz sind die Zukunft Europas

19. März 2019 107

Schlagzeile des rechtsextremen Blogs *PI-News*. Die Rechten in den USA suchen den Schulterschluss mit Europa. (Screenshot: CORRECTIV)

Wer ihr Feind ist, hat sich Pipes’ Organisation direkt auf die Fahnen geschrieben. Eine Eigenbeschreibung lautet: „Das Middle East Forum, ein Thinktank aus Philadelphia, (…) fördert amerikanische Interessen im Nahen Osten und schützt westliche Werte vor Gefahren aus dem Nahen Osten. Im Nahen Osten konzentrieren wir uns auf Möglichkeiten, den radikalen Islam zu besiegen (…) und mit der fortschreitenden Anarchie umzugehen. Im Inland weist das Forum auf die Gefahr des legalen Islamismus hin, schützt die Freiheiten antiislamistischer Autoren und Aktivisten und setzt sich für die Verbesserung der Nahoststudien ein.“

Seit Jahren finanziert das Forum rechte Thinktanks, und es gibt Politikern und Aktivisten Rückendeckung, deren gemeinsamer Nenner die Islamfeindlichkeit ist. Für ihre Kämpfe vor Gerichten erhalten sie über das „Legal Project“ Geld – auch in Europa. So unterstützte das Forum etwa die Österreicherin Elisabeth Sabaditsch-Wolff, die Anfang 2019 vor dem Europäischen Gerichtshof für Menschenrechte gegen eine Verurteilung klagte.

Sabaditsch-Wolff war in Österreich wegen „Herabwürdigung religiöser Lehren“ verurteilt worden, weil sie im Jahr 2011 behauptet hatte, der Prophet Mohammed sei pädophil gewesen. Sie ging anschließend in Berufung durch alle Instanzen, verlor aber auch vor dem europäischen Gericht. Im Urteil machte das Gericht deutlich, dass Sabaditsch-Wolff „zu Unrecht davon ausgegangen“ sei, „dass unzulässige Angriffe auf religiöse Gruppen toleriert werden müssten, auch wenn sie auf falschen Tatsachen beruhen“. Im Gegenteil stellte das Gericht fest, dass Aussagen, die auf offensichtlich falschen Tatsachenbehauptungen beruhen, nicht den Schutz der Meinungsfreiheit genießen.

Sabaditsch-Wolff blieb auch nach dem Urteil uneinsichtig und kämpferisch. Das Forum zitiert ihr Lob für das Legal Project mit den Worten: „Ich hätte nicht so weit kommen können ohne seine Unterstützung. Ich habe die Hoffnung, dass es eines Tages kein Legal Project mehr braucht, weil das bedeuten würde, dass die Rechtsstaatlichkeit zurückgekehrt wäre.“

„Das Middle East Forum meint“, schrieb uns der Thinktank auf Anfrage, „dass eine robuste öffentliche Diskussion über den Islam, Islamismus und ähnliche Themen nötig ist für das Überleben der westlichen Zivilisation.“ Daher kämpfe das Forum gegen negative Sanktionen wegen der Äußerung kritischer Ansichten, seien es Haftstrafen oder Kontosperren in Sozialen Netzwerken. „Das Forum unterstützt keine bestimmten Standpunkte, sondern lediglich das Recht, jeden Standpunkt zu vertreten.“

Verfahren, bei denen es um Reizthemen geht, lösen immer Lawinen aus: Der Rechtsstreit von Sabaditsch-Wolff erhielt in Deutschland viel Aufmerksamkeit von AfD-Politikern und Webseiten wie *Journalistenwatch*, deren Äußerungen und Berichte wiederum aufgegriffen und weiterverbreitet wurden. Der AfD-Politiker Martin Sichert ließ sich etwa auf Facebook über das Urteil gegen Sabaditsch-Wolff aus und überspitzte es. Jetzt sei „Islam-Kritik verboten!“, meinte er. Die Webseite *Politikstube* griff Sicherts Beitrag auf und strickte daraus einen Fake-News-Artikel, der viral ging.

AfD-Politiker Martin Sichert schreibt zum Urteil gegen Sabaditsch-Wolff, überspitzt es und schimpft zu Unrecht, jetzt sei „Islam-Kritik verboten!".
(Screenshot: CORRECTIV)

Zuvor hatte das Middle East Forum den britischen Rechtsextremen Tommy Robinson unterstützt – dem *Guardian* zufolge mit 60.000 US-Dollar. Robinson war verurteilt und inhaftiert worden, weil er gegen die Auflagen eines Gerichts über ein laufendes Verfahren gegen eine Gruppe von Muslimen berichtet hatte. Auch dieser Fall erfuhr politische und mediale Aufmerksamkeit in der deutschen und europäischen Neuen Rechten.

Noch früher, im Jahr 2010, hatte der niederländische Politiker Geert Wilders Geld über das Middle East Forum bekommen, als er wegen Volksverhetzung gegen Muslime vor Gericht gestanden hatte. Wilders gewann das Verfahren. Damals erklärte Pipes seine Beweggründe für die Unterstützung in einer Kolumne für die *Welt*: „Wilders (46), Gründer und Kopf der Freiheitspartei (PVV), ist ein konkurrenzloser Anführer derjenigen Europäer, die ihre historische Identität beizubehalten wünschen." Er nominiere den niederländischen Politiker für den Titel „wichtigster heute lebender Europäer", schreibt Pipes und weiter: „Das mache ich, weil er zur islamischen Herausforderung, der der Kontinent sich gegenüber sieht, am besten positioniert ist. (…) Die islamische Herausforderung besteht aus zwei Komponenten: auf der einen Seite dem dahinschwindenden christlichen Glauben einer indigenen Bevölkerung mit inadäquater Geburtenrate und kulturellen Unterschieden, auf der anderen Seite einem Zustrom von strenggläubigen, fruchtbaren und kulturell durchsetzungsfähigen muslimischen Einwanderern."

Eine fremde Population, die aufs eigene Territorium drängt und sich dort schnell vermehrt. Diese Sprache entmenschlicht Muslime. Und das passt ins Bild. Denn betrachtet man all die genannten Fälle, bei denen Pipes Unterstützung gewährte, zeichnet sich ein Plan ab: Ihm scheint es darum zu gehen, Grenzen aufzuweichen und stetig zu verschieben – das, was über den Islam und Muslime gesagt werden kann, auszuweiten. Medial flankiert wird die Strategie von Webseiten wie *Journalistenwatch*.

Jouwatch selbst schreibt über Pipes: „Politisch wird Daniel Pipes im allgemeinen bei den US-Republikanern einsortiert, vom deutschen Polit- und Medienmainstream wird er karikiert als Islamfeind und selbst dafür angefeindet, daß er zivilisationistische Parteien, Medien und Organisation unterstützt, die vom linkspopulistischen Mainstream für gewöhnlich als ‚Rechtspopulisten' tituliert werden. ‚Zivilisationistisch' ist eine Wortschöpfung Pipes', die den Sachverhalt exzellent beschreibt."

Unter dem Artikel sammeln sich die Leserkommentare: „Für den Fall, dass man unseren ungebetenen Gästen das bis dato in meinen Augen sowieso völlig grundlos gezahlte Geld vorenthält", schreibt Edel Traud, „sehe ich, bevor die hier – wenn überhaupt – freiwillig das Feld räumen, marodierende Horden durch unsere Straßen ziehen und an unsere Wohnungstüren ‚klopfen'. Wie das dann aussieht, hat man sich in verschiedenen YT-Videos ja schon zu Gemüte führen können!" Ein anderer Kommentator weiß: „Das größte Problem bei Abschiebungen ist heute, dass jedes mal völlig durchgeknallte Antideutsche mit allen illegalen Mitteln versuchen, ihre Umsatzbringer im Land zu lassen. Deshalb halte ich die Zerschlagung der milliardenschweren Antiabschiebeindustrie für das dringendste Problem." Und Starost gibt zum Besten: „Wie man die wieder losbekommt, die ‚bis dahin' in Europa geboren wurden? Das wissen wir, denke ich, alle, nur dürfen wir es halt vorläufig nur denken."

EIN NETZWERK GEGEN DIE ISLAMISCHE BEDROHUNG

Pipes baut unablässig an seinem Bedrohungsszenario. Wie kritisch er die aktuelle und zukünftige Situation in Europa einschätzt, erzählt er in einem Video, das das Gatestone Institute im Juli 2016 auf Youtube veröffentlichte. Pipes spricht zum Thema „Jihad awakens in Europe". Er entwirft darin Szenarien, wie es mit dem Islam in Europa weitergehen könnte. Er meint, Scharia, Koran und Minarette würden sich weiter vermehren. Am Ende werde das „in einer Übernahme des Islams von Europa" gipfeln.

Europa werde eine Erweiterung Nordafrikas, dann gebe es „Londonistan“ oder die „Islamische Republik Frankreich“ – Europa werde zu „Eurabia“.

Das Video ist Teil einer ganzen Serie. Ermöglicht hat sie das Middle East Forum, der *Breitbart*- und Trump-Unterstützer Robert Mercer trat als Finanzier auf. In einem anderen Video der Reihe spricht Geert Wilders. Es bleibt ein Geben und Nehmen in den Kreisen der globalen Rechten.

Der europäischen Neuen Rechte scheint Pipes mit seinen Theorien zu imponieren, er unterhält zumindest regen Kontakt zu Politikern mit ähnlicher Gesinnung. Dabei helfen auch rechtsextreme Medien. Wie *Rebel News*, eine Nachrichtenseite aus Kanada, die sich offen antimuslimisch positioniert und manchmal als Kanadas Version von *Breitbart News* bezeichnet wird. Die Macher von *Rebel News* hatten zusammen mit dem Gatestone Institute die Videos produziert. Im Sommer 2019 planten sie eine gemeinsame Kreuzfahrt durch Europa. Mit an Bord sollten – neben Pipes und Tommy Robinson – auch Politiker der AfD, der FPÖ und von Viktor Orbans Partei Fidesz sein. Nach Beschwerden von österreichischen Städten, die das Boot nicht landen lassen wollten, wurde die Fahrt abgesagt.

Das Middle East Forum verteilt unter Pipes sein Geld an Stiftungen und Medien, die seiner Ideologie entsprechen. Dass es auch die deutsche Webseite *Journalistenwatch* finanziell unterstützt, gab das MEF 2017 auf seiner Webseite bekannt. Für 75 „Gruppen und Individuen“ – darunter *Journalistenwatch* – seien jährlich zwei Millionen US-Dollar bereitgestellt. Wie viel Geld davon an *Journalistenwatch* geht, ist nicht bekannt und lässt sich auch nicht Dokumenten der US-Steuerbehörde entnehmen, die CORRECTIV vorliegen. Würden die zwei Millionen aus dem MEF-Fördertopf gleichermaßen verteilt, könnte es sich um rund 26.600 US-Dollar im Jahr handeln. „Einmal im Jahr überweist das Forum einen kleinen Betrag“, wird Thomas Böhm, einer der Gründer von *Jouwatch*, in dem Buch „Netzwerk der Neuen Rechten“ von 2019 zitiert. Die Summe sei aber nicht der Rede wert, mehr Geld nehme er durch „Werbung und Spenden“ ein.

Pipes und Böhm kennen sich laut Recherchen von *Zeit Online* seit 2011, Pipes nahm damals an der Gründung von Böhms rechter Partei „Die Freiheit“ teil, die mittlerweile aufgelöst wurde. *Journalistenwatch* und Pipes halten über Jahre engen Kontakt.

In den vergangenen Jahren hat sich *Journalistenwatch* zu einem der Leitmedien der Neuen Rechten in Deutschland entwickelt. Wohlwollend wird hier über die AfD berichtet – und vor der EU-Wahl auch für sie geworben –, rechte Narrative wie das der „Umvolkung“ werden gestärkt oder Theorien verbreitet, wonach die Berichterstattung über das Ibiza-Video, das 2019 Ermittlungen wegen Korruption gegen den damaligen österreichischen Vizekanzler Heinz-Christian Strache losgetreten hatte, ein linker „Staatsstreich“ sei. Gastautoren wie Martin Sellner, Österreich-Chef der sogenannten Identitären Bewegung, schreiben diesbezüglich bei *Journalistenwatch* von einer „neuen, brutalen Phase der Zersetzung“.

Bundestagsdebatte: AfD-Brandner macht Steinmeier platt

16. Mai 2019 Aktuell, Inland 89

Was für ein schönes Ding von der AfD. Aber die entsetzten Reaktionen waren zu erwarten. Die Wahrheit kann im Bundestag kaum einer ertragen:

„Weiter so, AfD“, heißt es in dem *Jouwatch*-Artikel von Mai 2019. „Nur so geht das. Steinmeier ist eben nicht ‚unser aller‘ Staatsoberhaupt.“ (Screenshot: CORRECTIV)

Immer wieder finden sich Falschmeldungen auf der Seite – viele von ihnen hat CORRECTIV bereits in Faktenchecks **widerlegt**.

Übrigens: In Deutschland hilft ein Blick ins Impressum, um einschätzen zu können, ob eine Internetseite seriös ist oder nicht. Fake-News-Seiten wie *Journalistenwatch* geben deshalb in ihrem Impressum häufig ausländische Adressen an, z. B. in Uruguay, Montenegro oder Ungarn. Es ist ein Trick, um sich der deutschen Justiz zu entziehen. Wir haben die Praxis genauer beleuchtet.

Die Artikel funktionieren in den Sozialen Netzwerken. Mit ihrer Sprache, den Aufmachern und den Narrativen spielen die Macher mit Emotionen und feuern sie an. Überdurchschnittlich häufig werden Links von *Journalistenwatch* auf Netzwerken wie Facebook geteilt, Multiplikatoren sind immer wieder AfD-Politiker oder offizielle Seiten von AfD-Landes- oder Kreisverbänden. *Journalistenwatch* ist ein wichtiger Player in dem Zusammenspiel zwischen deutscher und amerikanischer rechter Szene. Der Blog beruft sich in seinen Veröffentlichungen etwa regelmäßig auf Artikel des amerikanischen Gatestone Institute.

Das Gatestone Institute schreibt über sich selbst, es sei ein „internationaler, parteiunabhängiger und gemeinnütziger Expertenrat und Thinktank", der die Öffentlichkeit über Angelegenheiten unterrichten wolle, „über die die Mainstream-Medien nicht berichten". Inhaltlich lässt sich dieser Vorsatz in der Praxis meist mit einem Satz zusammenfassen: Es wird Angst vor dem Islam geschürt.

Die Gatestone-Webseite veröffentlicht Artikel in 16 Sprachen. Immer wieder sind darunter auch Falschmeldungen. Russische Staatsmedien zitieren Veröffentlichungen von Gatestone als vermeintlich seriöse Quellen oder übernehmen Originaltexte und Übersetzungen eins zu eins. Ebenso viele rechte Seiten in Europa – zum Beispiel in Großbritannien, Frankreich, den Niederlanden oder Kroatien. Im deutschsprachigen Raum sind dies neben *Journalistenwatch* weitere einflussreiche Seiten wie *Philosophia Perennis*, *PI-News*, *Epoch Times* und *Unzensuriert*. Das Institut liefert so die Basis für europaweite Desinformation.

2017 verbreitete das Gatestone Institute beispielsweise die Falschmeldung, die Stadt Hamburg habe damit begonnen, Wohnungen für Flüchtlinge zu beschlagnahmen. Journalistenwatch übernahm die Meldung. Wir veröffentlichten damals einen Faktencheck dazu.

Auch FPÖ-Politiker Harald Vilimsky teilte die Falschmeldung des Gatestone Institute. (Screenshot: CORRECTIV.Faktencheck)

DIE GELDGEBER IM HINTERGRUND

Um zu verstehen, welche Agenda das Gatestone Institute verfolgt und welchen Einfluss es genießt, sind drei Personen zentral: Nina Rosenwald, John Bolton und Rebekah Mercer.

Nina Rosenwald gründete das Gatestone Institute im Jahr 2008. Vorübergehend firmierte es auch unter den Namen Hudson New York und Stonegate Institute. Die Erbin einer Kaufhauskette finanziere Gatestone „größtenteils“, berichtete *The Intercept* im März 2018. Während sich ihre Familie während des Zweiten Weltkrieges für jüdische Flüchtlinge eingesetzt habe, stelle sie nun Mittel für „eine Reihe von Maßnahmen zur Verunglimpfung von Muslimen“ bereit.

Rosenwald steht hinter der Familienstiftung The Abstraction Fund. Über diese Stiftung finanzierte Rosenwald das Gatestone Institute von 2014 bis 2016 mit mindestens 2.015.000 Dollar (2014 mit 1.015.000 Dollar, 2015 mit 550.000 Dollar und 2016 mit 450.000 Dollar). Auch das Middle East Forum bekam von The Abstraction Fund zwischen 2014 und 2016 mindestens 792.000 Dollar (2014 331.000 Dollar, 2015 260.000 Dollar und 2016 201.000 Dollar). Das geht aus öffentlichen Steuerdokumenten hervor.

Der rechte Hardliner John R. Bolton war ab 2013 bis zu seiner Ernennung zum Sicherheitsberater Donald Trumps im Jahr 2018 Vorsitzender des Gatestone Institute. Seine von Robert Mercer mitfinanzierte Lobbygruppe „John Bolton Super PAC" war laut Recherchen der *New York Times* einer der ersten Kunden von Cambridge Analytica. Bolton gilt in seinem politischen Tun als „Kriegstreiber". Seinen ersten Regierungsposten hatte er unter George W. Bush, damals drängte Bolton auf den Einmarsch in den Irak.

Wer heute die Webseite des Gatestone Institute besucht, findet dort keine Informationen zu den Vorstandsmitgliedern. Lediglich die Präsidentin Nina Rosenwald und die Vizepräsidentin Naomi H. Perlman sind namentlich angegeben. Der Investigativjournalist Eli Clifton berichtet auf dem Blog *LobeLog*, das Institut habe die Liste der Vorstandsmitglieder offline genommen, nachdem die *LobeLog*-Redaktion eine Anfrage zu der dort gelisteten Rebekah Mercer gestellt habe. Eine am 9. April 2017 archivierte Version der Gatestone-Seite zeigt ihren Namen noch.

Über die Mercer Family Foundation unterstützten die Mercers das Gatestone Institute zwischen 2014 und 2017 mit mindestens 450.000 Dollar (2014 mit 50.000 Dollar, 2015 mit 100.000 Dollar, 2016 mit 100.000 Dollar und 2017 mit 200.000 Dollar).

Das Gatestone Institute ist ein weiteres Beispiel dafür, wie die Mercers mit ihrem Geld den gesellschaftlichen Frieden unter Beschuss nehmen. Dabei rüsten sie über das Institut nicht nur Blogs wie *Jouwatch* in Deutschland auf, sie unterstützen auch gezielt Rechtspopulisten wie die AfD.

2018 – 2021: DESINFORMATION UND DEUTSCHE POPULISTEN

GATESTONE INSTITUTE
INTERNATIONAL POLICY COUNCIL

Über Uns | Autoren | Archiv

Deutschlands Migranten-Vergewaltigungskrise: "Versagen des Staates"

von Soeren Kern
12. Juni 2018

Englischer Originaltext: Germany's Migrant Rape Crisis: "Failure of the State"
Übersetzung: Stefan Frank

- "Susanna ist tot. Maria aus Freiburg; Mia aus Kandel; Mireille aus Flensburg; und jetzt Susanna aus Mainz...." — Alice Weidel, Co-Vorsitzende der AfD.
- "Susannas Tod ist kein blinder Schicksalsschlag. Susannas Tod ist die Folge jahrelanger organisierter Verantwortungslosigkeit und eklatanten politischen Versagens in der Asyl- und Einwanderungspolitik. Susanna ist das Opfer einer linken Multikulti-Ideologie, die über Leichen geht, um die eigene moralische Überlegenheit zu inszenieren" — Alice Weidel.
- "Am Tag, als Susannas Leiche gefunden wurde, behauptete Kanzlerin Merkel, sie habe in der Flüchtlingskrise verantwortungsvoll gehandelt. Wagen Sie, das auch den Eltern von Susanna zu sagen, Frau Merkel? — Alice Weidel.

Ein Geben und Nehmen: AfD-Politiker und AfD-nahe Gruppen verbreiten regelmäßig Artikel des Gatestone Institute in den Sozialen Netzwerken. (Screenshot: CORRECTIV)

Sucht man auf der Seite des Gatestone Institute nach dem Begriff „AfD“, erscheinen Artikel, deren Titel die ganze Bandbreite rechter Narrative abdecken: von der „Islamisierung Weihnachtens“ über „Migranten-Vergewaltigungskrise“ und „Massenvergewaltigungen“ bis zur „Migranten-Revolution“ oder „Anti-Establishment-Bewegung“. In den Artikeln wird mehr als prominent die deutsche Antiimmigrationspartei Alternative für Deutschland zitiert.

Zum Beispiel 2018. Damals berichtete ein Artikel des Gatestone Institute über „,Deutschlands Vergewaltigungskrise‘ (...), die, begleitet von staatlicher Komplizenschaft und öffentlicher Apathie, seit Jahren unvermindert weitergeht“. Tausende von Frauen und Kindern seien in Deutschland vergewaltigt oder sexuell genötigt worden, „seit Bundeskanzlerin Angela Merkel mehr als eine Million zumeist männliche Migranten aus Afrika, Asien und dem Nahen Osten willkommen hieß“. Die Verbrechen deckten zudem „die grobe Nachlässigkeit von Deutschlands politischer Klasse auf, die mehr damit beschäftigt zu sein scheint, den Multikulturalismus und die Rechte von sich wie Raubtiere gebärdenden Migranten zu wahren, als deutsche Frauen und Kinder vor diesen zu schützen“. AfD-Frontfrau Alice Weidel wird in dem Artikel mit mehr als 2.300 Zeichen wörtlich zitiert, das entspricht der Länge eines Aufmachertextes in einer Tageszeitung.

„Die Gatestone-Beiträge, die oft ins Deutsche übersetzt werden, werden regelmäßig von AfD-Politikern und AfD-nahen Gruppen in den sozialen Medien verbreitet“, schreibt *The Intercept*. Das diene dazu, „den Kreuzzug zu rechtfertigen, den die Partei gegen die Flüchtlingspolitik der offenen Tür von Bundeskanzlerin Angela Merkel führt“. In der Deutschland-Berichterstattung greife die Gatestone-Webseite immer wieder das Thema Einwanderung auf. Es seien Geschichten „über Migranten, die deutsche Frauen vergewaltigen, Behauptungen, dass Migranten ‚hoch ansteckende Krankheiten‘ nach Deutschland bringen und Muslime ganze deutsche Stadtteile in ‚No-Go-Zonen‘ verwandeln, in denen die örtliche Polizei die Kontrolle verloren hat“. Ein Großteil der Geschichten sei falsch oder sensationslüstern. „Gatestone-Artikel werden auch regelmäßig von rechtsextremen deutschen Blogs und Webforen übernommen, die bei der AfD-Basis beliebt sind“, heißt es in dem Artikel von The Intercept weiter.

Das Gatestone Institut macht aus seiner Strategie kein Geheimnis: „Es gibt ziemlich viele Nachrichten, ziemlich schockierend, oft mit Vergewaltigung oder Gewalt und Einwanderern“, sagte Timon Dias der *Washington Post* im März 2017. Dias gründete zu dieser Zeit den Ableger **Gatestone Europe**. „Wir wollen, dass die Menschen erfahren, was in Europa passiert, und dementsprechend wählen.“

Wen die Menschen wählen sollen, ist offensichtlich.

Obwohl sich Seiten wie *Jouwatch* und *Philosophia Perennis* in den Chor der Coronaleugner oder Impfgegner einreihten, verloren rechtsextreme Medien während der Pandemie deutlich an Reichweite. Mehr als 25 Vertreter der Szene haben sich deswegen zu einem Bündnis „Europäische Medienkooperation“ zusammengeschlossen. Mit dabei auch das Gatestone Institute.

DIE SPITZENPROVOKATEURE

Für politische Parteien sind Soziale Netzwerke ein Segen. Sie können über die Plattformen direkt zu ihren Wählerinnen und Wählern sprechen. Den Umweg über die Presse brauchen sie nicht mehr. Dass die Parteien dabei manipulative Methoden für ihre Zwecke einsetzen, gehört zur Politik – gerade beim Wahlkampf. Allerdings falle „durch die direkte Kommunikation der Parteien" auch „die Einordnung und Hintergrundberichterstattung durch Journalisten weg", sagt der Kommunikationswissenschaftler Alexander Sängerlaub. Die Beiträge der Parteien seien häufig nicht neutral und nicht nach journalistischen Standards gemacht. Aber auch Gerüchte, Falschinformationen und Hetze finden so Verbreitung, wie Recherchen von CORRECTIV.Faktencheck belegen. Eine Partei scheint dabei schmerzfreier zu sein als die anderen.

„Ohne Facebook, glaube ich, wäre die AfD nicht so schnell so erfolgreich geworden", sagte 2017 der Pressesprecher der AfD-Bundestagsfraktion, Marcus Schmidt. Damals belegte die AfD mit deutlichem Abstand den Spitzenplatz in der Parteienlandschaft auf Facebook. Auch bei der Bundestagswahl vier Jahre später lagen die Rechtspopulisten in vielen Sozialen Netzwerken vorn. Besonders mit Alice Weidel könne die AfD im Netz punkten, schreibt die *Deutsche Welle*. Vom 1. Juni bis zum 15. August 2021 wertete die Redaktion Beiträge ausgewählter Politiker und Parteien in den Sozialen Netzwerken aus, und zwar auf Facebook, Instagram, Youtube und Twitter. Verglichen wurden etwa die „Zahlen der Videoviews oder die Interaktionen der Nutzer mit den Angeboten". Das Ergebnis: „Die mit Abstand erfolgreichste deutsche Politikerin im Netz ist die Spitzenkandidatin der AfD, Alice Weidel (…), ihre Videos wurden im beschriebenen Zeitraum rund 4,9 Millionen Mal in den sozialen Medien aufgerufen." Weidel schlage die Konkurrenz auch um Längen, wenn es um das Teilen und Kommentieren der Beiträge gehe.

Grell, überdreht und laut: der Facebook-Fotoordner der Bundes-AfD.
(Screenshot: CORRECTIV)

Der Erfolg der AfD ist dabei eng mit der Funktionsweise der Plattformen verknüpft. „Es liegt daran, dass sie auf Provokation setzen", sagt der Politikberater Martin Fuchs. Die AfD weiß an den entscheidenden Stellschrauben der Sozialen Netzwerke zu drehen, um Reichweiten zu erzielen: Sie spielt mit den Gefühlen der Bürgerinnen und Bürger und facht Konflikte an. „Die Öffentlichkeit auf Social-Media-Plattformen ist eine Extremform der Aufmerksamkeitsökonomie", sagt Kommunikationsberater Johannes Hillje. „Es gibt eine Affinität zwischen Social-Media-Algorithmen und rechtspopulistischer Polarisierung und Emotionalisierung." Hillje hat für sein Buch „Das ‚Wir' der AfD" die Strategie der Partei im Netz analysiert. Er warnt davor, dass die Partei mittels eines eigenen Medienapparats eine „radikal rechte ‚Desinformationsgesellschaft'" schaffen wolle.

Schreckensmeldungen und Desinformation gehören von Anfang zu den Kampagnen der AfD. Darin liegt ein wahltaktisches Kalkül. „Je schlechter es Deutschland geht, desto besser für die AfD", sagte Anfang 2020 Christian Lüth, damaliger Sprecher der AfD-Fraktion, einer Youtuberin. Das Gespräch wurde undercover für die *ProSieben*-Recherche „Deutsch, rechts, radikal" aufgezeichnet. „Das ist natürlich scheiße, auch für unsere Kinder. Aber wahrscheinlich erhält uns das." Wenn jetzt alles gut laufen würde, sagte Lüth, „dann wäre die AfD bei drei Prozent. Wollen wir nicht. Deshalb müssen wir uns eine Taktik überlegen zwischen: Wie schlimm kann es Deutschland gehen? Und: Wie viel können wir provozieren?“

Auch auf Youtube ist die AfD mit ihrer Strategie erfolgreich. Für den Kommunikationswissenschaftler Alexander Sängerlaub nicht überraschend. Er hat für den Berliner Thinktank Stiftung Neue Verantwortung die Nutzung von Sozialen Netzwerken durch verschiedene Wählergruppen untersucht. „Die Wähler der AfD haben den Eindruck, wahre Informationen nur direkt von der Partei zu bekommen oder über der Partei nahestehende Angebote und auf alternativen Medienplattformen“, sagt Sängerlaub. Auch das scheint zum politischen Kalkül der Partei zu gehören. Die Angriffe auf das öffentlich-rechtliche Rundfunksystem, die Lügenpresse-vorwürfe, das Abrackern an der vermeintlichen Meinungsdiktatur – all diese Narrative schüren das Misstrauen gegen klassische Medien.

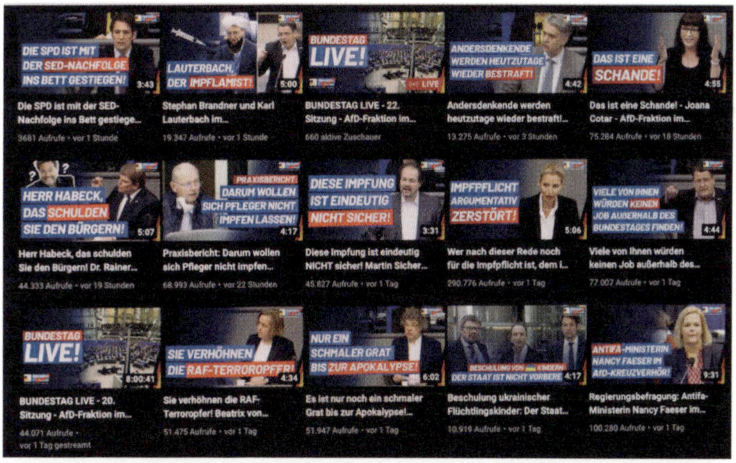

Provokante Sätze und ein Ausrufezeichen nach jeder Überschrift: Die AfD hat begriffen, wie Youtube funktioniert. (Screenshot: CORRECTIV)

Wird die Öffentlichkeit von Informationsflüssen ausgeschlossen und fehlt das Korrektiv durch unabhängige Journalisten, kann eine Demokratie schnell an einem ähnlichen Punkt gelangen wie Großbritannien beim Brexit-Referendum oder die USA zur Trump-Wahl. Wir erinnern uns: Da damals Dark Ads nur in den Newsfeeds ausgewählter Zielgruppen erschienen und sie niemand sonst zu Gesicht bekam, konnten Aggressoren im Verborgenen Menschen gezielt manipulieren.

Schauen wir uns also die Wahlwerbung der deutschen Parteien auf Facebook etwas genauer an.

DIE AUSGANGSLAGE UND EINE AUSNAHMEREGELUNG

„Facebook verbietet Werbeanzeigen, die falsche Behauptungen enthalten, die von externen Faktenprüfern aufgespürt wurden oder unter Umständen auch von Organisationen mit besonderer Fachkompetenz aufgedeckt wurden" – so klar formuliert es das Unternehmen in seinen Werberichtlinien. „Werbetreibende, die wiederholt Informationen verbreitet haben, die als falsch gelten, müssen unter Umständen damit rechnen, dass sie nicht uneingeschränkt auf Facebook werben dürfen."

Erst nach dem Brexit-Referendum und nach den Wahlen in den USA 2016 hat Facebook ein Anzeigenarchiv eingeführt, um Werbeformen wie Dark Ads und Microtargeting transparenter zu machen. Diese sogenannte **Werbebibliothek** archiviert nun seit 2018 alle Anzeigen auf Facebook inklusive politischer Anzeigen für sieben Jahre. Zu finden sind in dem Archiv sowohl aktive Anzeigen – also solche, die aktuell gerade Menschen angezeigt werden – als auch inaktive, bereits abgelaufene Anzeigen. Das ist ein guter Schritt.

Nachdem ich das erste Mal die Werbebibliothek von Facebook geöffnet hatte, fehlte mir eine Stunde. Einfach weg. Zu groß war meine Neugier: Was hat Christian Lindner in den Timelines potenzieller Wählerinnen und Wähler verbreitet, was Annalena Baerbock? Womit präsentiert sich der kommunale Kandidat von Die Rechte oder der Tierschutzpartei? Hier kannst du spionieren.

Allerdings: Die Werbebibliothek archiviert Anzeigen nicht rückwirkend, alles vor 2018 bleibt im Dunkeln. Die Anzeigen aus Trumps Wahlkampfbüro oder den Brexit-Kampagnenschmieden hat Facebook nie veröffentlicht. Hinzu kommt: Anzeigen von Politikerinnen und Parteien lässt Facebook grundsätzlich nicht einem Faktencheck unterziehen. Das heißt, Faktenchecker können nicht über Facebook falsche Informationen in politischen Anzeigen kennzeichnen und sie mit einer Gegenrecherche verknüpfen. Somit können Politikerinnen und Politiker ungehindert Desinformation verbreiten. Der Facebook-Konzern Meta scheint darin kein Problem zu sehen.

Und er liefert auch eine verklausulierte Rechtfertigung für sein Verhalten: „In reifen Demokratien, in denen Pressefreiheit herrscht, werden keine

Äußerungen so sehr unter die Lupe genommen wie politische Äußerungen", schreibt Facebook in den „Richtlinien zur Faktenprüfung". Politische Meinungsäußerung einzuschränken würde „dazu führen, dass Bürgerinnen und Bürger weniger über die Meinungen ihrer gewählten Regierungsbeamten informiert wären und sich Politiker weniger für ihre Äußerungen verantworten müssten".

Zu politischen Anzeigen zählt Facebook Wahlwerbung, Anzeigen von Politikern, Kandidatinnen für ein öffentliches Amt oder Parteien, aber auch Anzeigen zu „politisch oder gesellschaftlich relevanten Themen". Und darunter kann recht viel gefasst werden.

FÜNF BEISPIELE FÜR FAKE NEWS ÜBER POLITISCH RELEVANTE THEMEN

Die „Test-Epidemie“: Am 23. März 2021 schaltete die AfD-Landtagsabgeordnete Claudia Papst-Dippel aus Hessen eine Anzeige mit der Aussage: „Wir leben in einer Test-Epidemie!“ Darin behauptet sie fälschlich, es gebe keine zweite Coronawelle, sondern nur mehr Fälle, weil mehr getestet werde.

Das Narrativ der „Test-Epidemie“ hatte Papst-Dippel bereits in einer Anzeige am 8. Oktober 2020 verbreitet, mit einer falschen Interpretation eines Artikels der *New York Times* über angeblich 90 Prozent falsch-positive PCR-Tests.

Eine Anzeige der AfD-Landtagsabgeordneten Claudia Papst-Dippel aus Hessen vom 8. Oktober 2020, archiviert in der Werbebibliothek von Facebook.
(Screenshot: CORRECTIV)

Die PCR-Lüge: Der AfD-Politiker Robert Farle aus Sachsen-Anhalt schaltete Ende Februar und Anfang März 2021 gleich dreimal dieselbe Anzeige mit einem Video einer Rede, die er im Landtag gehalten hatte. Er behauptete darin, die WHO habe bestätigt, dass ein PCR-Test „allein Infektionen nicht feststellen kann“. Das stimmt nicht – die WHO hat so etwas nicht bestätigt. Farle gab lediglich eine weitverbreitete Fehlinterpretation einer WHO-Mitteilung an Laborpersonal wieder. Etwa 400 bis 499 Euro gab der Politiker laut Facebook für die drei Anzeigen aus; sie wurden rund 125.000 bis 150.000 Mal Menschen in dem Sozialen Netzwerk angezeigt.

AfD-Politiker Robert Farle ist recht umtriebig, was die Werbung auf Facebook anbelangt: In zweieinhalb Jahren gab er fast 100.000 Euro für Anzeigen aus.
(Screenshot: CORRECTIV)

Eine „mittelschwere Grippe": Am 25. Januar 2021 bezeichnete die AfD-Fraktion Sachsen-Anhalt in einer Facebook-Anzeige die Behauptung „Covid-19 bewegt sich auf dem Niveau einer mittelschweren Grippe" als „belegbare Aussage". Das ist falsch; im Gegenteil gibt es zahlreiche Belege dafür, dass das Coronavirus gefährlicher ist als die saisonale Grippe.

Eine Anzeige der AfD-Fraktion Sachsen-Anhalt vom 25. Januar 2021, archiviert in der Werbebibliothek von Facebook. (Screenshot: CORRECTIV)

An dieser Stelle sei angemerkt: Bei den meisten dieser Werbeanzeigen existierte unser Faktencheck über die Behauptung schon, bevor die Anzeige geschaltet wurde. Allerdings lässt es Facebook nicht zu, dass Desinformation in politischen Anzeigen mit Faktenchecks verknüpft wird. Das ist bei Privatpersonen anders: Teilen sie einen fragwürdigen Inhalt, zu dem bereits ein Faktencheck existiert, sollte er automatisch angezeigt werden.

IMPFKRITIK DURCHS WERBEFENSTER

Im Laufe der Pandemie verschärfte Facebook seine Richtlinien. Seit Anfang 2021 verbietet das Unternehmen sämtliche Falschinformationen über alle Arten von Impfungen. Anfang Mai 2021 recherchierte die *BBC*, Facebook entferne Seiten und Gruppen, die die Impfbereitschaft mit ihren Beiträgen absichtlich schwächten – unabhängig davon, ob die Informationen falsch seien oder nicht. Mitte September 2021 hat Facebook dann auf seinen Plattformen knapp 150 Konten und Gruppen gelöscht, die das Unternehmen der Querdenker-Bewegung zuordnete. Facebook erklärte, es sei weltweit die erste gezielte Aktion, die sich gegen eine Gruppierung richte, die eine „koordinierte Schädigung der Gesellschaft“ hervorrufe. Im Dezember 2021 ging Facebook abermals gegen eine Impfgegnergruppierung vor und löschte nach eigenen Angaben Konten in Frankreich und Italien.

Diese Konsequenz zeigt Facebook anscheinend nicht gegenüber allen Akteuren auf seiner Plattform. In der Werbebibliothek fanden unsere Faktenchecker mehrere politische Anzeigen, die dazu geeignet sind, Menschen von der Covid-19-Impfung abzuhalten. In zahlreichen Werbeanzeigen ist von einer „Zwangsimpfung" die Rede.

Die AfD-Bundestagsabgeordnete Birgit Malsack-Winkemann schaltete zum Beispiel regelmäßig Anzeigen, in denen sie suggerierte, die Impfung sei gefährlich und eine große Anzahl von Menschen sei daran gestorben. Am 5. Mai 2021 behauptete sie, der „Impf-Tod" sei „wahrscheinlicher als Tod durch Covid-19". Insgesamt hat die AfD-Bundestagsabgeordnete laut Facebook von April 2019 bis Mai 2021 mehr als 6.000 Euro für Anzeigen in dem Sozialen Netzwerk ausgegeben.

Übrigens: Malsack-Winkemann war Teil der militanten Reichsbürger-Verschwörergruppe um Heinrich XIII. Prinz Reuß, die einen Systemumsturz in Deutschland geplant hatte. Die AfD-Politikerin wurde am 7. Dezember 2022 während einer groß angelegten Razzia verhaftet, bei der mehr als 3.000 Beamte und Dutzende Spezialeinheiten im Einsatz waren. Zu den über 50 Beschuldigten gehörten neben Malsack-Winkemann weitere AfD-Politiker, ehemalige und ein aktiver Bundeswehrsoldat des KSK, Reservisten, Polizisten genauso wie eine Astrologin, ein Pilot, ein Starkoch, eine Ärztin und ein Tenorsänger. Die Verschwörer hatten sich in einem politischen und einem militärischen Arm organisiert. Während der Razzia stellten die Einsatzkräfte zahlreiche Waffen sicher, darunter Lang- und Faustfeuerwaffen, aber auch Schwerter und Armbrüste sowie mehrere Tausend Schuss Munition. Außerdem fanden sie Bargeld und über 100 Verschwiegenheitserklärungen – offenbar von Personen unterschrieben, die die Gruppe zusätzlich rekrutiert hatte. Der Plan umfasste, nach dem Umsturz 286 „Heimatschutzkompanien" zu bilden, die Festnahmen und Exekutionen durchführen sollten. Die Verschwörergruppe wähnte sich in einem epischen Kampf gegen die Armeen des „Deep State", die in unterirdischen „Hightech-Tunneln" aktiv seien, von denen das gesamte Bundesgebiet durchzogen sei. Das sind Versatzstücke von QAnon-Narrativen, einem amerikanischen Verschwörungsmythos, dem die Gruppe neben der Reichsbürger-Ideologie ebenfalls anhing.

Weil einige Mitglieder der Gruppe aus dem Ruhestand heraus agierten, verharmlosten AfD-Chefin Alice Weidel und ihr Parteikollege Björn Höcke die Umsturzpläne als „Rollator-Putsch". Malsack-Winkemann saß für die

AfD von 2017 bis 2021 im Deutschen Bundestag. Als sie festgenommen wurde, war sie Richterin am Landgericht Berlin und 58 Jahre alt.

Eine Anzeige der AfD-Bundestagsabgeordneten Birgit Malsack-Winkemann vom März 2021 zitiert das Vaccine Adverse Reaction System (VAERS) der USA – diese Datenbank enthält jedoch keine bestätigten Nebenwirkungen, sondern unverifizierte Meldungen. (Screenshot: CORRECTIV)

WAS IST MIT OFFEN EXTREMISTISCHEN WERBEANZEIGEN?

Vom Verbreiten von Desinformation zur ausgewachsenen Verschwörungstheorie und zu Umsturzgedanken ist es oft nur ein kurzer Weg. Manche politische Anzeigen, die auf Facebook freigeschaltet werden, enthalten nicht nur Falschinformationen, sondern stellen gleich unsere Demokratie infrage.

„Es kann nicht sein, dass Nazis uns mit ihren Grundrechten terrorisieren …" – so steht es in einem der Beispiele für Werbeanzeigen von *Die Rote Fahne.*
(Screenshot: CORRECTIV)

Zu Revoluzzertum neigt beispielsweise die Facebook-Seite *Die Rote Fahne*, die sich selbst „sozialistisches Magazin" nennt. Dass ihre revolutionären Ideen allein ziehen – darauf scheint die Seite aber nicht zu vertrauen. Regelmäßig schaltet sie politische Werbeanzeigen, die voll sind mit Desinformation und Aufrufen, das System zu stürzen. Manche ihrer Anzeigen hat Facebook entfernt, sehr viele aber auch nicht. In einer Anzeige, die nicht gesperrt wurde, heißt es: „Allein der Sturz des Regimes und dessen Ersetzung durch eine Regierung der Volksmacht wird demokratische Grundrechte, Frieden und soziale Gerechtigkeit herstellen können."

Die Pandemie scheint ein Grundgefühl zu befeuern, das die Seite vermittelt. Seit Corona wähnt sie sich im Kampf gegen eine Gesundheits- und Meinungsdiktatur. Mehrfach ist beim dritten Bevölkerungsschutzgesetz die Rede von einem angeblichen „Ermächtigungsgesetz". Außerdem verbreitet *Die Rote Fahne* **Falschbehauptungen**, wie „Die Corona-Grippe ist seit Wochen vorbei" (Mai 2020), „Das RKI hat bis heute keinen einzigen Corona-Toten nachgewiesen" (Dezember 2020) oder „Es gibt keine Pandemie, es ist ein faschistischer Putsch" (Februar 2021). Eine Werbeanzeige des sozialistischen Magazins zeigt das Bild eines gelben Sterns mit dem Wort „ungeimpft" darauf – dieses Symbol trugen oft auch Demonstranten gegen die Coronamaßnahmen. Der Antisemitismusbeauftragte der Bundes-

öchtest du einen Faktenheck lesen, den ich in dieem Abschnitt erwähnt habe? ib in der Google-Suchmaske infach „site:correctiv.org" in und ein Stichwort, z. B. Ermächtigungsgesetz", dann erden dir nur CORRECTIVrtikel angezeigt, in denen er Begriff vorkommt. Hier ndest du weitere Recherhetipps für die Googleache.

regierung, Felix Klein, forderte laut Medienberichten, dies als Relativierung des Holocaust zu verbieten.

Von April 2019 bis 10. Mai 2021 gab die Seite *Die Rote Fahne* laut Facebook mehr als 3.800 Euro für Anzeigen auf der Plattform aus.

DIE VERWUNDBARKEIT BLEIBT

All die Werbeanzeigen, die ich im vorigen Abschnitt aufgezählt habe – von der AfD bis zur *Roten Fahne* –, wurden auf Facebook regulär ausgespielt. Wir schickten die von uns recherchierten Beispiele für Desinformation und extremistische Aussagen an Facebook. Das Unternehmen teilte uns anschließend mit, die aktiven Anzeigen, die gegen die globalen Facebook-Leitlinien zum Thema Impfen verstießen, seien deaktiviert worden. Auf die Seite *Die Rote Fahne* ist das Unternehmen in seiner Antwort nicht eingegangen.

Bei vielen Themen bleibt unklar, wann Facebook politische Anzeigen deaktiviert und wann nicht. Eine klare Linie wird nicht deutlich. In der Werbebibliothek fanden wir manche Anzeigen zum Thema Corona, die gesperrt wurden, und sehr ähnliche Anzeigen, bei denen das nicht der Fall war. Eine Erklärung dafür lieferte Facebook auf unsere Anfrage hin nicht.

„Wir überprüfen keine Anzeigen von Politikern, solange sie nicht gegen unsere Community-Standards verstoßen", schrieb uns eine Facebook-Sprecherin auf Nachfrage. „In einer Demokratie sollten die Menschen entscheiden, was glaubhaft ist, nicht Technologiekonzerne." Deshalb sende Facebook auch keine Inhalte oder Anzeigen von Politikern an seine Faktencheck-Partner.

CORRECTIV-Faktencheckerin Uschi Jonas hält diese Ausnahmeregelung für fragwürdig: „Facebook hat beschlossen, das Faktenchecken nicht selbst übernehmen zu wollen, da sich der Konzern lediglich als Anbieter der Plattform sieht und nicht inhaltlich eingreifen will. Deshalb arbeitet Meta mit externen Redaktionen wie uns zusammen, die diese Arbeit übernehmen. Prinzipiell finde ich das erst einmal sinnvoll. Auf der anderen Seite will Meta aber nicht, dass Politiker:innen und Parteien gecheckt werden. Im Endeffekt sind Politikerinnen und Politiker aber Social-Media-Nutzende mit teilweise sehr großen Reichweiten, die Desinformation verbreiten können. Ich persönlich halte es für höchst problematisch, dass deren Beiträge nicht nicht als Falschmeldung markiert werden dürfen."

Denn: Ob die von Facebook beschworene kritische Öffentlichkeit bei Werbeanzeigen auf Facebook gut funktioniert, ist fraglich.

Wie groß das Problem ist, bewies eine Aktion von Jan Böhmermann zur Bundestagswahl 2021. Am 24. September 2021 veröffentlichte der *ZDF*-Entertainer in seiner letzten Sendung vor der Wahl unter dem Stichwort #TargetLeaks eine Auswertung politischer Werbeannoncen auf Facebook. Zusammen mit der britischen Transparenzinitiative Who Targets Me und mit der Hilfe von 17.451 Zuschauerinnen und Zuschauern waren zwischen April und September 2021 über 134.000 Facebook-Werbungen analysiert worden. Was dabei herauskam: Tausende Facebook-Werbungen sind im Archiv nicht erfasst.

Die ganze Recherche des *ZDF Magazin Royale* sowie die Sendung vom 24.09.21 kannst du dir hier anschauen.

Unter anderem zeigte die **Recherche** des *ZDF Magazin Royale* auf, wie widersprüchlich sich politische Akteure gaben. Sie sendeten stark unterschiedliche Aussagen an verschiedene Zielgruppen. Menschen mit „grünen" Interessen zeigte sich die FDP zum Beispiel als Partei, die sich für „mehr Klimaschutz" mithilfe eines staatlichen CO_2-Limits einsetze. Gegenüber der Zielgruppe „Vielreisende" vertrat die FDP dagegen die Aussage, dass es mit ihr keine „staatlichen Maßnahmen, Freiheitseinschränkungen oder Verbote" geben werde, wenn es um „große Herausforderungen wie den Klimawandel" gehe.

Wie soll Demokratie funktionieren, wenn sich eine Partei dem einen Wähler im grünen Gewand der Verkehrswende, dem anderen im gelben Rallye-Dress eines Rennfahrers zeigen kann und das keine öffentliche Debatte nach sich zieht? Wenn kleine chirurgische Korrekturen, größere Lügen oder umfassende Verschwörungsmythen durch das offene Werbefenster den persönlichen Raum eines jeden Einzelnen betreten und im Dunklen wirken können? Während ihrer Brexit-Untersuchungen warnte die Chefin der britischen Datenschutzbehörde ICO, Elisabeth Denham, in einem Brief das britische Unterhaus eindringlich vor den „systemischen Verwundbarkeiten" für demokratische Systeme, die sich durch den Einsatz personenbezogener Daten bei Wahlkämpfen und politischen Abstimmungen ergäben.

Das war 2020. Seitdem hat sich nicht viel getan.

2021: DIE BUNDESTAGSWAHL

„Es war im Frühjahr vor der Bundestagswahl 2021“, erzählt Alice Echtermann, „da ging ein Bild von Annalena Baerbock in ganz Deutschland extrem viral – so viral wie fast nichts, was wir bisher gesehen hatten. Ein dummes, kleines Foto, eine einfache Bilddatei, auf die jemand Text gesetzt hatte, damit sie ein bisschen so aussah wie ein rudimentärer Nachrichtenartikel, also Foto, Überschrift und Zitat. Die Botschaft: Annalena Baerbock will die ‚Witwenrente abschaffen‘. Grob zusammengefasst: ‚Heutzutage sind die Frauen emanzipiert. Wir brauchen so etwas wie die Witwenrente nicht mehr, weil Frauen nicht mehr von Männern abhängig sind. Also können wir das Geld von der Witwenrente stattdessen Flüchtlingen geben.‘“

„Das war so dermaßen plump und stumpf formuliert“, fährt Echtermann fort. „Das hätte Baerbock niemals so gesagt. Kein Politiker der Welt hätte sich hingestellt und das so gesagt. Für mich, für alle aus unserem Team war auf den ersten Blick klar: Das ist ein Fake. Da brauchen wir eigentlich nicht mal zu recherchieren, da brauchen wir nicht mal zu googeln. Haben wir nicht Wichtigeres zu tun? Doch dann wurde das Bild über alle Kanäle, von allen Seiten zu uns reingeschwemmt.“

Das Bild mit dem gefälschten Baerbock-Zitat wurde auf Facebook und Twitter verbreitet. (Screenshot: CORRECTIV)

Nicht nur mit dem Thema Witwenrente versuchte man im Bundestagswahlkampf, der noch eher unbekannten Grünen-Kandidatin Annalena Baerbock zu schaden. Auch frei erfundene Zitate, in denen sie ein Haustierverbot forderte, um CO_2 einzusparen, kursierten im Netz. Die Behauptungen trafen offensichtlich den richtigen Nerv.

„Das habe ich auch daran gemerkt", sagt Echtermann, „dass das Witwenrente-Bild bei meinen eigenen Schwiegereltern aufgetaucht ist und die es für echt gehalten haben. Da bin ich vom Glauben abgefallen. Den Faktencheck dazu hatten wir innerhalb von einem Tag fertig. Und trotzdem hat sich dieses Bild noch Monate weiterverbreitet. Da stellt man schon irgendwann infrage, ob die eigene Arbeit überhaupt etwas bringt. Wenn das einfach unbeirrt weiter auf Whatsapp zirkuliert, obwohl es bei einmal Googeln 30 Faktenchecks dazu gibt. Aber offensichtlich googeln die Leute nicht, die teilen einfach weiter. Da fängt man schon ein bisschen an zu zweifeln, ob das, was wir machen, richtig oder genug ist."

Über Monate beobachtete die CORRECTIV.Faktencheck-Redaktion den Wahlkampf zur **Bundestagswahl**. Nicht die offiziellen Kampagnen der Parteien, sondern den anderen, den schmutzigeren Wahlkampf auf Facebook oder Instagram, Twitter oder Telegram. Echtermann und ihr Team suchten nach den Drahtziehern von Desinformations- und Schmutzkampagnen, ihren Hintergründen und Motiven. Sie fanden ganz unterschiedliche.

lice und ihr Faktencheck-
'eam haben die Attacken im
/ahlkampf 21 erfasst und die
/ellen der Desinformation in
inem Zeitstrahl rekonstru-
ert. Vom April 2021 bis zur
timmabgabe im September.
hre Recherche zeigt, wie
'ake News Menschen aufsta-
heln und das Vertrauen in
ie Demokratie zerstören.
ber lies am besten selbst.

Da war zum Beispiel der junge Mann, der Angst hatte, dass die Grünen ihm etwas verbieten wollten, und der die Partei deshalb auf Instagram schlechtmachte. Da ein Parteiaktivist, der sich auf Telegram mit anderen organisierte, um Hashtags gegen die CDU auf Twitter zu setzen. Da waren Satireaktionen, gefälschte Wahlplakate, Zitate und perfide Fakes, die sich wie ein Buschfeuer ihren Weg durch die Facebook- und Whatsapp-Kanäle der Republik bahnten. Massenhaft wurden Falschaussagen verbreitet, die deutsche Politik wurde als Ganzes in Verruf gebracht.

Gekämpft wurde nicht für etwas, sondern gegen Feindbilder.

„In Deutschland sehe ich die Hauptgefahr von Desinformation nicht darin, Wahlentscheidungen im Einzelnen zu beeinflussen", sagt Echtermann, „sondern Menschen von der Wahl abzubringen. Wenn jemand unbedingt verhindern will, dass die Grünen gewählt werden, dass Annalena Baerbock Bundeskanzlerin wird, dann wird eine massive Schmutzkampagne gegen die Grünen und gegen Baerbock gestartet. Das haben wir bei der

Bundestagswahl 2021 beobachtet und aufgezeichnet. Anfangs waren die Grünen im Umfragehoch, dann kam die Schmutzkampagne und über Monate gingen die Umfragewerte immer weiter runter. Es wurde nicht versucht, die Menschen in eine andere Richtung zu beeinflussen, sondern sie einfach nur davon abzubringen, die Grünen zu wählen."

Eine weitere Recherche von Echtermann und ihrem Faktencheck-Team deckte im Juli 2021 ein kleines, seit Jahren aktives Netzwerk von Fake-Accounts auf Facebook auf. Das Netzwerk gab sich als Journalisten und TV-Kritiker, als Kolumnistin oder Wissenschaftler aus. Geschaffen wurden diese Akteure nur, um in Artikeln einer erfundenen Zeitung namens NRW Kurier aufzutreten, ihnen Leben einzuhauchen und sie echt aussehen zu lassen.

Die „Berichte", die der *NRW Kurier* auf seiner Facebook-Seite ab 2016 regelmäßig veröffentlichte, sahen aus wie abfotografierte Zeitungsartikel. Meistens schossen sie gegen grüne Politik, häufig bedienten die Beiträge rechtspopulistische Narrative. Es waren am Computer erstellte Fotomontagen – Fakes. Recherchen zeigten: Die Autoren der Artikel sowie die Experten und Zeugen, die in den Texten zu Wort kamen, waren allesamt erfunden. Teilweise wurden für diese fiktiven Charaktere Facebook-Profile und -Seiten angelegt, die wiederum miteinander kommunizierten und ihre Veröffentlichungen gegenseitig kommentierten. Ein erfundener Journalist erhielt einen Preis eines erfundenen Verbandes. Ein erfundener Uniprofessor postete als Beleg für seinen akademischen Hintergrund ein gefälschtes Türschild seines vermeintlichen Büros in einer Universität.

All diese kleinen Details genügen häufig, um einer oberflächlichen Recherche standzuhalten und Menschen zu täuschen. Die **Story vom *NRW Kurier*** veranschaulicht extrem gut, wie einfach es ist, in Sozialen Netzwerken eine Scheinöffentlichkeit zu erzeugen und Falschinformationen zu produzieren, wie leicht auf Facebook falsche Fährten gelegt werden können, um Desinformation glaubhaft aussehen zu lassen.

Die Recherche zum *NRW Kurier* zeigt ein Paradebeispiel dafür, wie Desinformationsnetzwerke aufgebaut werden und funktionieren. Lese und lerne!

„Bei der vergangenen Bundestagswahl konnte man live verfolgen, wie sich parallel zu verbreiteten Falschbehauptungen die Wahlumfragen änderten", sagt Uschi Jonas. „Ob es wirklich einen kausalen Zusammenhang gab, können wir nicht mit Sicherheit sagen. Aber es war spannend zu beobachten, wie sich im Kontext von negativen Kampagnen und Desinformation die reale Stimmung in der Bevölkerung zu wandeln schien. Wir nannten das den schmutzigen Wahlkampf, der auf Facebook, Instagram, Twitter und Telegram ausgetragen wurde – und bei dem nicht nur Parteien selbst mitspielten."

Die Psychologin Lena Frischlich forscht seit mehreren Jahren an der Universität Münster zum Einfluss von Propaganda, Fake News und Hate Speech. Sie stellte im Wahlkampf 2021 viele Tendenzen fest, die sie bereits bei der Bundestagswahl 2017 beobachtet hatte. „Damals gab es zum Beispiel Fotos oder Visualisierungen von Martin Schulz, dem damaligen Kanzlerkandidaten, wo seine Nase anscheinend ein bisschen röter eingefärbt worden ist. Das wirkte ein bisschen so, als hätte er zu tief ins Glas geguckt. Diese teilweise auch sehr subtile Bildmanipulation, die versuchen soll, Kandidaten oder Kandidatinnen in ein schlechtes Licht zu rücken", habe man 2021 auch gesehen.

Das Wahljahr 2021 begann in den Sozialen Netzwerken mit heftigem Beschuss der Grünen. „Das Netz wurde geflutet mit höhnischen Beiträgen und Desinformation über die Grünen und ihre Spitzenkandidatin – von einem gefälschten Nacktfoto bis zum Nazi-Bezug war alles Mögliche dabei", sagt Uschi Jonas. „Doch dann kam der Sommer, die Flut im Ahrtal, ein paar ungeschickte Momente von Armin Laschet und, darauf aufbauend, eine Anti-Laschet-Kampagne auf Twitter, Fake-Plakate über CDU-Politiker und noch einiges mehr. Daran hat man wieder gesehen, dass Dinge, die passieren, auch immer als Anknüpfungen genutzt werden, um darauf aufbauend Desinformation zu generieren", sagt die CORRECTIV-Faktencheckerin. „Ende Juni lagen die Grünen bei einer Forsa-Umfrage bei 20 Prozent, die CDU bei 30, die SPD bei 14 Prozent. Ende August erreichte die CDU plötzlich nur noch 22 Prozent, die Grünen lagen bei 18 – und die SPD bei 23 Prozent. Auch wenn die Wahlentscheidung von vielen verschiedenen Aspekten beeinflusst ist, hat uns das in der Retrospektive deutlich gezeigt: Diffamierende Kampagnen und Falschbehauptungen können realen Schaden anrichten und das Vertrauen in Personen und die Demokratie stark erschüttern."

Wer hinter den verschiedenen Desinformationen im Wahlkampf 2021 steckt, lässt sich im Einzelnen schwer nachweisen. Aber ein Gesamtbild zeichnet sich ab. Viele der Kampagnen seien vom verschwörungsideologischen und rechtsextremen Milieu genutzt und teilweise sogar eigens initiiert worden, schreibt das gemeinnützige Center für Monitoring, Analyse und Strategie (CeMAS) in seiner **Analyse** „Die Bundestagswahl 2021 – Welche Rolle Verschwörungsideologien in der Demokratie spielen". Studien der Friedrich Ebert Stiftung und der Konrad Adenauer Stiftung belegen, dass Menschen, die sich selbst als rechts einordnen, einen starken Hang zu Verschwörungstheorien haben, und dass Menschen, die Verschwörungsideologien anhängen, überdurchschnittlich häufig die AfD wählen. Das sind Tendenzen, die auch unsere Faktenchecker beobachten. Häufig fällt die Nähe

Verschwörungsideolog:innen
nd Rechtsextreme haben kein
nteresse daran, gemeinsam
n Lösungen zu arbeiten",
ält die Studie „Welche Rolle
erschwörungsideologien
n der Demokratie spielen"
est. Zu welchen Ergebnissen
hre Autoren noch kommen,
rfährst du hier.

der AfD zu Desinformationsseiten und Verbreitern von Verschwörungsideologien auf. Dass die Partei während des Bundestagswahlkampfes aber gezielt mit Falschnachrichten gearbeitet habe, konnten die Kollegen nicht nachweisen.

„Die AfD hat natürlich Stimmung gegen die Grünen gemacht", sagt Alice Echtermann, „allerdings haben wir keinen AfD-Politiker erwischt, der Desinformationen wie die zur Witwenrente geteilt hat." Keiner der großen Parteien konnte CORRECTIV.Faktencheck nachweisen, im Bundestagswahlkampf direkt Desinformationen verbreitet zu haben. Allerdings haben Akteure aus dem Ausland versucht, den Wahlkampf in Deutschland zu stören. Ein Netzwerk von Online-Medien aus Österreich streute zum Beispiel Desinformation und Hass, wie eine **Recherche** unseres Faktencheck-Teams zeigt, die wir wenige Tage vor der Wahl veröffentlichten. Die Spur dieser Medien führte in die rechte Szene und zur FPÖ.

Wer den öffentlich-rechtlichen Rundfunk noch immer als „Hofberichterstatter einer Polit-Elite" beschimpft, sollte diese Recherche lesen. Hier machen Medien tatsächlich Politik, allerdings gehören sie nicht zum ÖRR, sondern zu einem dubiosen Netzwerk rechter Politiker, das sich aus Russland finanzieren lässt.

Angriffe habe es gegeben, amerikanische Verhältnisse hätten im deutschen Wahlkampf aber nicht vorgelegen, sagt Echtermann.

AMERIKANISCHE VERHÄLTNISSE

Auch wenn der CORRECTIV-Faktencheck im deutschen Wahljahr 2021 keine Desinformation wie bei den vergangenen Wahlkämpfen in den Vereinigten Staaten nachweisen konnte – Grund zur Beruhigung gibt es hierzulande nicht. Denn Trends sind erkennbar. So zieht der Soziologe James Hawdon, Professor an der Virginia Tech University, durchaus Parallelen zwischen der politischen Entwicklung in Deutschland und den USA. Er hat gesehen, wie Trumps Politik der Spaltung parallele Lebens- und Informationswelten entstehen ließ und was passierte, nachdem „alternative facts" und schamlose politische Lügen in einem vierjährigen Marathon der Grenzüberschreitungen so normal geworden waren, dass die Gesellschaft müde war, aufzuschreien, und derartige Eskapaden lieber als unabänderbar akzeptierte. Wenn sich eine Gesellschaft nicht einmal mehr darauf einigen könne, was Fakten seien, dann könne jedes vorgebrachte Argument als „Fake News" abgetan werden, sagt Hawdon. „Warum sollte ich Ihnen dann irgendetwas glauben, was Sie sagen? Das untergräbt die gesamten Prozesse, auf denen die Demokratie beruht. Und das wiederum macht uns offen für Autokraten und Demagogen und Menschen, die diesen Zustand ausnutzen." Was in den USA eskaliert sei, könne „in jeder

Demokratie passieren“, sagt Hawdon. „Die Bedrohung ist also, so fürchte ich, real.“

Eine Vorschau auf die Eskalation der Gewalt, die sich wenige Monate später im Kapitol in Washington D.C. abspielen würde, gab im August 2020 eine Querdenker-Demonstration in Berlin. Am Rande dieses Aufmarsches gegen die Coronapolitik von Bund und Ländern überwanden etwa 400 Demonstranten Absperrgitter am Berliner Reichstagsgebäude und stürmten die Treppe hoch, um lautstark ihren Triumph über Politik und Establishment zu feiern. Mehr als 30 schwarz-weiß-rote Reichsfahnen wurden dabei nach Polizeiinformationen geschwenkt. Bilder davon beherrschten die Nachrichten. Es sei ein Angriff auf das „Herz unserer Demokratie“ gewesen, sagte Bundespräsident Frank-Walter Steinmeier später.

Reichsfahnen vor dem Deutschen Bundestag. In zwei Jahren Pandemie wurde eine Grenze nach der nächsten überschritten. (Screenshot: CORRECTIV)

Doch der Angriff zielt nicht nur aufs „Herz“, er soll den ganzen Organismus unserer Demokratie schädigen. „Die Zündschnur wird selbst bei ganz normalen Bürgern immer kürzer“, sagt Thüringens Verfassungsschutzchef Stephan Kramer. Rechtsextremisten trieben die Wut auf die Spitze, um den Rechtsstaat noch stärker herauszufordern. „Unter dem Deckmantel ‚Wir sind jetzt Coronagegner' laufen sie auf Demos mit", sagt Alice Echtermann. „Und die Menschen auf den Demos, die keine Rechtsextremen sind, werden dann durch die Medienberichte unter Umständen verbittert, weil sie die Coronagegner als Rechtsextreme bezeichnen. Die Radikalisierung der normalen Leute wird vorangetrieben, weil sie sich an den Rand gedrängt und noch stärker ausgegrenzt fühlen als vorher schon. Die echten Nazis reiben sich dann die Hände und sagen: ‚Genau das haben wir bezweckt.'" Wenn sich Menschen an den Rand gedrängt fühlen, sympathisieren sie leichter mit extremen Weltanschauungen.

Mitte April 2022 zerschlugen rheinland-pfälzische Ermittler eine extremistische Chatgruppe namens Vereinte Patrioten. Ihre Mitglieder hatten geplant, Bundesgesundheitsminister Karl Lauterbach zu entführen, seine Leibwächter zu töten, die bundesweite Stromversorgung zu zerstören und die Bundesregierung mitsamt der parlamentarischen Demokratie zu stürzen. Ähnliche Pläne verfolgten die Verschwörer um AfD-Frau Birgit Malsack-Winkemann und Heinrich XIII. Prinz Reuß mit ihrem Reichsbürger-Putsch. Ein Blackout sollte Versorgungsengpässe provozieren und zu Aufständen führen, um so die Bürgerinnen und Bürger für den Systemwechsel zu gewinnen. Die Verschwörer planten, gewaltsam den Deutschen Bundestag zu stürmen, und nahmen Tote dabei in Kauf.

„Wir sehen mit Sorge, dass die Zahl der Bedrohungen und Anfeindungen stetig zunimmt", sagte der Präsident des Bundeskriminalamtes Holger Münch bereits im Februar 2021. Das betreffe Politiker, aber auch andere Personen wie etwa Virologen, die während der Pandemie in den Medien besonders präsent seien. Aber auch Menschen, die die Regelungen direkt umsetzen müssen, spüren die Wut vieler Maßnahmengegner. Einen deutlichen Anstieg von Straftaten gegen Amts- und Mandatsträger zeigte die Antwort des Bundesinnenministeriums auf eine Kleine Anfrage der Linken-Abgeordneten Ulla Jelpke vom Februar 2021. Waren es 2018 noch 1.256 Fälle gewesen, stiegen sie 2019 auf 1.674 und 2020 auf 2.629 Straftaten. Binnen zwei Jahren hat sich die Zahl mehr als verdoppelt. Das Coronageschehen und die staatlichen Maßnahmen zur Eindämmung der Pandemie führten aktuell „zu zunehmendem Protest und Widerstand gegen den Staat und seine Repräsentanten", heißt es in dem Schreiben. So kam es allein 2020 zu 2.070 Angriffen auf Mitarbeiterinnen und Mitarbeiter der Deutschen Bahn. 421 mehr als im Vorjahr, und das, obwohl 2020 weniger Menschen mit der Bahn fuhren. Und auch Lehrer würden immer häufiger Opfer von Übergriffen, ermittelte der Verband Bildung und Erziehung (VBE) in einer Forsa-Befragung von Ende April bis Anfang Mai 2021. „Die Emotionalisierung ist groß", sagt BKA-Präsident Münch.

Über 70 Prozent der Bürgermeisterinnen und Bürgermeister in Deutschland seien während der Coronakrise schon einmal beleidigt, beschimpft, bedroht oder sogar tätlich angegriffen worden, heißt es in der Auswertung einer **Umfrage** im Auftrag des *ARD*-Politmagazins *report München* im April 2021. Mehr als ein Drittel der Befragten ist der Umfrage zufolge der Meinung, Übergriffe und Beleidigungen hätten wegen der Coronapandemie zugenommen.

Hier alle Zahlen und Fakten der Umfrage im Überblick.

Radikalisierte Impfgegnerinnen und -gegner schmiedeten Mordpläne gegen Sachsens Regierungschef Michael Kretschmer (CDU) auf dem Messengerdienst Telegram. Zur Privatwohnung seiner Amtskollegin aus Mecklenburg-Vorpommern, Manuela Schwesig (SPD), zogen Fackelzüge; auf Telegram wurde ihr mit Mord gedroht. Einsatzkräfte konnten den Aufmarsch 100 Meter vor Schwesigs Wohnung umleiten. Der Chef des Coronakrisenstabes im Kanzleramt, Generalmajor Carsten Breuer, wurde mit seinem Amtsantritt am 30. November 2021 unter Personenschutz gestellt. „Ich konnte mir dieses Ausmaß an Drohungen nicht vorstellen“, sagte er in einem Interview Ende Juni 2022. „Bis heute kann ich mich an den Personenschutz nicht gewöhnen, und es wundert mich noch immer, dass so etwas in Deutschland notwendig ist.“

Die wachsende Aggressivität im Alltag zerstöre das gesellschaftliche Miteinander und beschädige unsere politische Kultur, erklärte der *Rundfunk Berlin Brandenburg* Anfang 2022 in einem offenen Brief: „Corona-Leugner ziehen vor Schulen, um gegen das Impfen zu agitieren; Reporter und Journalistinnen werden auf Demonstrationen von Verschwörungsanhängern bedroht und verfolgt; Polizisten werden beschimpft und Kommunalpolitiker unter Druck gesetzt. Diese Impfgegner treiben einen Keil in unsere Gesellschaft.“

Die Aggressionen bekommen auch unsere Faktenchecker zu spüren. „Dass wir beschimpft wurden wegen der Faktenchecks, gab es immer schon“, sagt Alice Echtermann. „Die Wut gehört nicht exklusiv Corona. Früher wurden wir vorwiegend angefeindet, wenn es um Migration ging. Die Wut kommt bei jeder Art von Desinformation vor, die wir richtigstellen und die die Leute geglaubt haben. Allerdings ist früher alle paar Wochen mal eine Hassmail ins Postfach geflattert. Auch bei den Kommentaren unter den Artikeln waren derbe Sachen dabei. Das waren aber Einzelfälle.“ Als CORRECTIV.Faktencheck während der Pandemie bekannter geworden sei und die Faktenchecks des Teams größere Reichweite bekommen hätten, sei es nur logisch gewesen, dass die Beschimpfungen mehr geworden seien.

„Ich glaube, wir haben diese Menschen in Panik versetzt. Corona hat dabei neue Maßstäbe gesetzt und alles neu skaliert. Die Menge der Desinformationen, die Gefühle, die Emotionen, die Spaltung – alles ist auf einmal riesengroß geworden, hat sich über Monate, über Jahre hingezogen und konnte wunderbar wachsen. Und deswegen haben wir natürlich auch viel mehr Hassmails bekommen“, sagt Echtermann.

Die Hochphase sei im Herbst 2021 erreicht worden. „Da wurde es richtig schlimm“, sagt Echtermann. „Wir haben mindestens eine konkrete Drohung, Beleidigung oder Beschimpfung pro Tag bekommen. Teilweise auch Todesdrohungen. Wenn früher einmal pro Jahr eine Todesdrohung kam, waren es auf einmal vier oder fünf in einem Monat. Wir haben während der Pandemie angefangen, alles zu dokumentieren und anzuzeigen. Juristisch hat das aber nichts gebracht. Außerdem haben wir – und das ist neu seit Corona – eine Meldesperre für uns eingerichtet, damit beim Einwohnermeldeamt unsere Adressen nicht mehr erfragt werden können. Das haben wir jetzt als Standard für alle Mitarbeiter im Team.“

Wie weit sich das Gewaltpotenzial in der Verschwörungs- und Querdenker-Szene hochschrauben kann, zeigte der 18. September 2021. Am Abend dieses Samstags erschoss ein Mann in einer Tankstelle in Idar-Oberstein einen Kassierer, weil dieser ihn aufgefordert hatte, sich an die Regeln zu halten und eine Maske zu tragen. Laut Polizei gab der Täter bei der Vernehmung an, die Coronaschutzmaßnahmen abzulehnen.

In mehreren Chatgruppen feierten Coronaleugner die Tat. „Eine Zecke weniger“, kommentierte ein Mitglied des Telegram-Kanals des rechtsextremen Aktivisten Sven Liebich aus Halle an der Saale. „Es herrscht Krieg für mich, da wird nicht mehr diskutiert. Weg mit 3G oder Bürgerkrieg dafür stehe ich mit Leib und meinem Leben.“ Ein anderer Nutzer bestärkte den Kommentarschreiber: „Wenn es die richtigen, trifft hab ich nichts dagegen (sic!).“

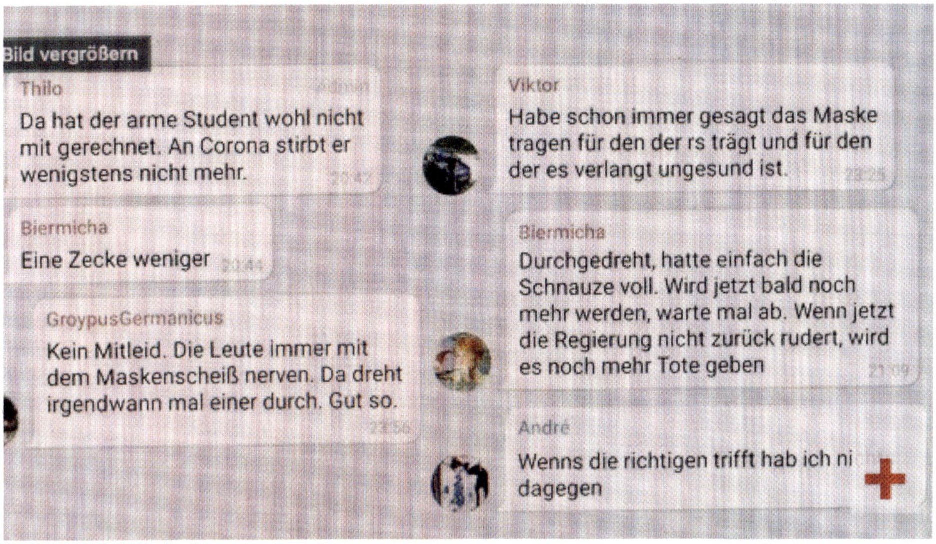

Nutzer Biermicha schreibt in einer rechtsradikalen Telegram-Gruppe über den Mord von Idar-Oberstein: „Wenn jetzt die Regierung nicht zurück rudert, wird es noch mehr Tote geben". (Screenshot: CORRECTIV)

Aufrufe zu „Tribunalen" gebe es seit eineinhalb Jahren, sagte die Sozialpsychologin und Expertin für Verschwörungstheorien Pia Lamberty im September 2021. Die Szene fordere eine Neuauflage der Nürnberger Prozesse. Nur sollten diesmal Mitglieder der Bundesregierung und Virologinnen und Virologen auf der Anklagebank landen. „Dabei geht es auch um Selbstjustiz", sagte Lamberty. „Dass es dann zu solchen Taten kommt, ist leider nicht überraschend." Es sei „ein Klima entstanden, in dem Gewalt immer stärker legitimiert und befürwortet wird". Der Tag der Abrechnung ist nah! Diese Drohung veröffentlichte ein Querdenker in seiner Timeline.

Wie zur Vorfreude grinst ein brutaler Bösewicht aus der Zombieserie „The Walking Dead". (Screenshot: CORRECTIV)

Teile der Gesellschaft würden immer weiter „radikalisiert, emotionalisiert, letztlich auch gespalten", sagte der Thüringer Verfassungsschutzpräsident Stephan Kramer nach dem Mord von Idar-Oberstein. „Wir erleben, (…) dass die Hemmschwelle zum Einsatz zur Gewalt als legitimes Mittel auch in der bürgerlichen Gesellschaft immer weiter sinkt." Das Thema sei dabei im Grunde egal. Hätte es keine Coronapandemie gegeben, wäre vermutlich die Klimakrise der Auslöser gewesen. „Jedes Thema, das dazu geeignet ist, zu polarisieren, zu emotionalisieren, wird missbraucht, um die Gesellschaft zu spalten."

Und als wir dachten, es könne nicht schlimmer kommen, kamen Putin und der Krieg in der Ukraine.

Hauptsache dagegen: Die alten Narrative werden an das neue Großereignis geknüpft. (Screenshot: CORRECTIV)

Und das weisst du nicht, wo du doch dermaßen gebildet bist, dass es raucht; dass die FDA von der Pharmaindustrie unterwandert ist? Du dumme Drecksau? Und was wird wohl in Deutschland/Europa diesbezüglich los sein, naaaa? Kannst du es wissen??? JAAAAA! Die Politik und ihr Medienschweine seid erbärmlich bezahlte Maulhuren der Industrie.

Du verlogene bezahlte Drecksau schreibst hier eine Scheisse zusammen, die von vorne bis hinten gelogen ist! Du Fotze sollst verrecken für deine Lügerei!

Für euch von der Dreckspharma und den korrupten Politarschlöchern bezahlte Schmierfinken haben WIR für JEDEN EINZELNEN nicht nur eine Kugel im richtigen Kaliber gemacht; alles Handarbeit, die kommt dann auch noch zum Einsatz...Du wirst schon sehr bald lernen, was Schmerzen sind! Und dann ersäufen wir euch ALLE im nächsten Tümpel; DAS wird super!

Und jetzt kannst du ungebildete, narzisstische unterfickte und maligne Psychopathendrecksau zusammen mit deinen Arschlochnichtskönner-Kollegen dir noch ein paar Filmchen zum Thema anschauen. Verbunden mit dem Wunsch, dass eure leeren Schädel davon umgehend implodieren und das gesamte Geschmeiss sofort in die Hölle zurückmuss; WO IHR DRECKSCHWEINE OFFENSICHTLICH HERKOMMT!

[...]

Wehe dir, wenn wir dich auf der Strasse sehen. Dann hat dein letztes Stündlein geschlagen...

TOD UND SCHMERZ ALLEN VERSCHISSENEN MEDIENHUREN UND KORRUPTEN POLITSCHWEINEN!,

—

Mail vom 25. November 2021 an Alice Echtermann, vermeintlicher Absender eine Frau

GESTATTEN: USCHI JONAS

In ihr Ich vor der Zeit im Faktencheck-Team kann sie sich kaum noch hineinversetzen, sagt Uschi Jonas. „Mir war davor nicht so bewusst, wie stark das alles verknüpft ist. Falsche und irreführende Informationen, negative Emotionen, die abgrundtiefe Verachtung für gesellschaftliche Strukturen und der bodenlose Hass.“ Wie das alles zusammenhänge, ergebe für sie aber mittlerweile total Sinn.

An der Entwicklung der Narrative während der Pandemie hätten sie und ihr Team sehen können, wie sich die Querdenker-Blase immer stärker radikalisierte. „Deutlich wurde das zum Beispiel beim Thema Schutzmasken“, sagt die stellvertretende Leiterin von CORRECTIV.Faktencheck. „Zuerst hieß es, man drohe zu ersticken, wenn man die Masken trage, weil angeblich der CO_2-Gehalt unter der Maske steige. Danach wurde behauptet, die Masken seien wirkungslos oder sie enthielten schädliche Stoffe. Und schließlich – als letztes Mittel – kamen Kinder ins Spiel. Es wurden sogar Meldungen erfunden, dass Kinder gestorben seien, weil sie eine Maske getragen hätten. Aus meiner Sicht ist es das emotionale Endgame, zu behaupten: ‚Unsere Kinder sind in Gefahr, unsere Kinder sterben!‘“

Denkt doch an unsere Kinder! Die Querdenker emotionalisieren bewusst das Maskenthema. (Screenshots: CORRECTIV)

Verbreiter von Desinformation spielten mit Wut, aber auch mit Ängsten der Menschen – das habe man auch innerhalb der Coronaleugnerszene beobachten können, sagt Jonas. „Einige Köpfe der Querdenker-Bewegung sind offenbar sehr gut darin, die Emotionalität, die unsere Gesellschaft gerade erfüllt, auszunutzen. Sie wissen genau, wo sie ansetzen müssen, um Angst zu schüren.“ Dabei scheint jedes Mittel recht.

Ein Highlight unter den absurdesten Corona-Falschbehauptungen seien die „Morgellons“ gewesen. „Den Begriff hatte ich vorher noch nie gehört. Klang für mich nach Aliens“, sagt Jonas. Etliche Videos darüber kursierten plötzlich im Netz, wurden millionenfach angeschaut und geteilt. Menschen hielten Corona-Teststäbchen unter Mikroskope, dabei entdeckten sie kleine, schwarze Fäden, die sich bewegten, wenn man sie anhauchte. Sofort wurden die wildesten Theorien darüber aufgestellt, wie Politik und Pharmaindustrie die Bevölkerung dezimieren wollten. „Das sollten angeblich Würmer sein, Parasiten, Roboter oder ‚Metallfäden mit Widerhaken‘“, sagt Jonas. „Die Reichweite dieser Videos war unfassbar. Die Vorstellung, dass Leute wirklich glauben, Teststäbchen seien mit Parasiten verseucht – auch noch mit Absicht –, die machte mich fassungslos.“

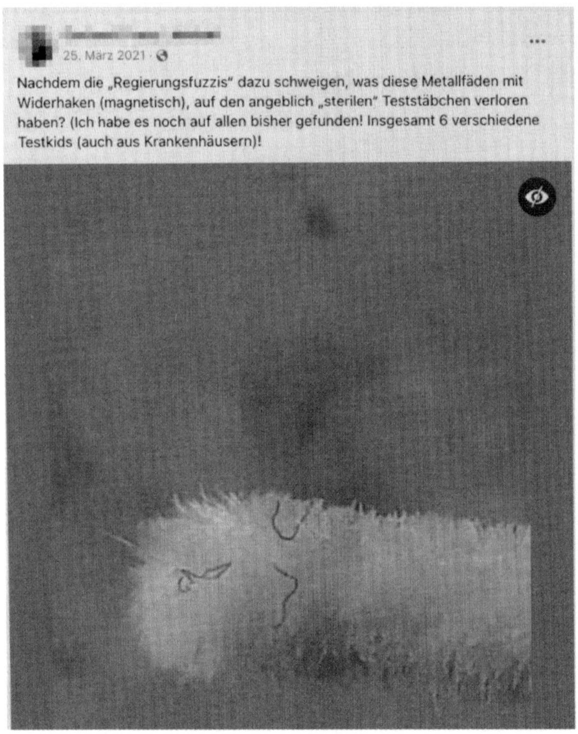

Jeder konnte sie sehen. Wir auch. Allerdings waren die Fäden auf den Corona-Teststäbchen keine mit Widerhaken besetzte Metallspäne, parasitäre Würmer oder Miniroboter, sondern einfach Stofffasern. (Screenshot: CORRECTIV)

Der Begriff „Morgellons“ etablierte sich vor etwa zwei Jahrzehnten. Menschen bezeichneten damit kleine Tierchen, die angeblich unter ihrer Haut lebten (manchmal waren es auch Fusseln, die aus den Wunden wuchsen), die kribbelten und juckten und die sie herauskratzen oder -drücken mussten. Die Folge: offene blutige Stellen an Armen, Beinen, am Gesicht oder Rücken. Allerdings konnten Ärzte und Wissenschaftlerinnen nie derartige Parasiten nachweisen. Und die Fasern – so das Ergebnis von Untersuchungen – wuchsen erst später in die Wunden ein, nachdem die Betroffenen ihre Haut aufgekratzt hatten. Die Medizin rechnet die Morgellons mittlerweile zum Dermatozoenwahn, zu einer Wahnvorstellung, und damit sind sie ein psychisches Problem der Betroffenen. Die Betroffenen dagegen bleiben bei ihrer Selbstdiagnose: **Morgellons** grüben sich durch ihre Haut. Die Wissenschaft habe keine Ahnung.

Du willst mehr über die angebliche Bedrohung durch Morgellons und Miniroboter erfahren? Uschi und Sarah haben den Faktencheck zu dieser alarmierenden Falschmeldung gemacht. Hier kannst du ihn nachlesen.

Angst ist selten rational. So auch bei den verseuchten Teststäbchen. Menschen riefen sogar bei der Polizei an, weil sie wissen wollten, ob die Geschichte mit den Morgellons stimme. „Wir haben mit Herstellern und Behörden gesprochen“, sagt Jonas, „und selbst Tupfer für Coronaschnelltests von einem Forensiker untersuchen lassen.“ Die Auflösung der ganzen Hysterie ist beschämend simpel: Fusseln. Fusseln, die beim Einpacken oder Auspacken am Wattestäbchen hängen bleiben und die sich im Luftzug oder wegen elektrostatischer Aufladung unter dem Mikroskop bewegen. Keine Roboter, keine Parasiten, keine Gesundheitsgefahr – nichts Schlimmes.

„Desinformation in diesen Dimensionen reihte sich damals aneinander“, sagt Jonas. „Ständig kam neue. Anfangs wurde auch die Falschbehauptung verbreitet, man könne mit dem Test die sogenannte Blut-Hirn-Schranke durchstoßen.“ Menschen diskutierten unter den Artikeln über die angebliche Gefahr, dass dann Hirnwasser auslaufen könne und das extrem gefährlich sei. „Da ist man irgendwann ein bisschen ratlos, wie leichtgläubig viele Menschen sind, wie wenig sie prüfen, ob das, was sie lesen und hören, auch wirklich auf Fakten basiert.“ Faktenchecks erreichen Menschen nicht, die davon überzeugt sind, dass Medien, Politik und Wissenschaft unter einer Decke steckten und das gemeinsame Ziel verfolgten, der Bevölkerung zu schaden, sagt Jonas. „Denen sind unsere Recherchen egal. Für die sind wir Teil einer großen Verschwörung und nicht glaubwürdig.“

Desinformation verfängt sich deshalb so gut in den Köpfen vieler Menschen, weil sie mit negativen Emotionen spielt, mit Gefühlen wie Hass oder Wut, die bereits da sind. Wenn Menschen zu einem bestimmten Thema eine Einstellung haben, halten sie gern Falschnachrichten für wahr, die ihre Sicht bestätigen. Fühlt sich zum Beispiel ein Unternehmer durch die Coronamaßnahmen ungerecht behandelt und sogar in seiner Existenz bedroht, ist er empfänglicher für Desinformation, die genau diese Gefühle bedient und verstärkt. Egal, wie absurd sie ist.

„Ich verstand das am Anfang einfach nicht", sagt Jonas. Wie viele andere, die neu ins Faktencheck-Team gekommen waren, investierte sie zunächst noch viel Energie, um ellenlange E-Mails zu beantworten, die Verschwörungstheoretiker und Querdenker geschrieben hatten. Manche wollten inhaltlich diskutieren, andere dem Team nur drohen, es beleidigen und ihren Gefühlen freien Lauf lassen. „Was geht in den Köpfen der Leute vor? Allein der Aufwand, so eine E-Mail zu schreiben, in der so viel Irrsinn und Wut stecken!", sagt Jonas. „Was bringt einem das?" Noch mehr verstörten die Faktencheckerin aber die Drohungen und Mordfantasien. „Warum sollte ich jemand Wildfremdem den Tod wünschen? Es ist erschreckend, wie grenzenlos der Zorn und Hass bisweilen sind."

Auch wenn sie nicht mehr auf die Beschimpfungen und Belehrungen im CORRECTIV.Faktencheck-Postfach reagiert, bleibt Dialog in ihren Augen der einzige Weg, um diese Menschen zu erreichen: „Ich habe keine Fachexpertise darin, nur eine persönliche Meinung", sagt Jonas. „Zum einen muss man versuchen zu verstehen, warum sie an diese Dinge glauben, woher diese Gedanken kommen. Vielleicht ist es ein Gefühl der Machtlosigkeit, des gesellschaftlichen Abgehängt-Fühlens. Ich denke, es gibt die verschiedensten Ursachen und persönlichen Lebensumstände, die dazu führen." Im Gespräch sei es wichtig, nicht zu verurteilen, nicht zu emotional zu werden, sondern immer wieder Fragen zu stellen: „Warum glaubst du, dass das stimmt? Wer sagt das? Weshalb hältst du die Quelle für glaubwürdig?" Faktenchecks würden dabei helfen, sich vorzubereiten und inhaltlich fit zu sein. Ein Allheilmittel für tiefliegende gesellschaftliche Probleme seien sie nicht. Denn im Gespräch gehe es nicht darum, einfach nur mit Fakten um sich zu werfen. „Ich glaube, es gibt keine gesamtgesellschaftliche Lösung, um Menschen aus Verschwörungskreisen zu holen", sagt Jonas. „Man muss erst einmal auf einer sehr niedrigschwelligen persönlichen Ebene auf die einzelnen Menschen zugehen."

KAPITEL 6

KRIM, BREXIT, DER FALL LISA – WAS RUSSISCHE EINFLUSSNAHME ANRICHTET

KAPITEL 6 – KRIM, BREXIT, DER FALL LISA – WAS RUSSISCHE EINFLUSSNAHME ANRICHTET

SARAH THUST

„Im Kontext des Krieges gegen die Ukraine begegnen uns immer wieder manipulierte Fotos, Videos oder Dokumente, die teils gezielt Stimmung gegen bestimmte Volksgruppen machen. Die Strategie dahinter ist extrem offensichtlich. Russland setzt Verschwörungsmythen als Machtinstrument ein. Putin stößt bewusst in die großen Narrative der Verschwörungstheoretiker. Auch wenn er so was nicht direkt ausspricht, russische Medien deuten es immer wieder an: die neue Weltordnung, den Great Reset, die Rothschild-Verschwörung. Für die Verschwörungsblase steht Putin auf der guten Seite.

Obwohl viele Gegner der Coronaschutzmaßnahmen wütend für ihre ‚Freiheit' kämpfen und sich als Pazifisten verstehen, ist die Szene für prorussische Narrative empfänglich: dass die Nato der eigentliche Aggressor sei, dass Putin nur die in der Ukraine lebenden Russen verteidige, dass er eigentlich die Entnazifizierung der Ukraine anstrebe.

Es ist einfach nur absurd, wie die prorussische Propaganda Tatsachen verdreht und gefälschte Beweise verbreitet. Man muss schon im Vorfeld überzeugt sein, um das glauben zu können."

Sarah Thust, CORRECTIV.Faktencheck

Westliche Medien verdrehen die Tatsachen, Russland bekämpft nur Nazis – diese zwei Narrative sind typisch für die prorussische Propaganda im Krieg gegen die Ukraine. (Screenshot: CORRECTIV)

In vielen Querdenker-Timelines wird Russland als Alternative zum Westen verkauft. Ein bisschen Antiamerikanismus darf dabei natürlich nicht fehlen. (Screenshots: CORRECTIV)

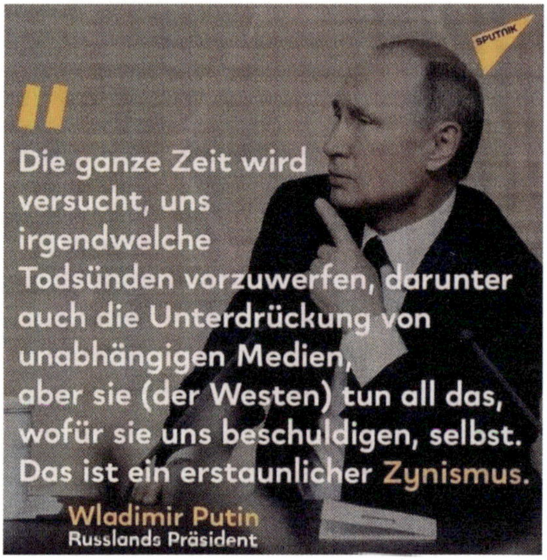

PUTINS PROPAGANDAMASCHINE

Nicht nur die amerikanische Alt-Right oder hiesige Rechtsextremisten wissen Soziale Netzwerke für ihre Ziele und Angriffe auf die Demokratie zu nutzen; weitere Krieger wüten im virtuellen Raum. Auch die russische Regierung verwendet die Mechaniken der Sozialen Netzwerke, um zielgruppengenau Desinformationskampagnen in aller Welt zu streuen. Dark Ads spielen dabei aber eine geringere Rolle. „Desinformation wird in Russland als Waffe genutzt", sagt Alice Echtermann. „Und das schon extrem lange. Sicherlich war Russland eines der ersten Länder, die Desinformation erfolgreich eingesetzt haben, um ihre außenpolitischen Interessen zu verfolgen. Es gibt diverse Belege, dass das bereits im Kalten Krieg gängige Praxis war."

„Die russische Führung sieht sich in einem fortgesetzten Kalten Krieg gegen den Westen", sagt Susanne Spahn, deutsche Journalistin und Osteuropa-Historikerin. Die Autorin der Studie „Russische Medien in Deutschland – unabhängiger Journalismus oder politisches Instrument?" bezieht sich dabei auf Präsident Wladimir Putins Rede vor der Föderalversammlung 2014. „Der Konflikt um die Ukraine (Anmerkung: 2014) diente als Initialzündung für neue Spannungen mit dem Westen, denn das Vorgehen der Kreml-Führung kollidierte mit dem internationalen Völkerrecht. Um der Öffentlichkeit im Ausland die eigene Deutung der Ereignisse nahezubringen, wurde die globale Medienoffensive von *Sputnik International* und dem Auslandssender *RT* gestartet."

Der Ost-West-Konflikt besteht also fort, zumindest aus Sicht des Kremls. Moskau stärkt Kräfte, die das transatlantische Bündnis schwächen, und torpediert mit Desinformation und Hetze den Zusammenhalt in der EU. Wie Russland seinen Informationskrieg konkret führt, werde ich nun anhand einiger wichtiger Stationen untersuchen – ohne Anspruch auf Vollständigkeit.

2014: ANNEXION DER KRIM

Kurz erinnert: Anfang 2014 besetzte Moskau militärisch die ukrainische Schwarzmeerhalbinsel Krim, hielt – wie im Ukraine-Krieg acht Jahre später auch – ein international nicht anerkanntes Referendum ab und gliederte die Krim kurzerhand als Landesteil ein.

Nicht ausschlaggebend für die damaligen Ereignisse, aber interessant für die folgenden ist dieses Detail: Putins Begründung, mit dem Einmarsch nur russischstämmige Menschen in der Ukraine schützen zu wollen, verglich Hillary Clinton 2014 mit dem Verhalten Hitlers vor dem Zweiten Weltkrieg. Es war eine Kränkung Putins, die er nicht vergessen würde. Und auch nicht die erste, die der russische Präsident vonseiten der Demokratin erlitt. Er und Clinton waren in ihrer Zeit als Außenministerin unter Präsident Obama immer wieder aneinandergeraten.

Wegen der völkerrechtswidrigen Annektierung sprachen die USA und die EU Wirtschaftssanktionen gegen Russland aus und weigerten sich, die Krim als russisches Gebiet anzuerkennen. Außerdem erwirkten die USA den Ausschluss Russlands aus dem G-8-Forum – was einem Sinnbild für die wieder erstarkenden Fronten zwischen Ost und West gleichkam.

Wie Russland-Expertin Spahn erklärt, rüstete das Land damals medial auf – was auch Deutschland zu spüren bekam: Der Einfluss russischer Staatsmedien auf die russlanddeutsche und russischsprachige Community nahm zu. Sie verunglimpften die EU-Sanktionen und beschworen das Narrativ vom Untergang des Westens bei jeder Gelegenheit herauf.

„Die Tatsache eines von Russland organisierten Informationskrieges scheint vielen zu absurd, um wahr zu sein", sagte Spahn in einem Interview vor dem Ukraine-Krieg 2022. Doch, so betonte sie damals, „die Theorien des Informationskrieges wurden von russischen Militärs entwickelt. In der Tat ist die Beeinflussung der öffentlichen Meinung im Ausland ein offizielles Ziel der Außenpolitik, das in der außenpolitischen Konzeption von 2016 klar benannt wird." Die russischen Staatsmedien verschärfen Konflikte und wollen die Gesellschaften im Westen spalten. „Russische Desinformation erfindet dabei nicht die spaltenden Themen", sagt Echtermann. „Sie ist einfach gut darin, die gesellschaftlichen Schwachpunkte zu erkennen und immer wieder in diese Kerbe zu hauen." Konkret waren das für den Kreml: der Brexit, die Flüchtlingskrise und ein Präsident wie Trump. Bei alldem hatten die Russen in den vergangenen Jahren ihre Hände mit im Spiel. „Corona ist nicht das Thema, das Europa zerreißt", sagt Echtermann. „Es ist meiner Ansicht nach das Thema Migration, das langfristig immer wieder zu Konflikten führt und damit auch zum Sieg rechtspopulistischer Parteien. Deswegen zielt die russische Desinformation mit Freude immer wieder auf dieses Thema, um so die europäischen Gesellschaften zu destabilisieren. Wenn Parteien wie die AfD oder die Fratelli d'Italia an Macht gewinnen, ist das für Russland super. Gar nicht unbedingt, weil das Freunde von Russland sind, sondern einfach, weil der Westen dadurch nicht mehr geeint auftritt. Diese rechten Parteien sind meist gegen eine starke EU, sie fördern Zersetzungstendenzen. Und wenn die EU nicht stark zusammensteht, ist das für Russland zum Vorteil."

2016: DER BREXIT

Irgendwo hat jeder einen kleinen Verschwörungstheoretiker im Kopf sitzen, glaube ich. Bei mir kommt er raus, wenn ich Unterlagen von Geheimdiensten in die Hände bekomme. Wie ticken Agenten vom MI5 oder MI6? Hier kannst du den gesamten „Russia Report" lesen mitsamt ihren Zeugenaussagen.

In den USA ist eine umfangreiche Aufarbeitung der russischen Einflussnahme angerollt, etwa zur Störung des Wahlkampfes im Jahr 2016. Die britische Regierung scheint dagegen eine solche Manipulation ihrer demokratischen Entscheidungen lieber ignorieren als aufdecken zu wollen. Ein verheerendes Bild zeichnet der „**Russia Report**", ein Bericht des Geheimdienst- und Sicherheitsausschusses, der 2020 vom britischen Parlament veröffentlicht wurde. Die Regierung habe „keine Beweise für eine erfolgreiche Einmischung in die demokratischen Prozesse des Vereinigten Königreichs gesehen oder gesucht", heißt es in dem Bericht. Auch seien keine ernsthaften Anstrengungen unternommen worden, dies in irgendeiner Form zu tun. Christopher Steele, ein ehemaliger Offizier des MI6, der am Bericht mitgearbeitet hat, sagt es noch deutlicher. Nach dem Referendum hätten Boris Johnson, der bis 2018 Außenminister war, und die damalige Premierministerin Theresa May Hinweise sogar „unter den Teppich gekehrt", dass die Russen den Brexit vorangetrieben und möglicherweise Kampagnen verdeckt finanziert hätten, erklärt er. Zwischen 2006 und 2009 leitete Steele die Russland-Abteilung im Londoner MI6-Hauptquartier. Für ihn ist die Sache eindeutig: Es gebe zahlreiche Beweise dafür, dass die Russen aktiv versucht hätten, die britische Demokratie zu untergraben. Eine saubere Aufarbeitung sei bisher aber ausgeblieben.

Der Bericht stellt auch die Frage, ob die Regierung bereits im Vorfeld blauäugig mit der russischen Bedrohung umgegangen sei: Die britischen Geheim- und Nachrichtendienste – darunter MI6, MI5 und GCHQ – hätten gewusst, dass der Kreml das schottische Unabhängigkeitsreferendum 2014 beeinflusst habe. Das sei wahrscheinlich die „erste postsowjetische

Einmischung in eine demokratische Wahl im Westen" gewesen, mahnt der Bericht. Und auch die Aktivitäten im US-Wahlkampf hätten Warnung sein müssen. Dennoch wurde vor der Abstimmung über den EU-Austritt 2016 weder eine „Bedrohungsanalyse" durchgeführt, wie groß die Gefahr einer russischen Einmischung ist, noch wurden Schutzmaßnahmen dagegen ergriffen. Dabei sind den Geheimdiensten die Taktiken der Russen in diesem Informationskrieg wohl bekannt.

Mit russischen Medien und ihrem Propagandafeldzug im Sinne des Kremls werde ich mich am Ende dieses Kapitels noch intensiver beschäftigen, Abschnitt: Russia Today: Staatsfernsehen olé.

Detailliert zählt der „Russia Report" die Waffen und Möglichkeiten auf, mit denen Putin das Vereinigte Königreich unterwandern und destabilisieren könne. Russische Staatsmedien wie ***RT* und *Sputnik*** verbreiteten gezielt Desinformationen und Hetze im Sinne des Kremls, Bots und Trolle pushten Konflikte in den Sozialen Netzwerken. Auch Hack-and-Leak-Aktionen zählt der Report zum russischen Arsenal, wie die 2016 in den USA veröffentlichten Clinton-Mails. Breite Streufeuer aus Desinformation sollen Online-Foren in Brand setzen und Diskussionen anheizen, um mit ihren Rauchschwaden für Verwirrung und Unsicherheit zu sorgen. Es ist der „Fog of War", von dem Faktenchecker Till Eckert spricht. Ob die gestreuten Unwahrheiten geglaubt würden oder nicht, sei am Ende egal. Es reiche, Zweifel in der Gesellschaft zu säen, hält der Report fest: „Wenn die Leute anfangen zu sagen: ‚Man weiß nicht, was man noch glauben soll', oder: ‚Da ist doch einer so schlecht wie der andere', dann haben die Desinformationsakteure gewonnen." In jedem Fall sei das Ziel der russischen Aggressoren die „allgemeine Vergiftung des politischen Narrativs im Westen durch das Schüren von politischem Extremismus und Streitthemen". Deshalb finanziere der Kreml auch rechtsextreme Parteien in Europa, um Konflikte und Kämpfe zu fördern, die die Gesellschaft von innen heraus spalteten. Gelegentlich setze er die Taktik des „Astroturfing" ein, um den Eindruck einer spontanen Graswurzelbewegung vorzutäuschen – also einer unabhängigen, natürlich gewachsenen Bewegung, die zu einem politischen Thema auf die Barrikaden geht. Der Ausdruck Astroturfing leitet sich vom englischen Wort für Kunstrasen („Astroturf") ab – er bezeichnet somit den Unterschied zum natürlich gewachsenen Gras.

Nicht nur der „Russia Report", auch der Zwischenbericht des britischen Parlaments ist öffentlich. Ich hatte ihn schon am Anfang des 5. Kapitels verlinkt. Auch in diesem Abschnitt werde ich aus ihm zitieren. Falls du Stellen nachprüfen willst, kannst du ihn hier im Netz finden.

Auf all diese Formen der Beeinflussung werden wir im Folgenden stoßen. Nicht nur in Großbritannien, auch in den USA und Deutschland. Bleiben wir aber vorerst im Vereinigten Königreich.

Am 29. Juli 2018 veröffentlichte das britische Parlament einen **Zwischenbericht zu Desinformationen und Fake News** im Vorfeld des Brexit-Referendums. Demnach verbreiteten *Russia Today (RT)* und *Sputnik* zwischen dem 1. Januar 2016 und dem 23. Juni 2016 insgesamt 261 Medienartikel über das EU-Referendum, die gegen die EU Stimmung machten. Das sind ein bis zwei Publikationen pro Tag, die in den Sozialen Netzwerken viral gehen konnten – sechs Monate lang. *RT* und *Sputnik* erzielten in dieser Zeit mehr Reichweite mit EU-feindlichen Inhalten auf Twitter als die „Vote Leave"- oder „Leave.EU"-Kampagnen. 156.252 russische Konten, die über „#Brexit" twitterten, ermittelte ein gemeinsames Forschungsprojekt der Swansea University in Wales und der University of California, Berkeley. In den letzten 48 Stunden vor dem Referendum veröffentlichten diese Konten über 45.000 Brexit-Botschaften. Es war der volle Beschuss.

Im Gegensatz zu diesem Twitter-Bombardement bleiben die Desinformationskampagnen auf Facebook bis heute unklar. Im Zeitraum des Kampagnenendspurts vor dem Referendum (15. April bis 23. Juni 2016) sei kein systematisches Targeting des Vereinigten Königreichs durch die Internet Research Agency (IRA) festgestellt worden, erklärte Rebecca Stimson, Leiterin der Öffentlichkeitsarbeit bei Facebook für das Vereinigte Königreich, vor dem britischen Untersuchungsausschuss, „sondern nur die minimalen Aktivitäten, über die wir dem Ausschuss bereits berichtet haben". Die von Facebook untersuchte IRA, in westlichen Medien auch Troll-Armee oder Putinbots genannt, ist eine russische Organisation mit Sitz in Sankt Petersburg, die häufig verdeckt im Auftrag des Kremls arbeitet. Sie streut prorussische Meinungen und Propaganda im Internet, schürt gezielt gesellschaftliche Konflikte und manipuliert Debatten in Sozialen Netzwerken. Ob Krim-Krieg, Attacken auf die deutsche Kanzlerin Merkel, westliche Wahlen oder der gesellschaftliche Frieden in den USA, um nur ein paar Beispiele zu nennen – Putins Troll-Armee stiftet in der ganzen Welt Zwietracht und Unfrieden.

„Betrachtet man die Aktivitäten der IRA-Konten seit Januar 2015 (einschließlich des Zeitraums von mehr als einem Jahr vor dem Beginn des regulierten Referendumszeitraums)", erklärte Stimson vor dem britischen Ausschuss, „so belaufen sich die Gesamtausgaben für Impressionen im Vereinigten Königreich auf etwa 463 US-Dollar." In den Tagen vor der Brexit-Abstimmung habe die IRA lediglich drei Anzeigen für 0,97 US-Dollar gekauft. Allerdings ist es fraglich, ob das die gesamten IRA-Aktivitäten zum Brexit-Referendum berücksichtigt. Der britische Ausschuss kritisierte, dass die Angaben unbezahlte Beiträge nicht erfassten. Diese machten aber bei der IRA-Kampagne zur Beeinflussung der US-Wahl den bei Weitem größten Anteil aus.

KRITIK AN FACEBOOK

„Facebook hat sich stets geweigert, seine eigenen Nachforschungen darüber anzustellen, ob seine Organisation von Russland zur Beeinflussung anderer genutzt wurde", erklärte der britische Untersuchungsausschuss. „Facebook kennt sein System besser als jeder andere und sollte nicht passiv auf Bedenken von außen reagieren, bevor es seine eigenen Untersuchungen durchführt und Maßnahmen ergreift." Der Ausschuss halte die Aussagen von Simon Millner, Facebooks Politischem Direktor für das Vereinigte Königreich, den Nahen Osten und Afrika, „für unaufrichtig und typisch für den Umgang von Facebook mit unseren Fragen".

Etwas später in diesem Kapitel werde ich noch konkreter auf die Studien eingehen, Abschnitt: Die Scharfmacher der Internet Research Agency.

Nicht nur der britische Untersuchungsausschuss, auch die Autoren der amerikanischen **Studien zur IRA-Kampagne** während der US-Wahl 2016 kritisierten die mangelnde Kooperation von Facebook und anderen Techkonzernen massiv. Die Unternehmen hätten wenig Bereitschaft gezeigt, für Aufklärung und Transparenz zu sorgen. Es hätten „Kernkomponenten gefehlt, die ein vollständigeres und besser verwertbares Bild" geliefert hätten. Facebook, Google und Twitter weigerten sich unter anderem während der Untersuchung, Kommentare von Nutzern oder Videoreichweiten öffentlich zu machen.

„Wir müssen aufhören zu denken, Soziale Netzwerke seien ein Hoheitsraum von irgendwelchen Unternehmen", sagt Faktenchecker Till Eckert. „Das ist nicht wahr. Sie sind öffentlich, und sie sind für jeden Menschen zugänglich. Sie sind öffentlicher Raum, und weil sie öffentlicher Raum sind, gehören sie konsequent durchreguliert." Dafür müsse aber auch gerade bei solchen Untersuchungen freier Zugang zu internen Daten gewährt werden.

Woran scheitert es bei Facebook? An den entscheidenden Stellen scheint Personal zu fehlen. Das hat die Whistleblowerin und Facebook-Insiderin Frances Haugen immer wieder in Interviews und anderen Äußerungen bemängelt. Die Teams bei Facebook zur Bekämpfung von Terrorismus, Desinformation, Menschenhandel oder Ähnlichem seien massiv unterbesetzt. Mit ihren Gegenmaßnahmen und der Aufklärungsarbeit blieben sie deshalb weit unter dem Notwendigen.

„Extrem gefährlich ist das in Ländern, in denen Menschen ihre Nachrichten und ihre Informationen hauptsächlich aus Sozialen Netzwerken beziehen", sagt Sarah Thust und betont, dass die Situation in manchen Entwicklungsländern noch verheerender sei als in Großbritannien,

Deutschland oder den USA. „Die Anzahl der eingesetzten Mitarbeiter in Deutschland unterscheidet sich beispielsweise stark von der in Äthiopien. Das hängt von Gesetzen und dem öffentlichen Druck ab.“ Wie ihr Kollege Eckert betont auch Thust, dass man sich nicht allein auf den guten Willen der Techkonzerne verlassen könne. „Wir müssen solche Konzerne einfach zu diesen Diskussionen zwingen, denn freiwillig werden sie es nicht tun. Da brauchen wir uns keine Illusionen zu machen.“ In manchen Ländern sei Facebook quasi mit dem Internet gleichzusetzen, jegliche Nachrichten und Informationen kämen aus den Newsfeeds. „Wenn 90 Prozent der Staatsbürger eines Landes diesem Unternehmen ausgeliefert sind, dann muss man halt reagieren. Dann muss mitunter auch die Regierung Druck machen.“

Das schlecht gesicherte Einfallstor der Sozialen Netzwerke war nicht der einzige Zugang, den die Russen nutzten, um Einfluss auf die Brexit-Entscheidung zu nehmen. Der Kreml suchte die Nähe wichtiger Gesichter der Brexit-Kampagnen und machte ihnen Avancen. Es wurde mit Geld gewinkt und von Gold gesprochen.

GELD, KONTAKTE UND KEINE NACHFORSCHUNGEN

Wie bereits zu Beginn des fünften Kapitels im Abschnitt zum Brexit und zu den Dark Ads angeschnitten, wäre da noch die Frage zu den 8,4 Millionen Pfund, die der britische Geschäftsmann Arron Banks für die „Leave“-Kampagne spendete. Im Zwischenbericht des britischen Parlaments heißt es: „Es ist unklar, woher er diese Summe erhalten hat. Er konnte uns nicht nachweisen, dass seine eigenen Spenden tatsächlich aus Quellen im Vereinigten Königreich stammen.“ Interne E-Mails, die dem Untersuchungsausschuss vorliegen, belegen zahlreiche Treffen zwischen 2015 und 2017 mit russischen Beamten einschließlich des russischen Botschafters in London, Alexander Jakowenko. „Arron Banks und Andy Wigmore (Anmerkung: Banks' Kommunikationsdirektor) haben den Ausschuss über die Anzahl der Treffen mit der russischen Botschaft getäuscht und haben die Beweisaufnahme des Ausschusses verlassen, um eine Prüfung des Inhalts der Gespräche mit der russischen Botschaft zu vermeiden.“ Aus den E-Mails gehe weiter hervor, dass Banks, dessen Frau Katya übrigens Russin ist, vor dem EU-Referendum angeboten worden sei, in mehrere russische Unternehmen zu investieren. In einer E-Mail erklärte Banks, er sei „sehr optimistisch in Bezug auf Gold und würde sich das gerne ansehen“. Er hatte im Mailverlauf mit den russischen Geschäftspartnern den Brexit-Befürworter Jim Mellon in Kopie gesetzt. Mellon, den Banks als „Freund und Geschäftspartner“ bezeichnet und der die „Leave.EU“-Kampagne mit

Spenden unterstützte, hat enge Kontakte nach Russland und einen Großteil seines Geldes durch Investitionen dort verdient. Sie brachten ihm Anteile an vielen der größten russischen Unternehmen.

Zu den Trump-Verbindungen nach Russland kommen wir gleich ausführlicher. Hier sei noch am Rande erwähnt: Einige Tage nach dem medienträchtigen Treffen mit dem designierten Präsidenten Trump in seinem goldverzierten Trump-Tower (du hast noch das Foto vom breit grinsenden EU-Kritiker Farage vor **Augen**?) trafen Banks und Wigmore in London ein weiteres Mal mit dem russischen Botschafter zusammen. Dabei berichteten sie von ihrer Begegnung mit Trump und gaben die Kontaktdaten von Mitgliedern seines Übergangsteams weiter.

Wenn nicht, schau es dir ruhig noch mal an. Direkt am Anfang von Kapitel 5, Abschnitt: Dark Ads und der Brexit. Farage und Trump sind echt goldig auf dem Foto.

All diese Verbindungen und Kontakte, der ungeklärte Ursprung von Banks' Millionen, dazu die massiven Twitter-Aktivitäten der Russen auf der einen und die wenig aufgearbeiteten Facebook-Kampagnen auf der anderen Seite – das weckt den Verdacht, dass der Kreml den Weg zum Brexit vorangetrieben hat. Zumindest passen die Aktivitäten zu den Methoden des russischen Informationskrieges. Die Frage allerdings, wie konkret und tief sich Moskau nun in das Referendum eingemischt habe, könne leider nicht final beantwortet werden, erklärte abschließend der britische Sicherheitsausschuss. Weil sie nie konsequent gestellt worden sei.

Es scheint, als wollten mehrere britische Regierungen die Antwort auch gar nicht kennen. Anfang 2016 lehnte Theresa May, damals war sie noch Innenministerin, ein Ersuchen der britischen Geheimdienste ab, das Verhalten von Banks und dessen Russland-Connections zu untersuchen. Als spätere Premierministerin weigerte sie sich weiter, sich zu den Berichten und Vorwürfen zu äußern – auch im Parlament. Und ihr Nachfolger Boris Johnson zeigte ebenfalls keinerlei Bemühungen, Licht ins Dunkel zu bringen.

2016: DER FALL LISA

Während die russische Einmischung in die britische Brexit-Abstimmung Europa schwächte, wurden von Russland aus auch inländische Konflikte in anderen Staaten geschürt. Darunter Deutschland. Vielleicht erinnerst du dich noch an den Fall von Lisa F. aus Berlin-Marzahn. 2016 täuschte die damals 13-jährige Russlanddeutsche ihre Entführung vor und behauptete, „Südländer" hätten sie verschleppt und vergewaltigt. Russische Staatsmedien nutzten den Vorfall, um die in dieser Zeit schwelenden gesellschaftlichen Konflikte um die Flüchtlingskrise zu befeuern, und stellten ihn als eindeutigen Beweis für den bevorstehenden Untergang des Westens dar. Das Narrativ, das sich damals besonders an die russlanddeutsche Community richtete: Die Flüchtlingswelle führe zu Übergriffen und Kriminalität. Deutschland könne dem nicht mehr Herr werden.

Auch rechtsextreme Medien und Organisationen wie Pegida oder NPD nahmen dankend die russische Berichterstattung auf.

Dieser Tweet des Journalisten Boris Reitschuster vom Januar 2016 zeigt: Rechte Organisationen haben Russlanddeutsche als Zielgruppe erkannt.
(Screenshot: CORRECTIV)

Schnell stellte sich heraus, dass der Vorfall keiner war. In Wahrheit war Lisa abgehauen, weil sie Angst gehabt hatte, wegen schulischer Probleme zu Hause Ärger zu bekommen. Doch Gerüchte und Mutmaßungen kursierten weiter und erreichten höchste diplomatische Ebenen. Sogar der russische Außenminister Sergej Lawrow unterstellte deutschen Behörden, die Wirklichkeit zu vertuschen, was das Misstrauen der russlanddeutschen Community in die deutschen Behörden wie auch Medien vergrößerte. Die Community organisierte Demonstrationen, zog vors Kanzleramt und durch deutsche Städte. Unter den Demonstranten wurden geschulte

Redner beobachtet, die die Menge anstachelten. Wurden die Proteste von russischer Seite dirigiert?

„Es ist sicher kein Zufall, dass Hunderte von Russlanddeutschen in mehreren deutschen Städten mit gleich aussehenden Plakaten auf die Straße gegangen sind", sagte im Januar 2016 Hubertus Knabe, damals Direktor der DDR-Gedenkstätte Berlin-Hohenschönhausen. Er warf damit die Frage auf, ob die Protestbewegung künstlich aufgestachelt und orchestriert worden sei. Knabe wies auch darauf hin, dass Russland den Informationskrieg gegen den Westen seit 2014 massiv ausgeweitet habe. „Die sozialen Medien werden vom Kreml systematisch zur Stimmungsmache genutzt. Dass daraus nun erstmals politische Demonstrationen wurden, ist ein Novum, das erhöhte Aufmerksamkeit erfordert."

Aber nicht nur in Deutschland wurden Menschen im Netz mobilisiert und dann auf die Straßen getrieben.

2016: US-PRÄSIDENTSCHAFTSWAHL

Die IRA begann schon früh, Informationen für einen Angriff auf die US-Wahl zu sammeln. Mitarbeiter der IRA reisten dafür durch die USA, um ein Gespür für die gesellschaftlichen Konflikte zu bekommen. Anfang der 2010er-Jahre war das primäre Ziel, eine mögliche Präsidentin Clinton zu verhindern. Angefangen mit Twitter, wo 2013 einschlägige IRA-Konten erste englischsprachige Tweets absetzten, weitete die Troll-Armee ihre Aktivitäten rasch als Multiplattformstrategie auf Youtube, Instagram und Facebook aus. Als dann auch noch Trump im Frühjahr 2016 als unerwarteter Favorit für die republikanische Nominierung auftauchte und unverhohlen seine Sympathie für den russischen Präsidenten kundtat, „America First" propagierte und sich von Europa distanzierte, beschleunigte sich die russische Operation an allen Fronten: Hetze und Desinformation auf Facebook und Twitter, Hack and Leak von Dokumenten der Demokraten, die Kontaktaufnahme mit Mitarbeitern der Trump-Kampagne und schließlich Angriffe auf das digitale Wahlsystem der USA.

Die US-Wahl wurde zur nächsten Eskalationsstufe im Informationskrieg mit dem Westen.

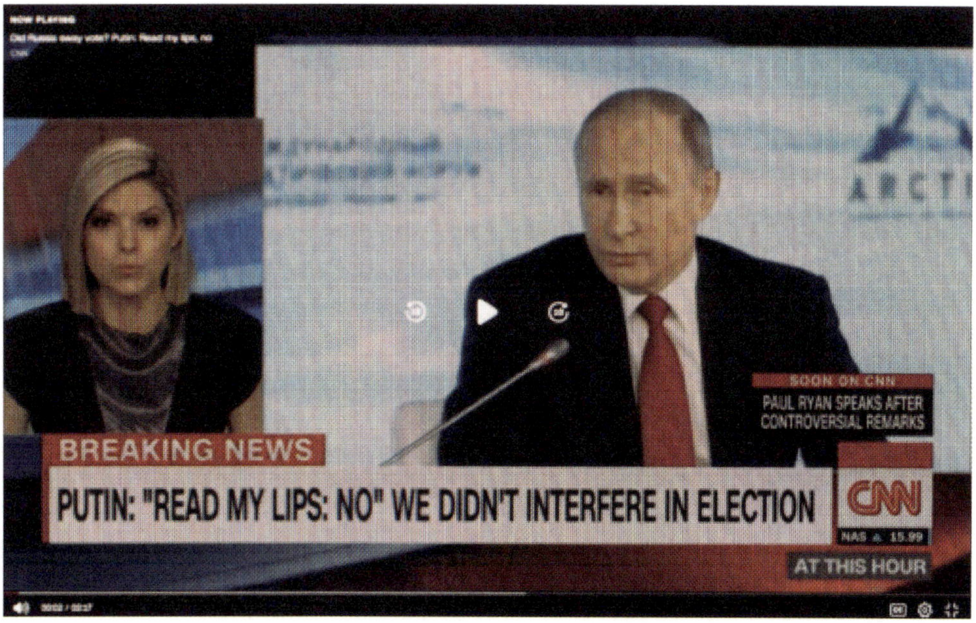

Die Unschuld in Person: Russlands Präsident Wladimir Putin in einem CNN-Interview vom 30. März 2017. (Screenshot: CORRECTIV.Faktencheck)

Endlich neuer Stoff für den Verschwörungstheoretiker im Hinterkopf: Hier gelangst du zu dem 25-seitigen Dokument des Geheimdienstes vom Januar 2017.

„Wir gehen davon aus, dass der russische Präsident Wladimir Putin eine auf die US-Präsidentschaftswahlen im Jahr 2016 gerichtete Beeinflussungskampagne angeordnet hat", schreiben die US-Geheimdienste in einer offiziellen Einschätzung. „Die russischen Bemühungen zur Beeinflussung der US-Präsidentschaftswahlen 2016 sind der jüngste Ausdruck von Moskaus langjährigem Bestreben, die von den USA geführte liberale demokratische Ordnung zu untergraben, aber diese Aktivitäten zeigten eine erhebliche Eskalation in Bezug auf die Direktheit, das Ausmaß der Aktivitäten und den Umfang der Bemühungen im Vergleich zu früheren Operationen. (...) Russlands Ziel war es, das Vertrauen der Öffentlichkeit in den demokratischen Prozess in den USA zu untergraben, Außenministerin Clinton zu verunglimpfen und ihre Wählbarkeit und potenzielle Präsidentschaft zu beeinträchtigen. Wir gehen ferner davon aus, dass Putin und die russische Regierung eine klare Präferenz für den designierten Präsidenten Trump entwickelt haben."

DIE SCHARFMACHER DER INTERNET RESEARCH AGENCY

Der Kampf begann in den Sozialen Netzwerken. „In den letzten fünf Jahren hat sich die Desinformation von einem Ärgernis zu einem Informationskrieg mit hohem Einsatz entwickelt", schreibt das Unternehmen New Knowledge in einer im Oktober 2019 veröffentlichten Studie zu den

Aktivitäten und Taktiken der Internet Research Agency im US-Wahlkampf 2016. Die IRA habe dabei „komplexe technologische, soziale und kognitive Schwachstellen“ ausgenutzt.

Eine echt spannende Analyse mit krassen Erkenntnissen. Aber mach dir am besten selbst ein Bild von der New-Knowledge-Untersuchung.

Die **Analyse von New Knowledge** ist eine von zwei Studien, die für den Geheimdienstausschuss des US-Senats Millionen von Einträgen in Sozialen Netzwerken wie Twitter, Facebook, YouTube und Instagram aus der Zeit des Präsidentschaftswahlkampfes untersuchten. Zu dem von New Knowledge ausgewerteten Material gehörten rund 61.500 unterschiedliche Facebook-Beiträge aus den Jahren 2015 bis 2017, die von 81 IRA-Konten stammten und ungefähr 77 Millionen Interaktionen wie Likes oder Kommentare nach sich zogen. Im selben Zeitraum veröffentlichte die IRA über 133 Instagram-Accounts etwa 116.000 Instagram-Beiträge – mit rund 187 Millionen Interaktionen.

Um langfristige Communitys aufzubauen und Inhalte zu streuen, arbeitete die IRA über die verschiedenen Plattformen hinweg. Auch auf Google+, Youtube, Reddit oder Pinterest, Vine und Tumblr waren Mitarbeiter aktiv. Es gab Podcasts, Paypal-Konten für Spenden und sogar Telefon-Hotlines, die Hinweise zu Wahlbetrug aufnahmen oder – in einer stark christlich geprägten Zielgruppe – Menschen berieten, die das Gefühl hatten, zu oft zu onanieren.

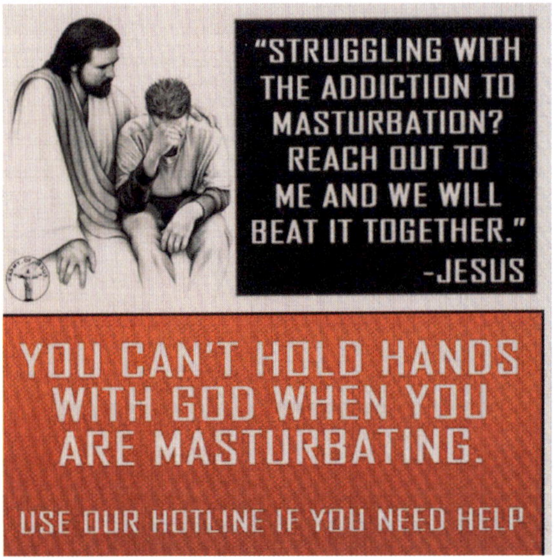

Eine Zielgruppe der russischen Propaganda waren strenggläubige Christen in den USA. Für sie schaltete die IRA sogar eine Seelsorgehotline. Bei Schuldgefühlen wegen Selbstbefriedigung bot die Hotline ihre Hilfe an. (Screenshot: CORRECTIV)

„Während ihrer mehrjährigen Bemühungen", schreibt die Autorengruppe der Untersuchung, „nutzte die Internet Research Agency die Spaltungen in unserer Gesellschaft aus, indem sie Schwachstellen in unserem Informationsökosystem ausnutzte. Sie beutete soziale Unruhen und kognitive Verzerrungen von Menschen aus." Dabei bewies die IRA großes Verständnis für die Verhältnisse und Konflikte in den USA und ein fast schon chirurgisches Feingefühl. Auf den Social-Media-Plattformen baute sie Communitys auf wie *America first, Guns4Life, Veterans come first, Tea Party News, Secured Borders, South United* oder *Heart of Texas*. Gleichzeitig postete sie unter Namen wie *Pro Blackfist, Black Business, Afro Kingdom, Black4Black, Black Matters US, Woke Black* oder *Blacktivist*. Communitys entstanden unter den Titeln *Pray4Police* auf der einen Seite und *Watch the Police* oder *Do Not Shoot US* auf der anderen. Die *Army of Jesus* wuchs parallel zur *Muslim Voice* und zu den *United Muslims of America*. Es gab Communitys wie *Born Liberal, Anonymous News, Feminism Tag, Rainbow Nation US* oder *LGBT United*. Obwohl all diese Seiten und Gruppen, denen teils Hunderttausende in den Sozialen Netzwerken folgten, so unterschiedlich scheinen, wendete die IRA in allen dieselbe Taktik an.

In einem ersten Schritt wurden gruppeneigene Narrative genährt: der Stolz auf die Rasse oder Religion, auf gemeinsame Werte und kulturelle Errungenschaften. Das sei klassischer Clickbait, analysiert die zweite Studie im Auftrag des Geheimdienstausschusses des US-Senats, durchgeführt von der britischen University of Oxford in Zusammenarbeit mit der Datenfirma **Graphika**. Ziel war es, die Communitys wachsen zu lassen. Heldengeschichten von Veteranen, Polizisten, Aktivisten, Sportlern oder den außergewöhnlichen Leistungen einfacher Menschen dienten immer wieder als Hebel, um Einheit und Geschlossenheit zu beschwören.

Und hier findest du die zweite Studie, die maßgeblich dazu beigetragen hat, die Aktionen der IRA im Präsidentschaftswahlkampf ans Tageslicht zu zerren.

Mit bezahlten Anzeigen lockte die IRA zusätzliche Follower auf die Seiten – allerdings machte diese Form der Veröffentlichung nur einen sehr geringen Anteil an der IRA-Strategie aus und karikierte damit die millionenteuren Facebook-Bemühungen von Republikanern und Demokraten im Wahlkampf. Für die maßgebliche Reichweite sorgten nämlich organische Beiträge, das heißt Posts, die nicht gesponsert, nicht vom Sozialen Netzwerk gegen Bezahlung gepusht wurden. Die IRA nutzte vielmehr die Dynamiken der Plattformen. Die Beiträge spielten mit den Emotionen in den Gruppen, wurden gelikt, kommentiert und geteilt. IRA-Mitarbeiter und Bots heizten die Stimmung über Tausende von Fake-Konten weiter an, damit die Beiträge viral gingen. Sie enthielten häufig Links zu externen Webseiten, die weitere Desinformationen streuten. Nach einem Bericht der *New York Times* suchen täglich Scharen russischer Geheimdienstagenten und ihrer Helfer nach wirkungsvollen **Fake News für den Westen**.

Immer nur lesen ist langweilig? Hier gibt es was fürs Auge: Die dreiteilige Dokureihe „Operation Infektion" der *New York Times* analysiert Putins Desinformationskampagnen und erklärt, wie die Taktiken seit der Sowjetunion bis heute Bestand haben – vom „Pizzagate" bis hin zu George-Soros-Verschwörungstheorien.

Im zweiten Schritt, der dem Einschwören folgte, ging die IRA ans Anstacheln. Sie streute dafür Salz in die Wunden, die Ungerechtigkeiten bei einer Gruppe hinterlassen hatten, oder erregte Missgunst bei ihr gegen eine andere Gruppe. Alles nur zum Zweck, verschiedene Communitys gegeneinander aufzuwiegeln. Ihre Beiträge strotzten dabei vor Vorurteilen und Diskriminierungen. Wenn sie die soziale Ungleichheit anprangerten, unter der eine angesprochene Community litt, dann wogen sie deren Schicksal direkt mit dem von anderen Gruppen auf. Sie forderten Empörung und Wut heraus. Der US-Marine verdient weniger als der schwarze NBA-Star?! Bei der Nonne ist das Kopftuch okay, für die Muslima heißt es „No way"?! Die Regenbogenfahne darf gehisst werden, doch die Südstaatenflagge ist verboten?! Jungs dürfen sich wie Mädchen kleiden, aber nicht mit ihrem Vater schießen üben?! Die Liste der Aufreger und Absurditäten ist lang und schmerzhaft. Mit viel Gespür wurden in den Communitys Frust und Neid gegenüber anderen Bevölkerungsgruppen ebenso großgezogen wie Angst und Hass, um die verschiedenen Lager zu polarisieren und so die Gesellschaft weiter zu spalten.

Darren Linvill, Professor an der Clemson University, hat drei Millionen Tweets der Internet Research Agency untersucht. Er sagt, er sei „beeindruckt von ihrem Grad an absurder Kreativität und ihrem scharfen Verständnis der amerikanischen Psychologie". Die IRA-Mitarbeiter wussten „genau, welche Knöpfe sie drücken mussten", und arbeiteten mit „industrieller Effizienz".

Aktuelle Ereignisse und Konflikte dienten dabei immer wieder als Aufhänger: Die Beiträge für eine Zielgruppe wetterten gegen den Kriegseinsatz in Syrien, die Beiträge für eine andere Gruppe waren dafür. Hier waren Texte zu lesen, die sich für die Aufnahme von Flüchtenden aussprachen, dort grelle Warnungen vor gewalttätigen Sozialschmarotzern, die über die Grenzen kämen, um sich über amerikanisches Geld und amerikanische Frauen herzumachen. Viel Anlass zur unterschiedlichen Auslegung bot der Protestakt des schwarzen Footballspielers Colin Kaepernick, der sich während der amerikanischen Nationalhymne nicht erhoben hatte. In Beiträgen, die vorwiegend auf schwarze Communitys zielten, wurde Kaepernick als Held gefeiert, der ein Zeichen der Zivilcourage gegen Rassismus und Polizeigewalt setzte, in Beiträgen, die sich an Patrioten und Rechte richteten, galt er als respektloser Landesverräter.

Aber auch grundsätzliche Debatten heizte die IRA in ihren Gruppen an – Diskussionen über Abtreibung, LTGBQ- und Transgender-Rechte, Polizeigewalt, Rassismus, Feminismus, Waffengesetze, das Kopftuchtragen oder die Einführung der Scharia.

Besonders aufgefallen ist mir das konsequente Kultivieren archaischer Männlichkeit, wenn die Gruppen gegeneinander aufgewiegelt wurden. Ganz gleich, ob Rednecks oder Blacks – die eigenen Frauen sind grundsätzlich die schönsten. Es gilt, sie auf ein Podest zu stellen, sie zu vergöttern und zu beschützen. Widerlicher sexistischer Spott erging dagegen über die anderen, besonders über Linke, LGBTQ- oder Transmenschen.

Mit Spott über die LGBT-Szene (Lesbian, Gay, Bisexual und Transgender) konnte die IRA besonders bei Konservativen und Anhängern der amerikanischen Alt-Right punkten. (Screenshot: CORRECTIV)

ISLAM IS A RELIGION OF PEACE
KORI ALI MUHAMMAD PEACEFULLY KILLED 4 IN FRESNO
americafirst
@_americafirst_

HE BEAT THE DEMOCRATS, REPUBLICANS AND THE MEDIA.
HIS ONLY ALLY, THE AMERICAN PEOPLE!

'LIKE' IF YOU WANT JESUS TO WIN!

reality
BLACKTIVIST
The KKK has infiltrated police departments for years

TREAT YOUR WIFE THE WAY YOU WANT YOUR DAUGHTER TO BE TREATED.
- SHEIKH IBN UTHAYMIN -
United Muslims of America

United Muslims of America
A Nun can be covered from head to toe in order to devote herself to God, right? But, If a Muslim girl does the same why is she opressed ?

Michael Brown was shot in 2014.
That same year
126 COPS WERE KILLED
Can you name any of them?
Do you understand the liberal media brainwashing yet?

TEXAS POLICE IS THE BEST!
SHERIFF
"IN GOD WE TRUST"
LIKE AND SHARE IF YOU AGREE

IF YOU CAN FLY YOURS,
WHY CAN'T I FLY MINE?

"THOSE WHO WOULD DENY FREEDOM TO OTHERS DESERVE IT NOT FOR THEMSELVES."
- ABRAHAM LINCOLN -

LOVE IS LOVE

WANNA TALK ABOUT INCOME EQUALITY?
NBA ROOKIE $490, 180
ARMY PRIVATE $18, 654

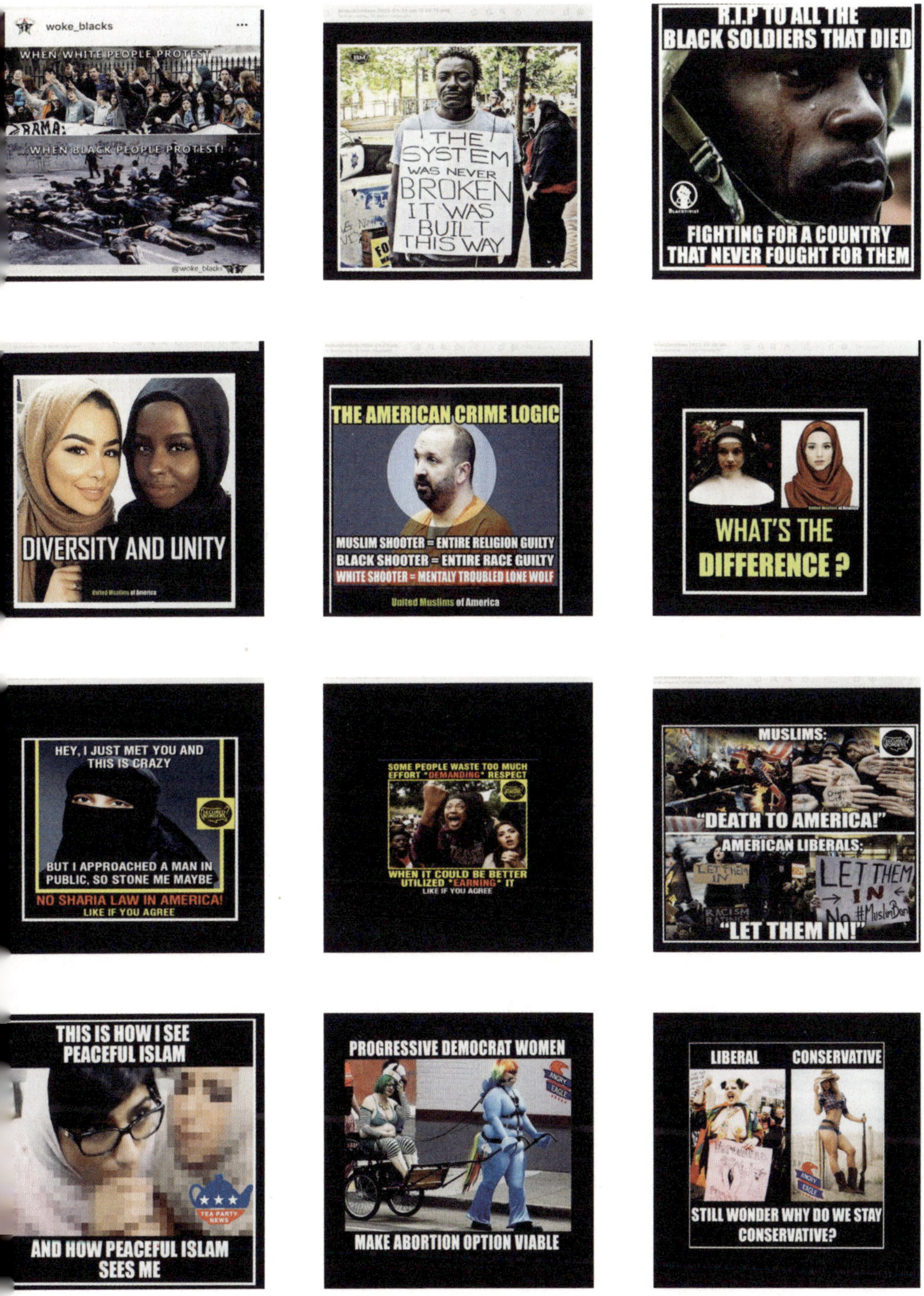

All diese Memes stammen von der Internet Research Agency. Häufig greifen sie Reizthemen auf und besetzen sie in den verschiedenen Communitys konträr, um gezielt Konflikte anzuheizen.
(Screenshot: CORRECTIV)

Auch Beleidigungen zählen zu den Werkzeugen der IRA. Ein beliebtes Ziel dabei sind Feministinnen und trans Personen. (Screenshot: CORRECTIV)

LIKE FOR REAL MEN
ANGRY EAGLE
IGNORE FOR FREAKS OF NATURE
DAD
SON

LIP INJECTIONS
ASS IMPLANTS
SPRAY-ON TANS
DREADLOCKS
BUT THEY TRY TO INSULT US BY SAYING WE HAVE BIG LIPS· BIG BUTTS· FILTHY HAIR· AND DARK SKIN·

INSTEAD OF
BANNING MUSLIMS
FROM ENTERING
AMERICA
BAN AMERICANS FROM GOING TO MUSLIM COUNTRIES

Do not vote for oppressors!

... just so that you inderstood the difference
BLACK LIVES MATTER!
THAT'S OFFENSIVE!
@woke_blacks

muslim_voice
YES, I'M MUSLIM
YES, I'M AMERICAN
YES, I WEAR HIJAB
NO, I'M NOT A TERRORIST
YES, I RESPECT YOU ... YOU SHOULD RESPECT ME TOO

STOP INVITING AMERICA-HATERS
NO MORE 'REFUGEES'!

STOP
SHARIA LAW
WELCOME TO THE 9TH CENTURY

defend.the.second
GUN SAFETY INSTRUCTIONS, INDIANA, 1956
SCHOOL SHOOTINGS IN INDIANA IN 1956:
0

hile your children are learning to tolerate
ese children, these children are learning to
your children

IT'S NOT
"WHITE vs. BLACK"
IT'S THE
STATE vs. ALL OF US

MERICAN FURY
AMERICA WITHOUT ISLAM

„Die spaltende Propaganda, mit der Russland über drei Jahre lang das amerikanische Denken beeinflusste und Gespräche steuerte, war nicht immer objektiv falsch", schreiben die Autoren der New-Knowledge-Studie. „Aber es war absolut beabsichtigt, Stammesdenken zu verstärken, zu polarisieren und zu spalten und Standpunkte zu normalisieren, die für die russische Regierung strategisch vorteilhaft waren, von sozialen Fragen bis hin zu politischen Kandidaten."

Dabei blieb es nicht nur bei der Hetze im Netz: IRA-Mitarbeiter brachten zum Beispiel über die Seite *Heart of Texas* eine Demo gegen ein islamisches Zentrum in Houston auf die Straße, das dort bereits seit 14 Jahren stand, und gleichzeitig über die *United Muslims of America* eine Gegendemo, um „islamisches Wissen zu retten" – wie die *New York Times* in ihrem Bericht „The Plot to Subvert an Election" aufdeckte. Brandbeschleuniger bei der geposteten Veranstaltungsinfo inklusive: „Stoppt die Islamisierung von Texas", hieß es demnach in einem *Heart of Texas*-Beitrag mit Foto des islamischen Da'wah-Zentrums, das als „Schrein des Hasses" bezeichnet wurde. Der Beitrag forderte die Demonstranten dazu auf, sich auf einen Kampf vorzubereiten: „Bringt ruhig eure Schusswaffen mit, versteckt oder nicht!" Unter verdeckter Identität habe die IRA mit ihren Botschaften auf Tausenden von ihr eingerichteten Online-Konten eindeutig „den Republikanern und insbesondere Donald Trump nutzen wollen", schreiben die Autoren der Oxford/Graphika-Studie.

Die Taktik, erst die Communitys einzuschwören, dann zu frustrieren und schließlich aufzustacheln, unterschied sich in den verschiedenen Gruppen eigentlich nur im Finale: Konservative, rechtsgerichtete Wähler wurden aktiv ermutigt, sich hinter Trumps Kampagne zu stellen. Andere Gruppen, etwa Schwarze, Muslime, LGTBQ, sollten die Wahl und das angeblich korrupte, illoyale System boykottieren. „Before you vote – listen to MJ", titelte zum Beispiel ein *Blacktivist*-Meme mit dem Bild Michael Jacksons: „All I wanna say is that they don't really care about us."

Was es so perfide macht: Die IRA-Mitarbeiter nutzten dieselben gesellschaftlichen Risse wie die Alt-Right um Mercer und Bannon; der Angriff auf die amerikanische Gesellschaft erfolgte also von zwei Seiten und damit mit doppelter Wucht. Das Narrativ der Lügenpresse fand sich nicht nur in den Alt-Right- und Mercer-geförderten Publikationen, sondern auch gleichermaßen in IRA-Gruppen für Schwarze, Muslime, Linke und Trump-Wähler. Immer wieder lautete die Botschaft, man solle dem Establishment und dem gesamten System misstrauen. Die IRA-Kampagne „sollte gesellschaftliche Brüche ausnutzen, die Grenzen zwischen Realität und Fiktion verwischen, unser Vertrauen in die Medien und das Informationsumfeld, in die Regierung, ineinander und in die Demokratie selbst untergraben", schreibt die Autorengruppe von New Knowledge. Die Kampagne „verfolgte all diese Ziele mit einem Geschick, einem Umfang und einer Präzision, die innovativ waren".

Das Wichtigste bei dieser Serienproduktion von Memes und Beiträgen: Menschen sollten sich aneinander aufreiben, sollten anfangen, sich zu hassen. Ohne die Infrastruktur und algorithmischen Brandbeschleuniger amerikanischer Social-Network-Unternehmen hätte die russische Beeinflussungskampagne nicht funktionieren können.

Die IRA betrieb, schreiben die Autoren der Oxford/Graphika-Studie, allein 20 Facebook-Seiten, die zusammen 39 Millionen Likes, 31 Millionen Shares, 5,4 Millionen Emoji-Reaktionen sowie 3,4 Millionen Kommentare erzeugten – diese Zahlen sollte man sich in aller Deutlichkeit bewusst machen. Ihre Desinformationskampagne erreichte 126 Millionen Menschen auf Facebook sowie weitere 20 Millionen auf Instagram. Zum Vergleich: Bei der Präsidentschaftswahl 2016 wurden insgesamt rund 128,82 Millionen gültige Wählerstimmen für Trump und Clinton ausgezählt.

GUCCIFERS ANGRIFF 2.0

Neben dem breiten Bombardement in den Sozialen Netzwerken initiierten die russischen Infokrieger auch gezielte Hackerattacken auf die politischen Feindbilder in den USA. Und das mehr oder weniger geschickt.

Es war im Juni 2016. Einen Tag nachdem die Demokraten gemerkt und bekannt gegeben hatten, dass das Netzwerk des Democratic National Committee (DNC) und des demokratischen Wahlkampfkomitees (DCCC) höchstwahrscheinlich von Russen gehackt worden war, tauchte wie aus dem Nichts Guccifer 2.0 auf. Ein Rumäne, wie er von sich behauptete, ein „einsamer Hacker", der in die Zentralrechner der amerikanischen Partei eingedrungen sei, einfach, weil er es gekonnt und Spaß daran gehabt habe. Die Schadsoftware, die das FBI und die Cybersicherheitsfirma CrowdStrike auf den Computern entdeckten, stahl Passwörter, zeichnete die Tastatureingaben von demokratischen Mitarbeitern auf, machte Screenshots und sammelte jede Menge Daten. Klingt nach extremem Spaß.

„Hier sind nur einige wenige Dokumente von vielen Tausenden, die ich beim Hacken des Netzwerks des DNC extrahiert habe", schrieb Guccifer 2.0 in seinem ersten Blogbeitrag am 15. Juni 2016, mit dem er einen Stoß der geleakten Dokumente veröffentlichte. Um alle Spekulationen zu zerstreuen, dass er zum russischen Geheimdienst GRU gehöre, betonte Guccifer, dass das DNC auch noch behaupten würde, er sei ein „ein russischer Bär“, selbst wenn er in Wirklichkeit „eine katholische Nonne“ wäre.

Der Name Guccifer 2.0 ist übrigens eine Anspielung auf Marcel-Lehel Lazăr. Lazăr ist ein rumänischer Hacker, der es Anfang der 2010er-Jahre auf Prominente und Politiker aus Rumänien und den USA abgesehen hatte. 2014 wurde Lazăr verhaftet. Er hatte sich im Netz Guccifer genannt – eine Kombination aus Gucci und Luzifer.

Das war natürlich eine Lüge.

Die Zeitstempel in den ersten Leaks von **Guccifer 2.0** zeigten, dass sie alle gleichzeitig veröffentlicht worden waren – nur wenige Stunden nachdem das Eindringen in das DNC und dessen Zuordnung zu Russland bekannt geworden waren. Außerdem war der Name des Gründers der sowjetischen Geheimpolizei in Guccifers Dokumente eingebettet, die dazu noch mit einer russischen Version von Microsoft Word geschrieben worden waren. Und als Krönung der vielen kleinen Fehler, die die Gruppe machte, die vermutlich hinter Guccifer 2.0 stand: Nach seinem ersten Blogbeitrag führte das *Vice*-Nachrichtenportal *Motherboard* ein Interview mit dem Hacker und stellte ihn im Nachhinein bloß – denn eine Sprachanalyse habe ergeben, er könne auf keinen Fall ein rumänischer Muttersprachler sein. Es blieb nur ein Schluss: In der Hektik einer Nacht hatten Beamte des russischen Militärgeheimdienstes GRU die Persona Guccifer 2.0 geschaffen, um die Spionagevorwürfe gegen Russland zu zerstreuen.

In einer Reihe von Blogbeiträgen und Tweets veröffentlichte der angebliche Hacker kontinuierlich weitere Teile der DNC-Dokumente. Diese Aktivitäten, die mit dem ersten Erscheinen Guccifers Mitte Juni 2016 begonnen hatten, endeten im Januar 2017 kurz vor Trumps Amtsantritt und wurden nicht wieder aufgenommen. Da liegt der Verdacht nahe, dass die Leaks Teil einer Kampagne waren, um dem Republikaner zum Sieg zu verhelfen.

Um das Material zusätzlich zu verbreiten, teilte Guccifer 2.0 die gestohlenen Dokumente auch direkt mit ausgewählten Multiplikatoren, unter anderem mit einem US-Kongresskandidaten, einem staatlichen Lobbyisten, einer Person, die mit der Trump-Kampagne in Verbindung stand, und mit Journalisten. Ein Mitarbeiter der Republikaner aus Florida schrieb Guccifer 2.0 sogar persönlich an und bat um „jegliche Informationen über Florida“. Er bekam 2,5 Gigabyte Datensätze zurück. Die Daten, so schwärmte er im Gegenzug, seien „wahrscheinlich Millionen von Dollar wert“. Auf ihrer Grundlage passten die Republikaner ihre Wahlziele in dem Bundesstaat an.

Zu guter Letzt arbeitete Guccifer 2.0 auch mit Wikileaks zusammen. Die Enthüllungsplattform bewies sich dabei als besonders hilfreicher Partner in der russischen Kampagne. Nachdem Julian Assange in einer britischen

Sonntagsfernsehshow groß angekündigt hatte, dass seine Webseite bald eine ganze Reihe von E-Mails bezüglich Hillary Clinton veröffentlichen werde – „WikiLeaks hat ein sehr großes Jahr vor sich" –, begann die Plattform am 22. Juli 2016 mit dem Leak von 19.252 E-Mails und rund 8.000 Anhängen, die bei dem Hack der Demokraten gestohlen worden waren. Das war, gut getimt, genau drei Tage vor der Democratic National Convention, dem Parteitag der Demokratischen Partei in den USA.

Fast spielerisch tanzten in den kommenden Wochen und Monaten Russen und Republikaner umeinander: Während Trump den Leak auf Twitter und bei Kundgebungen groß feierte und für seine Angriffe auf Hillary zu nutzen wusste, verteidigte Trumps langjähriger Vertrauter und politischer Berater Roger Stone den Kreml öffentlich gegen Schuldzuweisungen. In einem Artikel auf *Breitbart* vom August 2016 beglaubigte Stone großspurig, dass Guccifer 2.0 der rumänische Hacktivist sei, für den er sich ausgab. „Guccifer 2.0 ist das einzig Wahre", schrieb er und forderte, „Russland nicht länger für den Hack verantwortlich zu machen". Süffisant setzte er in seinem *Breitbart*-Artikel nach: „Jetzt fragen Sie sich selbst: Warum ist Roger Stone derjenige, der Ihnen das zeigt? **Diese Webseite** (Anmerkung: die Seite von Guccifer 2.0) ist nicht versteckt, aber natürlich haben unsere erbärmlichen Pressekasperln nicht darüber berichtet; sie wiederholen einfach Hillarys Verdrehungen. (…) Aus irgendeinem seltsamen Grund wollte sich die Presse des Establishments nicht mit dem Establishment der Demokraten anlegen, ihrem Parteiapparat." Mehr noch: Die Presse schütze Clinton. Die Mainstream-Medien seien ihre Schoßhündchen und würden gegen jeden hetzen, der sich gegen die Kandidatin stelle. „Wenn ich sagen würde, dass Hillary einen Fehler nuklearen Ausmaßes begeht, würden mich die Hater aus den Medien beschuldigen, den Dritten Weltkrieg anzetteln zu wollen", behauptete Stone. „Da ich von Natur aus ein schüchterner und bescheidener Mensch bin", heuchelte er weiter, „der nicht zu forschen Äußerungen neigt, werde ich nicht sagen, dass uns Hillary mit ihrem politisch motivierten Blödsinn zu einer nuklearen Konfrontation mit Russland zu führen scheint." Die Medien beschäftigten sich sehr damit, dafür zu sorgen, dass Hillary Clinton gewählt werde. So sehr, dass sie dem amerikanischen Volk die Fakten nicht präsentierten.

Die Wordpress-Seite von Guccifer 2.0, auf die Stone anspielt, steht noch immer im Netz. Mitsamt den geleakten Dokumenten. Bei Interesse findest du sie hier.

Später gab Stone zu, dass er über Twitter direkt mit Guccifer 2.0 in Kontakt gestanden habe. Über Twitter forderte Stone auch Wikileaks öffentlich auf, Material über Clinton zu veröffentlichen. Er blies damit ins selbe Horn wie Trump, der vor laufenden Kameras Russland gebeten hatte, Clintons E-Mails während des Wahlkampfs zu hacken. Im Nachhinein meinte er zwar, nur gescherzt zu haben, trotzdem kam Russland seiner

Bitte nach und startete eine weitere Hackerattacke. Und auch Wikileaks half, die neue Bombe möglichst laut zum Bersten zu bringen.

Clintons E-Mails erbeutete der GRU zwar nicht, dafür aber über einen **Phishing-Angriff** 50.000 E-Mails von John Podesta, dem Leiter von Clintons Wahlkampfteam. Die Russen aka Guccifer 2.0 spielten die E-Mails an Wikileaks weiter. Stone war bereits im Voraus über die anstehende Veröffentlichung informiert worden und twitterte hämisch wie verheißungsvoll am 25. August: „Vertraut mir", es werde bald „Podestas Zeit in der Tonne" beginnen.

Phishing bezeichnet das Erbeuten persönlicher Daten und Passwörter. Dafür wird eine Art Köder ausgeworfen: Eine gefälschte Mail oder Kurznachricht fordert z. B. zum Ändern von Zugangsdaten auf. Fällt das Opfer auf die Täuschung herein, sprich: beißt es an und schluckt den Köder, gibt es so seine realen Zugänge preis. Phishing beschreibt also ein Fishing for Passwords.

Das „bald" dauerte etwas. Monatelang hielt Wikileaks die Podesta-E-Mails zurück und wartete auf den richtigen Moment. Der kam schließlich am 7. Oktober 2016. Warum? An diesem Tag gaben die amerikanischen Geheimdienste und das Ministerium für Innere Sicherheit ihre erste offizielle Erklärung ab, dass die russische Regierung mit Zustimmung ihrer „höchsten Beamten" hinter dem ersten Hackerangriff auf die Demokraten im Juni 2016 und dem damaligen Durchsickern der rund 19.000 E-Mails stecke.

„Die jüngsten Enthüllungen von angeblich gehackten E-Mails auf Websites wie DCLeaks.com und WikiLeaks sowie durch die Online-Person Guccifer 2.0 stimmen mit den Methoden und Motiven der von Russland gesteuerten Bemühungen überein", erklärten das Department of Homeland Security und das Office of the Director of National Intelligence damals. „Diese Diebstähle und Enthüllungen zielen darauf ab, den US-Wahlprozess zu stören. Derartige Aktivitäten sind für Moskau nicht neu – die Russen haben beispielsweise in ganz Europa und Eurasien ähnliche Taktiken und Techniken angewandt, um die öffentliche Meinung dort zu beeinflussen."

Die Veröffentlichung der Podesta-E-Mails half den Russen, die amerikanische Öffentlichkeit von den Vorwürfen der Geheimdienste abzulenken. Aber auch Trump rettete sie den Hals, denn sie lieferte ihm Munition, um den Fokus der Öffentlichkeit von eigenen Verfehlungen wegzulenken. Zeitgleich wurde nämlich die „Access Hollywood"-Aufnahme von 2005 öffentlich – du erinnerst dich: „Wenn du ein Star bist, lassen sie dich alles machen", hatte Trump in einem mitgeschnittenen Gespräch über Frauen gesagt. Diese Blamage widerfuhr ihm nur wenige Tage vor der zweiten Präsidentschaftsdebatte mit Clinton. Beide Kandidaten rüsteten schon eifrig für das anstehende Wortgefecht auf.

Für Trump und auch für Journalisten waren die geleakten Podesta-Mails ein gefundenes Fressen. Denn sie enthielten peinliche Kommentare von

Mitarbeitern über Clintons Unzulänglichkeiten und die vollständigen Texte ihrer hoch bezahlten Reden vor Banken und anderen Unternehmen, nach denen viele Redaktionen schon lange gesucht hatten. Wikileaks half, indem es netterweise besonders diskreditierende Stellen in den Leaks gelb hervorhob.

Eine kurze Anmerkung zur Qualität der geleakten Dokumente: Bei dem Großteil der Leaks handelte es sich nicht um Fake News, wohl aber um Malinformation, also gestreute Daten, die zwar richtig sind, aber die öffentliche Meinung beeinflussen sollen. Malinformation ist genauso Bestandteil eines Informationsangriffs. Das sollte jedem bewusst sein.

Als zusätzliches Geschenk an die Republikaner veröffentlichte **Wikileaks** im letzten Monat des Wahlkampfs täglich Infos, die das Clinton-Team in die Defensive drängten. Wenn der erste große Leak im Juni eine Explosion gewesen war, so war die Serie im Oktober ein unerbittliches Scharfschützenfeuer. Unklar bleibt bis heute, ob das verheerend effektive Timing der Veröffentlichungen von den Russen oder von Assange bestimmt worden war.

Zwei Jahre später, am 13. Juli 2018, wurde ein offizieller Schlussstrich unter die Spekulation über Guccifer 2.0 gezogen. Das Justizministerium identifizierte den vermeintlichen rumänischen Hacker als Offizier des russischen Geheimdienstes und klagte ihn zusammen mit elf weiteren Offizieren an. Detailliert dokumentiert die **Anklageschrift** jeden ihrer Schritte einschließlich der Einbruchstechniken der Hacker, ihrer Tricks, mit denen sie sich in den Netzwerken der Demokraten versteckten, und sogar ihrer Internet-Suchanfragen. Die Verlesung der Schrift fand in Abwesenheit der Angeklagten statt. Denn die waren für die US-Justiz nicht greifbar.

Du willst die Anklageschrift in allen Details nachlesen? Hier findest du sie.

Die Angeklagten arbeiteten für zwei Einheiten des GRU, die „aktive Cyberoperationen durchführten, um die Präsidentschaftswahlen 2016 zu stören“, sagte damals der stellvertretende Generalstaatsanwalt Rod Rosenstein. Mithilfe von **Spear-Phishing**-Attacken hackten sie sich in Computernetzwerke ein, wo sie „bösartige Software“ installierten, erklärte Rosenstein, als er die Anklage verkündete. Die Russen hätten darüber hinaus besprochen, wie und wann sie das erbeutete Material veröffentlichen sollten, um innerhalb der Vereinigten Staaten für den größten politischen Wirbel zu sorgen. Das war ihnen gelungen: Die Flut von peinlichen Informationen über die inneren Abläufe in der Führung der Demokratischen Partei hatte zum Rücktritt der damaligen DNC-Vorsitzenden Debbie Wasserman-Schultz geführt und später auch Clintons Wahlkampfleiter Podesta in große Verlegenheit gebracht.

Spear-Phishing beschreibt eine gezielte Phishing-Attacke auf eine Person. Beim Auslegen des Köders werden dabei sehr persönliche und individuelle Informationen verwendet. Es ist also kein Fischen auf Masse, sondern mehr das Jagen mit einem Speer, bei dem man auf einen einzelnen Fisch abzielt.

Außerdem warf die Anklage den GRU-Angreifern vor, auch auf staatliche Wahlsysteme einschließlich Regierungsbehörden und ihrer Zulieferer abgezielt und Informationen über 500.000 amerikanische Wähler gestohlen zu haben. „Sie hackten sich in die Computer eines Unternehmens, das

Software zur Überprüfung von Wählerregistrierungsdaten lieferte", sagte Rosenstein. Er betonte aber auch, dass es leider nie zu einem offiziellen Prozess vor einem amerikanischen Gericht kommen werde, da Russland die Angeklagten nicht ausliefern werde.

SÜßE OFFERTEN, SCHWARZER KAVIAR

Dass Russen enge Kontakte zu Republikanern und hochrangigen Mitgliedern des Teams Trump pflegten, könnte mit seinen Verstrickungen und Wendungen ein eigenes Buch füllen. An dieser Stelle will ich den Aspekt nur kurz beleuchten. Hervorheben werde ich die Herren Manafort und Flynn, denen du im zweiten Kapitel schon begegnet bist. An ihrem Beispiel werde ich verdeutlichen, wie breit die Fronten in diesem Informationskrieg gezogen sind, was es den Verteidigern der Demokratie schwer macht (und letztendlich unmöglich), sie alle zu halten. Hinzu kommt: Nicht jeder Angriff erfolgt offen und erwartbar. Korruption und die Bereicherung Einzelner werden immer Hinterzimmerspiele bleiben. Umso wichtiger ist es, dass wir uns an den anderen Flanken rüsten.

„Schwarzer Kaviar" lautete die Betreffzeile einer E-Mail, die Paul Manafort im Juli 2016 von seinen Partnern in Kiew erhielt. Sie wiesen ihn auf das großzügige Angebot eines russischen Oligarchen hin, mit dem sie gerade Geschäfte gemacht hatten. Die Mail war nur einer von vielen Stricken, die Manafort zu Fall brachten. Bis 2014 war Manafort Lobbyist für den im selben Jahr gestürzten prorussischen Präsidenten der Ukraine, Wiktor Janukowitsch, gewesen. Seine Kontakte schien er auch über diese Zeit hinaus gepflegt zu haben. Als er die E-Mail erhielt, leitete Manafort gerade den Wahlkampf für Donald Trump. Wie nah Trump und sein Team zu Russland standen, hatte ihm während des Wahlkampfes immer wieder zugesetzt. Die US-Presse verfolgte mögliche Verflechtungen sehr aufmerksam. War doch zu befürchten, der damalige Präsidentschaftskandidat und seine Mitarbeiter könnten erpressbar sein und die Interessen Russlands in die amerikanische Politik einfließen lassen. Schließlich berichtete die *New York Times* im August 2016, dass Manafort von Kreml-freundlichen Kräften aus der Ukraine fast 13 Millionen Dollar Schwarzgeld erhielt. Wegen seiner fragwürdigen Kontakte musste Manafort schließlich zurücktreten.

Im Mai 2017 nahm der ehemalige FBI-Direktor Robert Mueller Sonderermittlungen zu den Verbindungen von Trumps Wahlkampfteam nach Russland auf. Fünf Monate später wurde Manafort angeklagt, weil er in seiner Zeit als Lobbyist insgesamt rund 18 Millionen Dollar Schwarzgeld von seinen ukrainischen Kunden für eine prorussische Kampagne erhalten und diese illegal gewaschen hatte. Nach anfänglicher Kooperation mit

Sonderermittler Mueller und späteren Falschaussagen wurde er schließlich 2019 in zwei separaten Verfahren zu siebeneinhalb Jahren Gefängnis verurteilt, unter anderem wegen Banken- und Steuerbetrugs sowie illegalen Lobbyings. In dem Verfahren kam auch heraus, dass Manafort 2016 Wahlkampfunterlagen an einen russischen Kontakt mit Geheimdienstverbindungen weitergegeben hatte. Seine Haftstrafe musste Manafort nicht absitzen. Im Dezember 2020 begnadigte ihn Trump.

Auch seinen ehemaligen Sicherheitsberater Michael Flynn begnadigte Trump kurz vor Ende seiner Amtszeit. Flynn war ebenfalls als Lobbyist tätig gewesen und hatte Gelder aus Russland erhalten. Der ehemalige Leiter des Verteidigungsnachrichtendienstes betrachtete Russland seit Langem als Verbündeten im Krieg gegen den radikalen Islam, den er als „Krebs" bezeichnete, der sich nur „hinter dem Label der Religion" verstecke. In seiner Zeit als Direktor der Defense Intelligence Agency (DIA) saß Flynn 2013 im imposanten Hauptquartier des GRU und diskutierte angeregt mit russischen Offizieren. Zwei Jahre später erhielt er bei einem Galadinner in Moskau einen Ehrenplatz direkt an Putins Seite. In diesem Jahr verzeichnete Flynn als Lobbyist Einkünfte von 68.000 Dollar, die er nicht offenlegte, als er seine Tätigkeit für Trump antrat. Seinen Posten als Sicherheitsberater der Trump-Regierung verlor Flynn entsprechend schnell; bereits im Februar 2017 musste er seinen Platz räumen, nachdem bekannt geworden war, dass er Falschaussagen gegenüber dem FBI und anderen Regierungsmitgliedern gemacht hatte.

Die Liste könnte mit Leichtigkeit weitergeführt werden: Rick Gates, ein ehemaliger Wahlkampfmitarbeiter von Trump und der Stellvertreter Manaforts, bekannte sich ebenso im Zuge der Mueller-Ermittlungen für schuldig, gegenüber den Ermittlern falsche Angaben gemacht zu haben, wie auch der ehemalige Wahlkampfberater von Trump, George Papadopoulos. Und auch den Trump-Vertrauten Roger Stone ließ Sonderermittler Robert Mueller festnehmen, das war Ende Januar 2019. Einige Monate zuvor, im Juni 2018, war bekannt geworden, dass es geheime Treffen zwischen Stone und einem russischen Staatsbürger gegeben hatte, bei denen Informationen über Hillary Clinton ausgetauscht werden sollten. Auch Papadopoulos und Stone wurden von Trump begnadigt. In der Begründung der Begnadigung von Papadopoulos hieß es übrigens: „Die heutige Begnadigung korrigiert das Unrecht, das Muellers Team so vielen Leuten angetan hat." Ganz einfach.

Keine Pointe.

Übrigens nahmen russische Agenten nicht nur mit Mitarbeitern des Trump-Teams während des Wahlkampfes Kontakt auf. Im Zuge der Spaltungskampagne der IRA wurden auch einfache Amerikaner bezahlt, damit sie an den von der IRA initiierten Protesten teilnahmen, heißt es in einer **Anklage Muellers**. So heuerten die russischen Propagandisten zum Beispiel Demonstranten an, um einen Käfig zu kaufen und darin, verkleidet als Hillary, lauthals die Inhaftierung der Demokratin zu fordern.

Sonderermittler Robert Mueller hat zahlreiche Kontakte zwischen Trump-Beratern und Russen dokumentiert. Wenn du dir seine Erkenntnisse in aller Detailtiefe anschauen möchtest, findest du hier den 448 Seiten starken ersten Teil des Mueller-Reports.

DIE SAAT DES ZWEIFELS

Im Juli 2019 veröffentlichte ein Ausschuss des US-Senats einen Bericht zu den russischen Attacken auf das amerikanische Wahlsystem – mit dem Ergebnis: In allen 50 Bundesstaaten seien Wahlsysteme Ziel russischer Cyberaktivitäten geworden. Bei einem Großteil konnte ein Eindringen sogar nachgewiesen werden. „Die russische Regierung hat mindestens ab 2014 und bis mindestens 2017 umfangreiche Aktivitäten gegen die Wahlinfrastruktur in den USA auf staatlicher und lokaler Ebene gerichtet“, heißt es in dem 67-seitigen Bericht. Allerdings lägen dem Ausschuss keine Beweise dafür vor, dass irgendwelche Stimmen verändert oder Wahlmaschinen manipuliert worden seien.

Und hier mit 187 Seiten den zweiten Teil des Mueller Reports.

Wofür also der Aufwand?

Darüber spekuliert der Bericht selbst: „Obwohl der Ausschuss nicht mit Sicherheit sagen kann, welche Absichten Moskau verfolgte, könnte Russland Schwachstellen in den Wahlsystemen erforscht haben, um sie später auszunutzen.“ Alternativ könnten die Russen auch versucht haben, das Vertrauen in die US-Wahlen 2016 zu untergraben, indem sie darauf anlegten, dass ihre Aktivitäten entdeckt werden. Der Ausschuss hält fest, dass die Angriffe auf das US-Wahlsystem nicht losgelöst von Russlands Bemühungen betrachtet werden dürften, die amerikanischen Wählerinnen und Wähler zu beeinflussen. Es seien bereits Kampagnen vorbereitet gewesen, um die Wahl infrage zu stellen, hätte Clinton statt Trump gewonnen. Die Gefahr, dass Wahlen nicht anerkannt werden würden, bestehe weiterhin. „Sollte der von Russland bevorzugte Kandidat bei den Wahlen 2020 nicht gewinnen, könnten die Russen versuchen, die Wahl zu delegitimieren“, heißt es in dem **Bericht**.

Offizielle Dokumente werden häufig geschwärzt, bevor sie veröffentlicht werden. Es geht um den Schutz von Personen und sensibler Daten. Der Untersuchungsbericht zur Wahlmanipulation ist zum Teil stark geschwärzt. Hier kannst du einen Blick darauf werfen.

Was Trumps Wahlniederlage 2020 ausgelöst hat, haben wir miterlebt. Die amerikanische Nation ist noch immer tief gespalten.

Das Vertrauen in staatliche Institutionen zu untergraben und Zweifel zu säen gehört zur Strategie der russischen Attacken. Nicht nur in den USA. Wie es schon im „Russia Report" der Briten hieß: Der Desinformierer hat bereits gewonnen, wenn das Volk nicht mehr weiß, was es glauben soll.

WAS WÄRE, WENN NICHT?

Den tatsächlichen Effekt der russischen Kampagne zu bestimmen ist genauso schwierig, wie abzuschätzen, welche Auswirkungen die Machenschaften von Cambridge Analytica auf die US-Wahl oder die Brexit-Abstimmung hatten. Dass es in allen Fällen Einfluss gab, ist unbestritten, doch lässt sich nicht sicher sagen, was passiert wäre, wenn es ihn nicht gegeben hätte.

Kathleen Hall Jamieson sieht das anders. „Ich behaupte nicht, dass die Russen die Wahlhebel betätigt haben", sagt die Professorin für Kommunikationswissenschaft. „Ich behaupte, dass sie genügend Menschen dazu gebracht haben, entweder auf eine bestimmte Art zu wählen oder gar nicht zu wählen." Es gebe plausible Argumente dafür, dass es Putin gelungen sei, seinem Bewunderer Trump die Präsidentschaft zu verschaffen, auch wenn dies weder bewiesen noch widerlegt werden könne. Jamieson ist Direktorin des Annenberg Public Policy Center an der University of Pennsylvania und hat das Buch „Cyberwar: How Russian Hackers and Trolls Helped Elect a President" geschrieben. Außerdem hat die Amerikanerin factcheck.org mitbegründet, eine Organisation, die wie CORRECTIV mit Facebook zusammenarbeitet, um Desinformationen aufzudecken und Echokammern zu sprengen.

„Ich möchte dies einen Cyberangriff nennen", betont Jamieson. „Wir wurden von den Russen angegriffen. (…) Ursprünglich hielt ich die Vorstellung, dass die Russen soziale Medien nutzen könnten, um die Wahl maßgeblich zu beeinflussen, für absurd. Ich begann, meine Meinung zu ändern, als ich die erste Veröffentlichung von russischen Social-Media- und Troll-Kampagnenanzeigen und -botschaften sah. Bei diesen Anzeigen handelte es sich um einen kohärenten Plan und ein kohärentes Verständnis der Präsidentschaftswahlen, was den politischen Bedürfnissen von Donald Trump entsprach. (…) Die Russen wussten, wen sie mobilisieren mussten." Jamieson verweist auf die Oxford/Graphika-Auswertung der IRA-Konten: 126 Millionen Menschen seien allein durch Facebook-Inhalte erreicht worden, sagt sie. „Sie drangen in unsere Social-Media-Strukturen ein und gaben vor, andere Menschen zu sein, gaben vor, wie wir zu sein, und nutzten diese Identitäten, um Angst, Wut und Vorurteile in einer Weise zu verbreiten, die den Zielen von Donald Trump entsprach."

Wer könnte etwas dagegen haben? Diesen Beitrag verbreitete das IRA-Konto *America First* 2016 über Soziale Netzwerke. (Screenshot: CORRECTIV)

Die prorussischen Aktivisten rund um die IRA versuchten, mit denselben Narrativen die gleichen Wählergruppen zu mobilisieren, die Trump und die Alt-Right zu mobilisieren versuchten, und sie wollten die gleichen Wähler demobilisieren. Außerdem versuchten die Russen, Wähler, die Trump nicht gewinnen konnte, auf die Drittparteikandidatin Jill Stein zu lenken. Sie hatte 2015 übrigens auch in Moskau am Galadinnertisch mit Michael Flynn und Wladimir Putin gesessen.

„Die Trolle allein hätten schon die Wählerschaft beeinflussen können", mutmaßt die Professorin in einem Interview des amerikanischen Online-Magazins *Salon.com*. „Aber meiner Meinung nach spricht viel mehr für die Wikileaks-Hacks gegen den DNC. Hier sehen wir eine klare Auswirkung auf die Agenda der Nachrichtenmedien." Eine bewiesene Erkenntnis der Kommunikationswissenschaft sei, dass sich die Kriterien änderten, nach denen Menschen wählten, wenn sich die Medienagenda ändere. „Die Verschiebung der Medienagenda ab Oktober", sagt Jamieson, „richtete sich entschieden gegen Hillary Clinton." Was die Kommunikationswissenschaftlerin in dem Interview verdeutlicht: Clinton hatte bei den Präsidentschaftsdebatten einen schweren Stand. Sie war mit Fragen konfrontiert, die auf von den Russen gestohlenen und von Wikileaks veröffentlichten Informationen beruhten. Diesen Nachteil konnte sie nicht mehr wettmachen.

Und das habe sich während der Debatten schon in den Umfrageergebnissen gezeigt, sagt Jamieson. Der Ausgang der Wahl sei daher absehbar gewesen. 2016 sei ohnehin ein besonderes Wahljahr gewesen. Ungewöhnlich viele Wähler seien zwiegespalten gewesen, keiner der Kandidaten habe wirklich überzeugt. „Wenn man in diesen letzten Wochen feststellt, dass fast jeder achte Wähler noch keine Entscheidung getroffen hat, ist das ungewöhnlich", sagt Jamieson. „Es gab genug Menschen, die beeinflusst werden konnten, als die gehackten Inhalte, die illegal von den Russen aus dem Hauptquartier der demokratischen Kampagne erlangt worden waren, nach dem 7. Oktober 2016 in die Nachrichten gelangten – und das ist die Zeit, in der die vorzeitige Stimmabgabe stattfindet. (…) Wir haben gelernt, dass sich Wähler im viel größeren Ausmaß mobilisieren und demobilisieren lassen als bisher angenommen." Wahlen ließen sich so beeinflussen. Erst recht eine Wahl, die derart knapp entschieden worden sei wie die von 2016. „Die Präsidentschaftswahlen 2016 haben die Macht des Agenda-Settings bestätigt."

2016 – 2020: RUSSISCHER LÜGENEXPORT

Die russischen Desinformationsattacken setzten zwischen 2016 und 2020 nicht aus. Im „Russia Report" der Briten heißt es zum Beispiel zum Unabhängigkeitsreferendum 2017 in Katalonien: „Während der Referendumskampagne schürte Russland durch eine Mischung aus irreführenden Informationen und Desinformationen Konflikte zwischen den Menschen in Spanien und zwischen Spanien und anderen Mitgliedstaaten der EU und der Nato." Es gebe Beweise dafür, dass Russland ein Interesse daran gehabt habe, das demokratische System Spaniens zu diskreditieren. Außerdem hätten russische Staatsmedien Propaganda verbreitet, „die den Unabhängigkeitsbefürwortern in Katalonien zugute kam".

Auch das Nachbarland Frankreich war Ziel von Desinformation. Am 5. Mai 2017, kurz vor der französischen Präsidentschaftswahl und dem Duell zwischen Emmanuel Macron und der Rechtspopulistin Marine Le Pen, wurden 15 Gigabyte interne Dokumente aus Macrons Wahlkampfteam ins Netz gestellt. Ein Jahr später schaute sich unser Faktencheck-Team zusammen mit französischen Kollegen die Umstände und Auswirkungen der Macron-Leaks noch einmal genauer an. „Als wir den Leak untersucht haben, haben wir eine ziemlich grobe und auch überraschende Ergänzung unter den Dokumenten gefunden", sagt der französische Journalist Antton Rouget in unserem CORRECTIV-Artikel. „Das waren Sachen, die gar nicht da sein sollten." Von den Daten, die Wikileaks im Juli 2017 auf seiner Webseite veröffentlichte, waren etwa 20 Prozent gefälscht, schätzt Rouget. Die geleakten Dokumente wurden damals besonders von der amerikanischen Alt-Right auf Sozialen Netzwerken gepusht und verbreitet.

Noch immer werden die Macron-Leaks mit russischen Hackern in Verbindung gebracht. Eine japanische Sicherheitsfirma berichtete 2017 von einer Phishing-Attacke auf Macrons Team, die auf eine russische Cyberspionagegruppe zurückzuführen sei. Die *New York Times* schrieb von „Experten", die vermuteten, „dass eine mit Russland verbundene Spionageoperation, bekannt als ‚APT 28' oder ‚Fancy Bear', beteiligt sein könnte". Dass russische Hacker hinter den Macron-Leaks steckten, konnte aber nie sicher bewiesen werden.

Solche Facebook-Reporte sind öffentlich. Jeder kann sie einsehen und auswerten. Allerdings sollte sich auch jeder bewusst sein: Facebook ist keine Behörde oder unabhängige Forschungseinrichtung, Facebook (mittlerweile Meta) ist ein Konzern. Er verfolgt in erster Linie eigene Interessen. Und die sind in der Regel profitorientiert. Aber fälle selbst dein Urteil.

Dass es ein Problem mit russischer Einflussnahme gibt, kann dagegen Facebook für sein eigenes Soziales Netzwerk belegen. Im Mai 2021 veröffentlichte das Unternehmen eine Auswertung seiner Daten in dem Report „The State of Influence Operations 2017–2020". Darin wird Russland als größter Produzent von Desinformation gelistet. Seit 2017 sei der Staat mit 27 identifizierten Fake-Netzwerken die Hauptquelle für „Coordinated Inauthentic Behavior (CIB)". Seine Richtlinie gegen CIB führte Facebook als Reaktion auf die Einmischung Russlands in die US-Präsidentschaftswahlen 2016 ein. Seitdem untersucht das Unternehmen, wie es sagt, Vorgänge auf der ganzen Welt. Dabei prüft es Seiten oder Konten, die den Eindruck erwecken, dass sie falsche Tatsachen vortäuschen oder ihre Identität verschleiern, um Menschen für eine Agenda zu beeinflussen. Wenn sich der Verdacht bestätigt, löscht Facebook diese Seiten oder Konten. Im Oktober 2019 entfernte es beispielsweise ein Netzwerk, das mit der russischen IRA verbunden war und als eines der ersten begonnen hatte, Desinformation zur US-Wahl 2020 zu verbreiten.

Beeinflussungskampagnen (Influence Operations, IO) sind koordinierte Bemühungen, die öffentliche Debatte zu manipulieren, um ein strategisches Ziel zu erreichen.

Als koordiniertes inauthentisches Verhalten (Coordinated Inauthentic Behavior, CIB) bezeichnet Meta koordinierte Netzwerke von Fake-Konten, -Seiten und -Gruppen, um die Netzöffentlichkeit zu täuschen.

Nach eigenen Angaben hat das Unternehmen über einen Zeitraum von drei Jahren Desinformationskampagnen in mehr als 50 Ländern aufgedeckt und analysiert. Nach Russland ist der Iran mit

23 solcher Netzwerke die zweitgrößte Quelle. Es folgen Myanmar und die USA mit jeweils neun und die Ukraine mit acht Netzwerken.

Sicherlich ist es ein Schritt in die richtige Richtung, dass Facebook diese Untersuchungen ansetzt und Konsequenzen zieht. Er zeigt die Bemühungen der Social-Media-Plattform, der Gefahr durch Desinformation Herr werden zu wollen. Allerdings bleiben die Daten und Erkenntnisse intern und das Unternehmen weiter intransparent. Wie weit sich Facebook in die Karten schauen lässt, entscheidet das Unternehmen allein.

EIN GLOBALES SCHLACHTFELD

Dem Facebook-Bericht zufolge nahmen von den 150 Netzwerken, die das Unternehmen seit 2017 aufgelöst hat, 45 Prozent inländische Gruppen ins Visier, 38 Prozent zielten auf Länder im Ausland ab. Unter den Ländern, die am häufigsten von ausländischen Desinformationsnetzwerken attackiert wurden, waren die USA das Hauptziel, gefolgt von der Ukraine und dem Vereinigten Königreich. Dabei ist besonders der Blick auf die Details des Reports aufschlussreich, sie bestätigen Erkenntnisse aus anderen Studien, Recherchen und Ermittlungen.

Der Report schlüsselt mehrere russische Desinformationsnetzwerke konkret auf. Darunter ist eines, das der russische Militärgeheimdienst betrieb. Es konzentrierte sich auf die Ukraine und benachbarte Länder. Außerdem das bereits erwähnte Netzwerk, das mit der IRA verbunden war. Im Jahr vor den US-Präsidentschaftswahlen 2020 entdeckte Facebook dem Bericht zufolge mehr als ein Dutzend CIB-Operationen, die auf Amerikaner abzielten. Diese Netzwerke hatten ihren Ursprung vor allem in drei Ländern: in Russland, dem Iran und den USA selbst.

Im Januar 2021 sperrte Facebook dann viele Konten, Seiten und Gruppen, die zu einem prorussischen Propagandanetzwerk gehörten und in Verbindung zum GRU standen. Es waren 25 Seiten mit insgesamt rund 23.000 Followerinnen und Followern, elf Gruppen mit etwa 7.000 Mitgliedern und 19 Instagram-Accounts mit insgesamt 17.600 Anhängerinnen und Anhängern. Die Konten hatten gegen die Richtlinien zur Verhinderung von ausländischer Einflussnahme verstoßen. Die Seiten und Gruppen waren über Fake-Accounts verwaltet worden, wie eine Recherche von *Welt* und *netzpolitik.org* aufdeckte. Die Konten bestärkten sich gegenseitig und täuschten so Popularität vor. Wie bei den IRA-Aktivitäten während des US-Wahlkampfes 2016 wurden auch in diesem Fall Nutzerinnen und Nutzer auf vorgetäuschte Nachrichtenseiten weitergeleitet und mit Fake News versorgt.

Diese vermeintlichen Nachrichtenseiten betrieb das Netzwerk in mehreren europäischen Ländern, darunter Deutschland, Frankreich und Großbritannien. Über die externen Portale und das Fake-Netzwerk in den Sozialen Netzwerken wurden ganz gezielt Falschinformationen verbreitet. Eine deutschsprachige Webseite mit dem Namen *Abendlich Hamburg* veröffentlichte zum Beispiel Fake News über den russischen Oppositionspolitiker Alexej Nawalny, die dann wiederum russische Medien aufgriffen und weiter streuten. Auch ein Trick, der immer wieder genutzt wird: Durch die ausländische Quelle, in diesem Falle vermeintlich deutsche Journalisten, wirken die Nachrichten in Russland authentischer.

Die russischen Desinformationskampagnen richten sich zum Teil auf die Bürgerinnen und Bürger im eigenen Land, meistens aber geht es um die Beeinflussung der öffentlichen Meinung im Ausland. Ein Desinformationsnetzwerk, dessen Ursprung Facebook in dem von prorussischen Separatisten kontrollierten Luhansk in der Ostukraine sieht, zielte neben der russischen Bevölkerung auf die Beeinflussung von Menschen in der Republik Moldau, in Kasachstan, Kirgisistan, Belarus, Großbritannien, Spanien, der Ukraine und Deutschland ab.

„Russische Desinformationskampagnen sind definitiv ein Puzzleteil", sagt Faktencheckerin Uschi Jonas, „das dazu beiträgt, Gesellschaften in Europa zu spalten. Es ist eines von zahlreichen, aber auf jeden Fall ein relevantes." Auch wenn sich handfeste Beweise nicht immer finden lassen, spricht vieles dafür, dass Russland seit Jahren versucht, die Staatengemeinschaft in und um Europa zu schwächen. Und dies auch weiterhin tun wird.

„Wir gehen davon aus, dass die Akteure von Beeinflussungskampagnen weiterhin versuchen werden, Momente der Unsicherheit als Waffe einzusetzen, widersprüchliche Stimmen zu erheben und die Spaltung der Welt voranzutreiben, auch im Zusammenhang mit großen Krisen wie der COVID-19-Pandemie, wichtigen Wahlen und Bürgerprotesten."

Aus dem Facebook-„Threat Report"
„The State of Influence Operations 2017–2020"

2020: UND DANN KAM DIE PANDEMIE

Anfang 2020, wir halten kurz inne: Ein Virus zieht über die Welt hinweg und erschüttert die gewohnte Ordnung. Ich schwenke die Kamera und zoome heran. Im Fokus steht wieder Deutschland.

Etwa 40 Menschen versammeln sich am 28. März auf dem Berliner Rosa-Luxemburg-Platz, nahe der Volksbühne. Es ist die erste von vielen „Hygiene-Demos" während der Pandemie. Die Demonstrierenden rufen „Wir sind das Volk" und halten das Grundgesetz in die Höhe. Von Woche zu Woche wachsen die Proteste an. Etwa einen Monat später finden sich bereits 1.000 Menschen in Berlin zusammen. Immer skurriler muten die Aufmärsche an. Nach ihrem Vorbild verbreiten sich Demonstrationen dieser Art in ganz Deutschland.

Zu den ersten Demos an der Volksbühne hat die selbst ernannte Kommunikationsstelle Demokratischer Widerstand aufgerufen. Hauptinitiatoren sind die Berliner Dramaturgen Hendrik Sodenkamp und Anselm Lenz. Lenz begründet seinen Aufruf zu den „Hygiene-Demos" in einer Art Manifest: Er schreibt von einem „Notstandsregime" in der Coronakrise. Eine Zeitenwende stehe bevor, die „herrschenden Eliten" seien in Panik, weil das Ende des Finanzmarktkapitalismus heraufziehen würde. Das Virus sei nur eine Art Ablenkung. Lenz und Sodenkamp geben gemeinsam die Zeitung *Demokratischer Widerstand* heraus. Die Wochenzeitung mit einer angeblichen Auflage von über 100.000 Exemplaren inszeniert sich als Aufklärer über das „Lügengebäude des totalitären Corona-Regimes" und ruft zum aktiven Widerstand auf. In den Artikeln ist von einem „Horror-Regime" die Rede, das die Bürger in „Todesangst" halte.

Die Narrative und Bedrohungsszenarios decken sich mit denen der Demonstrierenden. Sie sind erfüllt von Angst bis hin zur Paranoia. „5G kills" steht auf ihren Schildern oder „Impfterrorismus", „Covid 1984" oder „Wir sind nicht die Sklaven der Diktatur Angela". Die Menschen schimpfen gegen die „gleichgeschaltete Presse" und den heraufziehenden „Faschismus". Auf T-Shirts steht „Trump 2020" und „Gib Gates keine Chance" – als Anspielung auf den Microsoft-Gründer und Impfbefürworter Bill Gates. Die einen reden von der „Neuen Weltordnung", andere verbreiten die Verschwörungserzählungen der QAnon-Bewegung. Kamerateams des russischen Staatssenders *Russia Today* sind vor Ort und berichten über die ersten Demonstrationen. Teilnehmende diskutieren mit Polizisten über Putin, den „letzten freien Führer der Welt".

Früh zeichnet sich eine Nähe zwischen den Coronaprotesten und russischer Propaganda ab. Über die „Hygiene-Demos" in Berlin schwärmt Jürgen Elsässer, Herausgeber des rechtsextremen Magazins Compact, auf dessen Webseite, er verspüre einen „Hauch von 2014" und fühle sich an die Montagsdemonstrationen „gegen die NATO-Kriegsstimmungsmache contra Russland im Zuge der Krimkrise" erinnert.

2014 traten Abgeordnete von den Linken zusammen mit Verschwörungstheoretikern wie Ken Jebsen und Rechtsradikalen und Rechtsextremisten wie Elsässer auf. Es gab sogar einen zeitweiligen Zusammenschluss mit der fremdenfeindlichen Pegida aus Dresden. Die Demonstranten hielten bei den Aufmärschen russische Fahnen und Putin-Porträts hoch.

„Die prorussischen Proteste brachten in jenem Winter linke und rechte Politiker und Publizisten zusammen", schreiben meine Kollegen in einer CORRECTIV-Recherche. Die „Hygiene-Demos" würden die „Querfront" von 2014 nach sechs Jahren nun erstmals bei einem neuen Thema zusammenbringen.

Ursprünglich bezeichnete „Querfront" eine Front quer zum Parteiensystem. Nichts anderes. In der Weimarer Republik versuchte der damalige Reichskanzler Kurt von Schleicher, Anhänger des Nationalismus und Sozialismus zu mobilisieren, um gemeinsam mit ihnen seine Macht zu festigen. Derartige Versuche, Links und Rechts zusammenzuführen, gab es bis heute immer wieder. Mittlerweile hat sich Querfront aber als Sammelbegriff für das Bündnis von Linken und Rechten, Verschwörungsgläubigen und Schwurblern etabliert, die Seite an Seite gegen den Staat aufmarschieren.

Die Proteste von 2014 sind wichtig für die Entwicklung der Querdenker-Szene: Das damalige Schimpfen der Querfront gegen die angebliche Russlandfeindlichkeit von etablierter Presse und „Mainstream-Medien" hallt bis heute nach. Der Begriff „Lügenpresse" bestimmt seitdem den Diskurs. Die Internet Research Agency aus Sankt Petersburg befeuerte die prorussische Politszene in den Sozialen Netzwerken. Und es war der Beginn des Booms vieler alternativer Medien, darunter das rechtsextreme Magazin *Compact* und Jebsens Online-Angebot *KenFM*.

„Auch heute gibt Jebsen wieder den Ton an", schreiben meine Kollegen über die Aufmärsche 2020 vor der Volksbühne. „In seinem millionenfach aufgerufenen Podcast bezeichnet der Macher von *KenFM* die Maßnahmen zur Eindämmung des Coronavirus als ‚Gehorsamsexperiment'." ***KenFM*** hat sich im Laufe der Pandemie zu einer der lautesten und einflussreichsten Stimmen der Querdenker- und Verschwörungsszene entwickelt.

Die preisgekrönte Podcastreihe „Cui Bono: WTF happened to Ken Jebsen?" zeichnet den Weg Jebsens nach – vom gefeierten Radiomoderator im Jugendprogramm des *RBB* bis hin zu einem der einflussreichsten Verschwörungstheoretiker Deutschlands. Absolute Hörempfehlung von mir!

Die erneute Vernetzung der Querfront-Lager zum Beginn der Coronapandemie funktioniert gut: „Die publizistischen Russland-Freunde in Deutschland", schreiben meine Kollegen, „wittern eine neue Verschwörung ‚des Establishments'." Und so bietet das Online-Magazin *Rubikon*, das vorwiegend Verschwörungstheorien und prorussische Beiträge publiziert, Anselm Lenz immer wieder ein Forum. Es interviewt den Dramaturgen und verbreitet seine Thesen. Lenz schreibt auch als Autor für *Rubikon*, „Hygiene-Demo"-Mitinitiator Sodenkamp ebenfalls. Derartige Überschneidungen gibt es viele. Die verschiedenen Lager suchen Synergien und bündeln Kräfte. Schließlich haben die Akteure von damals und die Demonstrierenden von heute einen gemeinsamen Feind gefunden: Sie verbünden sich im Kampf gegen den sogenannten Mainstream.

RUSSIA TODAY: STAATSFERNSEHEN OLÉ

Werfen wir an dieser Stelle ein besonderes Augenmerk auf *RT* formerly known as *Russia Today*. Nachdem das deutschsprachige Internetangebot des russischen Propagandasenders *RT DE* am 6. November 2014 gestartet war, entwickelte es sich schnell zu einem der führenden Medien der Neuen Rechten in Deutschland. Man wolle eine „Gegenöffentlichkeit herstellen" und „Medienmanipulationen aufzeigen", hieß es damals auf der Internetseite von *RT DE*.

Mittlerweile hat *RT* in Deutschland enorm an Reichweite verloren. Seit Anfang März 2022 gilt ein EU-weites Verbot, der deutsche Ableger *RT DE* stellte etwa einen Monat später seinen Betrieb ein. Reste des Angebots führen ein **Schattendasein im Netz** und auf Telegram. Doch der Schaden, den der russische Propagandasender bis zu seinem Verbot anrichten konnte, war damit nicht mehr rückgängig zu machen.

Es ist Segen wie Fluch: Das Netz lässt sich nicht kontrollieren. Über Spiegelseiten werden die Inhalte von *RT* weiter gestreut. Zuständige Behörden schaffen es nicht zu verhindern, dass sich *RT*-Inhalte weiterverbreiten. CORRECTIV.Faktencheck hat recherchiert, warum.

Für viele Querdenker und Staatsverdrossene sind russische Medien eine Alternative zum Mainstream. (Screenshot: CORRECTIV)

Das russische Medienangebot in Deutschland, schreibt der Verfassungsschutzbericht 2018, werde durch den russischen Staat gefördert, um die deutsche Öffentlichkeit auf subtile Weise zu beeinflussen. Eine besondere Rolle komme darin dem Internetsender *RT Deutsch* sowie der Nachrichtenagentur *Sputnik* zu. Auffällig ist dabei die große Nähe zur AfD. Dass der Kreml schon lange Kontakt zu rechten, antieuropäischen Parteien sucht, ist kein Geheimnis. Und auch nicht, dass diese die Kontaktgesuche dankend annehmen – von der ungarischen Jobbik-Partei über die französische Front National bis hin zur AfD.

„Die von Russland viele Jahre betriebene Vereinnahmung der globalen Rechten, vereint durch pseudochristlich unterfütterten Rassismus, die Ablehnung alternativer Lebensformen, den festen Glauben an starke Männer und ‚traditionelle' Frauenrollen war erschreckend erfolgreich", schreibt der Journalist und *Spiegel*-Kolumnist Christian Stöcker. „Sie hat nicht nur Rechtsextremisten weltweit erreicht und verbunden, sie hat sich, auch in Europa, längst sogar bei Menschen eingenistet, die sich selbst vermutlich als Teil eines ‚konservativen' Bürgertums betrachten."

Der russische Staatssender nutzt konservative Werte und reaktionäre Rollenverständnisse als trojanisches Pferd für Putins Propaganda. *RT DE* habe die Mission, erklärt Russland-Expertin Susanne Spahn, Moskaus Sicht der Dinge in alle Welt zu tragen. „Die Berichterstattung verfolgt das Ziel, Gegner der russischen Staatsführung zu schwächen und Fürsprecher medial zu unterstützen. Ganz oben auf der Liste der perzipierten Feinde rangieren Kanzlerin Merkel (Anmerkung: am Anfang der Coronakrise) und die Bundesregierung. Auf der anderen Seite wird vor allem über Politikerinnen und Politiker der Parteien Alternative für Deutschland (AfD) und Die Linke positiv berichtet. Die russischen Medien wollen polarisieren, die vermeintlichen Gegner werden dementsprechend mit Attributen wie ‚kalte Krieger' und Falschdarstellungen diffamiert und diskreditiert."

Die Berichterstattung von *RT DE* soll gesellschaftliche Konflikte verstärken. „Dies wurde besonders virulent während der Corona-Krise", sagt Spahn. Die Pandemie sei aber nur eine Krise von vielen, die genutzt worden seien, um die Gesellschaft zu polarisieren. „Erst war es die Flüchtlingskrise, dann die EU und der Brexit und jetzt die Pandemie. Die Aussagen der russischen Staatsmedien sind zu diesen Krisen immer gleich: Es wird suggeriert, dass die deutsche Regierung und die EU die Krise nicht bewältigen können. Gleichzeitig wird regelmäßig ein Schreckensszenario entworfen: Der Kollaps des Systems stehe kurz bevor. Als Gegenpol dazu werden die russische Führung und insbesondere Präsident Putin als erfolgreiche Krisenmanager dem angeblichen Versagen im Westen als positives Beispiel gegenübergestellt. Diese für die russische Führung vorteilhafte Sichtweise wird in Deutschland als unabhängige Alternative zum Mainstream präsentiert." Frei nach dem Motto, sagt Spahn: „Wir zeigen die Wahrheit, die die anderen verschweigen."

Welches Motto könnte bei Querdenkern, Staatsverdrossenen und Verschwörungsmythologen besser fruchten als das? Ein Portal wie *RT* habe in allen Berichten einen starken Meinungseinschlag, sagt Alice Echtermann. „Das gefällt vielen." Was auch am Confirmation Bias liegen kann, dem Bestätigungsfehler. Menschen streben nach einem stimmigen Weltbild. Informationen, die eigene Vorurteile und Gefühle bestärken, schmecken ihnen besser als solche, die im Widerspruch dazu stehen. Entsprechend neigen Menschen dazu, ihnen genehme Informationen auszuwählen und sie höher zu gewichten. „Wenn Leute der Meinung sind, dass die deutsche Politik alles falsch macht und die Menschen hinters Licht führt, pauschal Böses im Schilde führt, lesen sie eben gern RT", sagt Echtermann „Es gibt Leute, die halten pauschal alles für vertrauenswürdiger, was ihre Meinung bestätigt."

RT habe extrem viele Follower gehabt, sagt die Faktencheckerin. „Über die verschiedensten Lager der Desinformation hinweg. Sie waren überall aktiv, auch zu Coronathemen extrem gut aufgestellt. Und das auf eine sehr clevere Art und Weise." Immer wieder hat CORRECTIV.Faktencheck falsche oder irreführende Berichte von *RT DE* aufgedeckt. Und das, obwohl der russische Sender ausgesprochen geschickt darin ist, an der Trennlinie zwischen Andeutung und Fehlinformation zu tanzen. „Stimmung gegen Impfungen haben sie eigentlich immer gemacht", sagt Echtermann, „aber so, dass man ihnen nicht sofort Falschinformationen nachweisen konnte. In der Überschrift oder dem ersten Absatz wurden Experten zitiert, die vor Impfschäden warnen, oder ein Bhakdi, der sagt: ‚Wir werden alle sterben', um dann ganz unten im letzten Absatz des Artikels eine ganz kurze Einordnung zu liefern und zu schreiben, dass das alles noch nicht belegt sei und die Meinung eines Experten." Die Botschaften wirken trotzdem: Sie haben bei den Leserinnen und Lesern Gehör gefunden und bleiben im Gedächtnis hängen.

Auch durch die Schwerpunkte der Berichterstattung zeichnete *RT DE* ein verzerrtes Bild. Das Medium berichtete ausgiebig von Protesten gegen die Coronamaßnahmen. Wenn es um die Impfung ging, dann berichtete der Sender vor allem über Nebenwirkungen. Nur selten lieferten Artikel dazu den nötigen Kontext. Das Londoner Institute for Strategic Dialogue hat Ende 2021 die **Studie** „Ein Virus des Misstrauens – Der russische Staatssender RT DE und die deutsche Corona-Leugner-Szene" veröffentlicht und dafür die 100 erfolgreichsten Youtube-Videos des Senders zwischen März und Juli 2021 untersucht. 67 von den 100 Videos hatten einen Bezug zu Covid-19. Über 90 Prozent dieser Videos kritisierten die Coronamaßnahmen in Deutschland, den USA und anderen Demokratien und zweifelten die Wirksamkeit „westlicher" Impfstoffe an. „Die Verstärkung von spaltenden Inhalten gehört zur langfristigen Strategie", heißt es in der Analyse.

Ich sag ja immer, eine Studie liest man am besten selbst. Hier gibt es sie im Netz. Schau rein, wenn du gern mehr über die Aktivitäten des russischen Staatssenders erfahren willst.

„Durch die Berichterstattung über die Covid-19-Pandemie ist RT DE zu einem organischen Bestandteil der Online-Communitys von Covid-Skeptiker:innen geworden", schreibt das Londoner Institut weiter. „RT DE gilt in diesen Gruppen als ein vertrauenswürdiges Medium. Die Kritik an Maßnahmen zur Eindämmung der Pandemie wird in solchen Foren in der

Regel mit pauschaler Kritik am ‚System' – den etablierten politischen Institutionen und Medien – verbunden."

Die Autorinnen der Londoner Studie werteten unter anderem aus, an wen *RT DE* seine Coronadesinformation auf Facebook loswerden konnte. Demnach waren die Top-50-Facebook-Gruppen, die am häufigsten Links zu den populärsten Youtube-Videos von *RT DE* über Covid-19 geteilt hatten, allesamt Coronaleugnern, Impfverweigerern, Verschwörungsmythologen, Rechts- oder Linkspopulisten zuzuordnen. Auch über Messengerdienste fanden die Inhalte des russischen Staatssenders große Verbreitung. „In einem Sample von 279 deutschsprachigen Telegram-Kanälen aus dem rechtsextremen und verschwörungsideologischen Milieu gehörte de.rt.com sowohl zu den Top-10 populärsten Domänen insgesamt als auch zu den Top-5 populärsten Nachrichtenseiten."

Das bestätigen die Kolleginnen und Kollegen von CORRECTIV.Faktencheck. „Querdenker und auch viele Rechte nehmen die Narrative, die RT verbreitet, gerne auf", sagt Echtermann. „RT hatte eine sehr umfassende Berichterstattung, es war ja eine Nachrichtenseite mit durchaus normalen Nachrichten. Sie haben den Leuten ein Gesamtpaket geboten – aus normalen Informationen und Nachrichten, aber immer mit einem Meinungseinschlag, ganz leicht unterschwellig aufhetzend, immer schön gegen die deutsche Regierung und die EU. Aber nie übertrieben. Ein bisschen wie eine Einstiegsdroge in die Desinformation."

EINE WAFFE DES KREMLS

Schon etwa ein halbes Jahr vor seinem Verbot musste der deutsche Ableger des Kreml-Senders eine Einschränkung seiner Reichweite hinnehmen: Am 21. September 2021, knapp eine Woche vor der Bundestagswahl, sperrte Youtube den Hauptkanal von *RT DE* auf seiner Plattform. Umgehend wich der Sender auf seinen Ersatzkanal *Der Fehlende Part* aus. Acht Tage später, am 29. September, löschte Youtube beide Kanäle dauerhaft. Der Hauptkanal hatte mehr als 610.000 Abonnenten gehabt, *Der Fehlende Part* über 130.000. Die Begründung von Youtube: Der Sender verstoße gegen die Richtlinien und Gemeinschaftsstandards der Seite.

Das Problem, wenn Plattformen wie Youtube fragwürdige Inhalte löschen: Das Material ist danach weg. Die Informationen zu den Gründen sind spärlich. Die Nachvollziehbarkeit ist gleich null. Deshalb haben sich unsere Faktenchecker den Fall genauer angeschaut. Die ganze Analyse findest du hier.

Welche Verstöße hatte *RT DE* im Einzelnen begangen? Für eine eigene Analyse bekam unser Faktencheck-Team Daten zu den gelöschten Youtube-Videos **zugespielt**. „Pharmaunternehmer will sich nicht gegen Corona impfen lassen: ‚Will nicht meine DNA verfälschen'" war zum Beispiel der Titel eines Videos, das im Mai 2021 erschien. Ein Verstoß gegen die Youtube-Richtlinien: Das Unternehmen verbietet Behauptungen darüber, dass ein zugelassener Impfstoff gegen Covid-19 das menschliche Erbgut verändere. Ein zweites Video, in dem ein Verstoß gegen die Richtlinien bereits im Titel steckt, hieß: „‚PCR-Test weist keine Infektion nach' – Immunologe Stadler erneuert Kritik nach Covid-19-Genesung". Die Videoplattform verbietet Behauptungen darüber, dass sich eine Covid-19-Erkrankung mit zugelassenen Covid-19-Tests nicht nachweisen lasse. Unsere Faktencheckerinnen und Faktenchecker stellten weitere – verbotene – Behauptungen heraus: dass Masken zum Beispiel nicht dabei helfen würden, die Übertragung von Covid-19 zu verhindern, oder dass die Impfkampagne dazu beitragen solle, die Bevölkerung zu minimieren.

Das meistgesehene Video von *RT DE* im Youtube-Datensatz, den wir untersuchen konnten, kam auf 1,2 Millionen Aufrufe. Es heißt: „Sucharit Bhakdi legt mit neuem Buch nach: Geimpfte sind Teil eines ‚riesigen Experiments'". Neben der Kritik an den Impfungen und Coronaschutzmaßnahmen transportieren die Berichte immer auch das Narrativ, der deutschen Politik und den etablierten Medien sei nicht zu trauen.

Gab es eine russische Beeinflussung der Bundestagswahl? Historikerin Spahn sagt: ja. Im Auftrag der Friedrich-Naumann-Stiftung hat sie die Aktivitäten der russischen Staatsmedien analysiert. Hier die ganze Studie zum Download.

Während der Coronakrise sei mehr als deutlich geworden, schreibt Russland-Expertin Susanne Spahn in ihrer **Analyse** „Russische Medien in Deutschland: Die Bundestagswahlen 2021 – Zwischen Einflussnahme und Desinformation", „dass RT und SNA (Anmerkung: *Sputnik*) eine politische Agenda verfolgen, die darin besteht, das ‚System' und damit die Demokratie in Deutschland anzugreifen und die autoritäre Herrschaft in Russland als bessere Alternative zu propagieren".

Der große Schlag gegen den Staatssender kam am 2. März 2022. Das war etwa eine Woche, nachdem die russische Armee entlang der ukrainischen Grenze angegriffen und damit den Krieg begonnen hatte. Die EU verbot an diesem Tag jegliche Übertragung von *RT*- und *Sputnik*-Inhalten in Europa. „In dieser Kriegszeit sind Worte wichtig", sagte damals EU-Kommissionspräsidentin Ursula von der Leyen. „Wir sind massiver Propaganda und Desinformation über diesen verabscheuungswürdigen Angriff auf ein freies und unabhängiges Land ausgesetzt. Wir werden diesen Sprachrohren des Kreml nicht länger gestatten, ihre toxischen Lügen zu verbreiten, um Putins Krieg zu rechtfertigen und zu versuchen, unsere Union zu spalten."

RT sendet über Spiegelseiten weiter. Darüber haben die Kollegen berichtet. Aber wie kann das russische Staatsmedium die Sanktionen umgehen? Wer sind die Helfer im Hintergrund? Und welche Lücken im System machen es den Desinformierern so einfach? Das hat CORRECTIV. Faktencheck in dieser Folgerecherche aufgedeckt.

Trotz des EU-Verbotes verbreitet *RT DE* seine Inhalte in Deutschland weiter – über wechselnde Webadressen oder Telegram. Von dort aus gelangen sie dann in die Reichweitenkatapulte der Sozialen Netzwerke oder werden von anderen „alternativen Medien" aufgegriffen. Laut Susanne Spahn besteht ein enges Netzwerk zwischen den alternativen und den russischen Medien: Man zitiere sich gegenseitig, spreche mit denselben (vermeintlichen) Experten, und auch ein Großteil der Autoren sei identisch. Trotzdem haben *RT DE*-Inhalte massiv an Reichweite verloren. „Seit RT gesperrt ist, ist der Sender eigentlich von der Bildfläche verschwunden", sagt Echtermann. „Er konnte in diesem Krieg gar keine richtige Rolle spielen, weil er wirklich von Anfang an gekappt wurde. Wenn noch etwas kursiert, erreicht es selten nennenswerte Reichweiten. Teilweise begegnen uns noch Artikel. RT hat Spiegelseiten aufgesetzt, also die Webseite mit anderen URLs gespiegelt, damit sie nicht mehr RT.de heißen, sondern zum Beispiel meinungsfreiheit.rtde.life und so die Sperre in Deutschland umgehen." Wenn *RT*-Artikel über Telegram geteilt würden, blieben sie meist innerhalb der Bubble der jeweiligen Messengergruppe. Sie finden nur selten heraus und größere Verbreitung. „Telegram ist nicht Mainstream. Telegram ist noch immer etwas, was von ganz bestimmten Leuten genutzt wird. Ich glaube, dass RT dadurch in erster Linie noch ein paar Hardliner erreicht, die wissen, wo sie die Artikel finden und sie weiterhin lesen können. Die Nachrichtenseite an sich wird einen Großteil ihrer Leser verloren haben, dadurch, dass sie auf vielen Kanälen gelöscht oder geblockt ist."

Dass der harte Kern der Szene aus Querdenkerinnen und Kritikern der Coronapolitik dem Kreml trotz der neuen Hürden treu geblieben ist, belegen Recherchen unseres Faktencheck-Teams. Auch das Center für Monitoring, Analyse und Strategie (CeMAS) untersuchte während der ersten Kriegswoche deutschsprachige „verschwörungsideologische" Telegram-Kanäle und ermittelte in einer **Analyse** die zehn am häufigsten geteilten „Alternativmedien". Angeführt wird die Liste von *RT DE*. Der Querdenker Bodo Schiffmann zum Beispiel veröffentlicht in seinen Telegram-Kanälen besonders häufig Links von *RT DE*. Auch der Rechtsanwalt Markus Haintz, der seit Beginn der Pandemie auf Demonstrationen gegen Covid-19-Maßnahmen dabei ist, teilt Inhalte von *RT DE* und gibt Tipps, wie man die Webseite weiterhin erreichen kann.

Die ganze Cemas-Untersuchung zu den *RT*-Aktivitäten auf Telegram findest du hier.

Der russische Staatssender hat sich in der Medienwelt vieler Anhängerinnen und Anhänger von Verschwörungserzählungen und rechter Ideologie festgesetzt und damit sein Ziel erreicht. Was der Zweck von *RT* ist, muss man bei diesem Propagandamedium nicht zwischen den Zeilen lesen. Chefredakteurin Margarita Simonjan, die auch *Sputnik* leitet, sagt es offen heraus. Zum Beispiel in Interviews, die sie russischen Medien Anfang der 2010er-Jahre gab. Daraus zitiert der Russland-Bericht von Reporter ohne Grenzen von 2013: „Simonjan bezeichnet Russia Today als ‚Verteidigungsministerium' des Kremls, als ‚eine Waffe wie jede andere auch'. In Friedenszeiten erscheine ein Auslandssender ‚nicht unbedingt nötig. Aber im

Krieg kann er entscheidend sein. Eine Armee gründet man ja auch nicht erst eine Woche vor Kriegsbeginn', so Simonjan. Es gehe darum, einen Kanal zu schaffen, ‚an den sich die Leute gewöhnen, der ihnen gefällt – und im Ernstfall zeigen wir ihnen, was nötig ist'."

Russland hatte den Informationskrieg lange geplant.

DER KRIEG IM FAKTENCHECK

„Desinformation braucht immer etwas", betont Alice Echtermann, „was die Leute anfällig macht für bestimmte Narrative. Der Krieg gegen die Ukraine – kurzfristig haben wir das sehr deutlich gesehen – hat die Menschen in Deutschland erschreckt. Und damit hat sich wieder ein Tor geöffnet." Vor dem Krieg bekam CORRECTIV.Faktencheck wenig Desinformation zu Gesicht, die konkret Russland hätte zugeordnet werden können. Sicherlich schlug schon die Krimkrise 2014 Wellen in Deutschland und spülte Falschnachrichten an, aber damals gab es die Faktencheck-Redaktion noch nicht. Und das Thema Desinformation war noch nicht so tief im öffentlichen Bewusstsein angekommen. „Seit Kriegsbeginn ist allerdings eine richtige Welle losgerauscht", sagt Echtermann, „ähnlich wie zu Beginn der Pandemie. Die allgemeine Medienaufmerksamkeit für den Kriegsbeginn hat diese Welle kurzzeitig getragen. Das ging vielleicht so zwei, drei Monate, bevor es im Sommer wieder etwas abgeflaut ist."

Unsere Faktenchecker haben alle Faktenchecks, die sie zu Falschbehauptungen über den Ukraine-Krieg gemacht haben, in einem Übersichtsartikel gesammelt. Hier bekommst du einen Überblick über die Lügen des Krieges.

Anfangs war die **prorussische Desinformation** vor allem geprägt vom Leugnen. „Inzwischen leugnet aber kaum jemand mehr", sagt Echtermann, „nicht einmal Russland selbst, dass sie Zivilisten und deren Gebäude in der Ukraine bombardieren. Das Leugnen ist gekippt in ein Rechtfertigen: ‚Ja, wir führen da einen Krieg, den man aber nicht Krieg nennen darf, und wir machen das zu Recht, weil dieses Land eigentlich zu Russland gehört und dort Russen leben, die wir beschützen und verteidigen müssen. Und der Rest der Ukrainer sind halt Nazis.' Um es wirklich sehr salopp und verkürzt zu sagen. Allerdings trifft das meiner Ansicht nach die Art und Weise, wie gerade von prorussischer Seite kommuniziert wird."

Dass rechtsextreme Gruppierungen die Ukraine in ihrer Hand hätten und man das Land davon befreien müsse, ist eine der Kernrechtfertigungen des Kremls. „Das ist eines der großen Narrative der Desinformation, die Putin verbreitet und schon lange befeuert", sagt Uschi Jonas. „Manchmal ist die prorussische Propaganda wie ein Finger, der auf eine Kleinigkeit zeigt, daran ein Narrativ festmacht und in dieser Wunde bohrt. Da gibt es zum Beispiel ein Foto, das einen Soldaten neben Selenskyj zeigt, der einen Aufnäher mit SS-Symbolen auf seiner Schutzausrüstung trägt."

Solche Bilder sind nicht immer Fälschungen, wie die Faktenchecks der CORRECTIV-Redaktion belegen. Sie werden aber als Beweis aufgebauscht für das große Narrativ, mit dem Putin versucht, den Krieg zu rechtfertigen. „Ein Foto eines ukrainischen Soldaten mit einem Nazi-Symbol soll als Beweis dienen, dass das komplette Land voller Neonazis ist." Das sei absurd, sagt Jonas über die Hebel der russischen Propaganda. „Sie suchen sich immer wieder einzelne kleine Schnipselchen, Minibeweisstücke, und nutzen diese dann, um den Unterbau zu stützen, der diesen Krieg aus russischer Sicht rechtfertigt. Und solche vermeintlichen Belege werden in einem stetigen Dauerfeuer ins Netz gespült."

Neben dem großen Narrativ „Ukrainer gleich Nazis" werden ukrainische Flüchtlinge als gefährlich oder als „Sozialschmarotzer" dargestellt. „Es wird versucht", sagt Echtermann, „die Stimmung in Europa und in Deutschland gegen Hilfs- und Waffenlieferungen in die Ukraine aufzuhetzen, indem das Narrativ bedient wird, die ganze Ukraine sei korrupt. Zum Beispiel wird behauptet, die ganzen Waffen, die wir liefern, werden sowieso nur auf dem Schwarzmarkt verkauft. Und die Hilfsgelder werden veruntreut."

Unser Faktencheck-Team berichtete neben weiteren Medien im Herbst 2022 über ein Netzwerk aus Fake-Nachrichtenseiten, das über Monate Europa mit Desinformation und Hetze gegen die Ukraine flutete. Um zum Beispiel die Behauptung zu untermauern, an die Ukraine gelieferte schwere Waffen würden über kurz oder lang in Deutschland auf dem Schwarzmarkt landen, fälschten die Akteure nach Recherchen von CORRECTIV.Faktencheck ukrainische Regierungsdokumente und Briefe von Politikern. Es waren offizielle Schreiben aus der Ukraine, die jedoch nachträglich geändert wurden. Ein Detail half den Faktencheckern, die Fälschung zweier Briefe auffliegen zu lassen: Unten links haben die ukrainischen Schreiben einen von einem elektronischen System erstellten QR-Code aufgedruckt. Dieser QR-Code weist den Dokumenten eine Nummer und ein Erstellungsdatum zu. Scannt man die Codes der beiden Briefe, die auf Telegram kursierten und den Schwarzmarkthandel der Waffen belegen sollten, wird in beiden Fällen das Datum „29.04.2022" und die Dokumentennummer „220/3034" angezeigt. Offenbar wurde für die beiden Fakes ein Originaldokument von April genutzt und bearbeitet.

Uschi und Alice haben zu den gefälschten Regierungsdokumenten und Nachrichtenseiten recherchiert. Herausgekommen ist ein Lehrstück, wie prorussische Propagandisten arbeiten. Hier kannst du ihre Erkenntnisse in allen Details nachlesen.

Im nächsten Fall gaben sich die Verbreiter prorussischer Propaganda mehr Mühe. Sie fälschten die Webseiten von mehr als **60 großen Medien**, um über sie Fake News zu verbreiten. Darunter waren täuschend echt wirkende Imitate von *Spiegel*, *Süddeutsche*, *Tagesspiegel*, *Bild*, *T-Online* und *Welt*, des britischen *Guardian* oder

der italienischen Nachrichtenagentur *Ansa*. „Es ist die bisher größte und komplexeste russische Desinformationskampagne, die seit dem Angriff auf die Ukraine bekannt geworden ist", schreiben meine Faktencheck-Kolleginnen in ihrer Recherche. Die Fake-Artikel schürten deutsche Ängste. Eine gefälschte Seite des *Spiegels* berichtete: „Sanktionen gegen Russland schaden nur Deutschland." Eine Meldung im Design der *Bild*-Zeitung titelte: „Ein Teenager wird in Berlin wegen Einsparungen bei der Straßenbeleuchtung getötet."

„Diese Meldungen werden dann von Profilen und Protagonisten weiterverbreitet, die prorussisch sind", sagt Uschi Jonas. „Ob diese Profile und Protagonisten auch in direkter Verbindung zum Kreml stehen – das ist oft nicht endgültig festzumachen. Letztlich ist aber klar, worauf sie abzielen: zu verunsichern, Wut zu schüren und die Menschen davon abzubringen, auf der Seite der Ukraine zu stehen."

Die Berichterstattung deutscher Investigativjournalisten über diese Desinformationskampagne veranlasste den Facebook-Konzern Meta zu einer eigenen Untersuchung. Das schreibt das Unternehmen selbst in seinem **Report** „Taking down coordinated inauthentic behavior from Russia and China", den es im September 2022 veröffentlichte. Im Zusammenhang mit den 60 Fake-Nachrichtenseiten und deren Verbreiternetzwerk identifizierte Meta nach eigenen Angaben mehr als 1.600 Facebook-Accounts, 700 Facebook-Seiten und 29 Instagram-, aber auch Telegram- und Twitter-Accounts. Sie alle streuten die Inhalte der geklonten Medienwebseiten im Netz. Ein gigantischer Aufwand. Die Kampagne stelle „eine ungewöhnliche Kombination aus Raffinesse und roher Gewalt" dar, schreibt Meta. „Die gefälschten Websites und die Verwendung vieler Sprachen erforderten sowohl technische als auch sprachliche Investitionen."

Im September 2022 hat Meta eine Auswertung zu Beeinflussungskampagnen aus Russland und China veröffentlicht. Hier kannst du selbst einen Blick in den Report werfen.

Die Recherche unseres Faktencheck-Teams führte zu prorussischen Aktivistengruppen. „Aktuell gibt es Hinweise darauf, dass zum Beispiel die Akteure der Internet Research Agency weiterhin aktiv sind", sagt Echtermann. „Obwohl ihre Aktivitäten schwer zurückzuverfolgen und eindeutig nachzuweisen sind, weil sie mittlerweile viel versteckter arbeiten als zu Zeiten des Trump-Wahlkampfes." Es sei bei Recherchen zum Ukraine-Krieg grundsätzlich schwer, zu einem eindeutigen Ergebnis zu kommen, sagt Jonas, „weil wir nicht vor Ort sind, weil natürlich beide Kriegsparteien nicht neutral sind, weil Desinformation grundsätzlich von beiden Seiten kommen kann. Deshalb ist es umso wichtiger, in unseren Faktenchecks bedächtig zu formulieren und klar darzulegen, was gesichertes

Wissen ist, wofür es glaubwürdige Quellen gibt und wofür nicht. Das ist natürlich manchmal ein schwieriger Balanceakt."

Das Einzige, was man über russische Aktivitäten momentan sicher sagen könne, sagt Echtermann, „ist, dass man nichts Genaues weiß. Sobald du über die aktuelle Situation redest, bist du automatisch in einer Form von Spekulation, weil es eben nur Muster gibt, die sich wiederholen und dem gleichen, was die Russen schon früher gemacht haben. Beweisen kann man es aktuell aber nicht." Vielleicht lassen sich Kreml-Operationen wie beim Brexit-Referendum erst im Nachhinein begreifen und belegen. „Obwohl sich dann immer noch nicht einschätzen lässt, wie viel davon tatsächlich konkrete Auswirkungen auf die Geschehnisse und den gesellschaftlichen Dialog hatte", sagt Echtermann.

Im Gegensatz zur Coronapandemie spült die Desinformationswelle zum Ukraine-Krieg Lügen nicht in jede Timeline, sie bleibt häufig in ihren Bubbles und ebbt schneller ab. Der Krieg in der Ukraine dominiert einfach nicht das Leben der Deutschen und damit auch nicht die Palette der Desinformation. „Das ganze Themenfeld hat sich komplett ausdifferenziert", sagt Echtermann. „Wir haben gerade Faktenchecks zum Klimawandel, zu Fake-Zitaten irgendwelcher Politiker, wir haben Checks zum Thema Gasumlage, aber auch immer noch welche zu Corona. Es ist ein kompletter Gemischtwarenladen der Desinformation geworden – so, wie es auch früher war. Vor Corona. Ich glaube, dass das einfach an der Betroffenheit liegt. So schade, wie es ist, aber die Leute interessieren sich oft nur für das, was sie persönlich betrifft. Wenn es einem selbst nicht wehtut, dann ist der Krieg in der **Ukraine** weit weg."

Wie hat sich seit Beginn des Krieges der Kampf um Fakten und Deutung im Netz entwickelt? Einen Überblick über die hartnäckigsten Narrative, mit denen sich CORRECTIV.Faktencheck in einem Jahr Ukraine-Krieg konfrontiert sah, geben die Kollegen hier.

Genau diese Mentalität öffne aber wieder Einfallstore, die prorussische Propaganda zu nutzen wisse, sagt Echtermann. „Die neuen Themen sind die Energiekrise, die jede Bürgerin und jeden Bürger betrifft, und die Angst vor einer Wirtschaftskrise, die daraus folgt. Je schlimmer die Krise wird, desto unzufriedener werden die Menschen, desto anfälliger werden sie für diese Saat von Spalterei. In der Hinsicht gibt es also noch viel Potenzial, Desinformation zu streuen."

Du hast die Wahl! Wie Neo, gespielt von Keanu Reeves, im Film „Matrix“ (1999). Nimmt er die rote Pille, entkommt er dem Sklavendasein in einer Scheinwelt. Aus der Timeline eines Verschwörungstheoretikers. (Screenshot: CORRECTIV)

NACHTRAG: WOHER KOMMEN MISSTRAUEN UND VERSCHWÖRUNGSGLAUBE?

> Nur eine Diktatur braucht Journalistisches Ungeziefer wie dich. Du bist Abfall der Gesellschaft, also das was die Gosse herrunterfliesst wenn man einen Eimer Scheiße auskippt. „I„

–

Mail vom 21. Juni 2021 an Till Eckert, CORRECTIV.Faktencheck

In nicht einmal einem Jahrzehnt erschütterten vier Ereignisse den gesellschaftlichen Frieden in Deutschland:

- die Flüchtlingskrise, die besonders 2015 und 2016 Rechtspopulisten Auftrieb gab
- die Diskussion um die Folgen der Klimakrise, seit 2018 durch die Fridays-for-Future-Bewegung vorangetrieben
- die Coronapandemie ab März 2020
- der Ukraine-Krieg ab Februar 2022

Im Unterschied zu den übrigen Krisen zeichnete Corona ein zweijähriges Dauerfeuer aus: Jede Maßnahme der Regierenden zog neue Kritik nach sich und brachte Protestierende auf die Straße, während Hiobsbotschaften und Einschnitte die breite Bevölkerung unter Stress hielten. Der Staat sah sich in einem Ausmaß zu einem Eingriff in die Autonomie der Bürgerinnen und Bürger gezwungen, das in der deutschen Nachkriegsgeschichte beispiellos ist – das betraf das alltägliche Leben, die wirtschaftliche Freiheit und sogar die körperliche Selbstbestimmung. Vor allem aber trafen die Einschränkungen dieses Mal auch Menschen „aus der Mittel- und Oberklasse", heißt es in der **Studie** „Quellen des Querdenkertums. Eine politische Soziologie der Corona-Proteste in Baden-Württemberg", die im Dezember 2021 die Universität Basel im Auftrag der Heinrich Böll Stiftung veröffentlichte. „Im Unterschied zur Arbeiter:innenklasse und ALGII-Bezüger:innen" sei es diese Bevölkerungsgruppe einfach „nicht gewohnt", einen derartigen Eingriff in die eigene Lebensführung durch staatliche Intervention hinnehmen zu müssen. Die Krise traf damit Menschen, die kaum krisenerprobt waren, die es als Angriff empfanden, Unsicherheit und staatliche Einschnitte in der Komfortzone ihrer Mittel- und Oberschicht zu erfahren. Und die sich eher gegen diese Einschnitte wehren würden.

Eine echt spannende Studie zur Entstehungsgeschichte der Querdenker-Bewegung. Rund 80 Seiten voller Infos. Folge einfach dem QR-Code.

Doch nicht nur die Maßnahmen mobilisierten neue Bevölkerungsschichten. Auch die Desinformation erreichte plötzlich ein breiteres Publikum und befeuerte die Proteste. Wie kam es dazu?

Jeder staatliche Eingriff gab Anlass, neue Fake News hervorzubringen. Dadurch bekamen die Protestierenden die Möglichkeit, ihre Narrative an das Pandemiegeschehen zu koppeln und so einen Großteil der Deutschen zu erreichen. Da die Pandemie keine Randerscheinung gewesen sei, sondern jeden betroffen habe, sagt Uschi Jonas, „hat sie dafür gesorgt, dass

Desinformation und irreführende Behauptungen so sehr in die Welt von uns allen eingedrungen und nicht in den hintersten Ecken des Internets geblieben sind. Menschen über 50 kamen vielleicht vermehrt in Whatsapp-Gruppen oder auf Facebook-Seiten mit Desinformationen in Kontakt, 13- bis 18-Jährige via Tiktok. Erreicht wurden sie letzten Endes aber alle."

Vor der Pandemie habe sie gedacht, sagt Alice Echtermann, „es sei relativ einfach zu beantworten, welche Menschen für Verschwörungstheorien und Desinformation empfänglich sind. Und jetzt hat sich durch die Pandemie herausgestellt: Eigentlich ist jeder anfällig dafür. Wir hatten zum Beispiel vorher immer angenommen, Desinformationen und Impfgegnerdasein, also Eltern, die ihre Kinder zum Beispiel nicht gegen Masern impfen lassen wollen, bewegten sich in bestimmten Nischen. Und es sei nicht dieselbe Nische, in der sich die Rechtspopulisten bewegten und gegen Migranten hetzten. Im Gegenteil sogar: Oft haben sich diese beiden Gruppen an den politischen Rändern konträr positioniert. Die Pandemie hat dann aber auf unheimliche Weise die verschiedenen Richtungen zusammengebracht. Diese ‚Querfront' wurde schnell bei den ersten Demos in Berlin deutlich. Es war absurd."

Im Laufe der Pandemie bildeten sich sowohl im Osten als auch im Süden Deutschlands Hotspotregionen der Querdenker-Bewegung, von denen aus sich die Bewegung im ganzen Land ausbreitete. Kurz nach den „Hygiene-Demos", zu denen ab März 2020 die beiden Dramaturgen Anselm Lenz und Hendrik Sodenkamp vor der Berliner Volksbühne aufgerufen hatten, meldete Michael Ballweg die „Mahnwache für das Grundgesetz" in Stuttgart an. Die Kundgebungen wuchsen rasant an (von rund 80 auf 15.000 Teilnehmerinnen und Teilnehmer innerhalb eines Monats), Ballweg gründete die Initiative „Querdenken 711".

Schnell entstanden nach Ballwegs Vorbild in ganz Deutschland Ableger der Querdenker-Proteste, sogenannte „Copycat-" oder „Franchise-Proteste". Die Aktivisten, die in einer jeweiligen Stadt die Proteste organisierten, kombinierten deren Vorwahl mit dem Querdenker-Label. Trotz der gemeinsamen Namensgebung unterschieden sich die Proteste aber. Der Anteil von AfD-Wählerinnen und -Wählern war in Ostdeutschland zum Beispiel deutlich höher als in Baden-Württemberg. Umgekehrt bemaß sich der Anteil von ehemaligen Grünen- und Linke-Wählern in Baden-Württemberg doppelt so hoch wie in Ostdeutschland. Obwohl sich die Akteure der Proteste auf den ersten Blick unterscheiden, weil sie von entgegengesetzten Enden des politischen Spektrums kommen, teilen sie doch eins: den Frust und die Enttäuschung über das politische System und seine Parteien.

Verfassungsschutzpräsident Thomas Haldenwang spricht mit Blick auf die Coronaproteste von einer Gruppe der „Staatsverdrossenen", von Menschen, „die sich enttäuscht vom Staat abwenden, die sich von ihm vergessen, bedroht und in ihren Rechten beschränkt fühlen". Dieses Gefühl hat die Pandemie in der breiten Bevölkerung gestärkt. Eine Forsa-Umfrage zum Jahreswechsel 2021/22 zeigte, dass das Vertrauen in Bundes- und Landesregierungen, in Bürgermeister, Stadtverwaltungen und Parlamente im zurückliegenden Jahr gelitten hatte. Im Westen misstrauten drei von vier Befragten den politischen Parteien, in Ostdeutschland waren es rund sechs von sieben.

„Die Krise und die Art und Weise, wie wir miteinander umgegangen sind oder auch nicht umgegangen sind, hat Schockwellen ausgesendet", sagt CORRECTIV.Faktenchecker Till Eckert. Diese Schockwellen hätten die Gesellschaft weiter gespalten. „Besonders die Gruppe der Abgeschlagenen", sagt Eckert über den harten Kern der Protestbewegung, „diese 10 bis 20 Prozent, die vermutlich nie richtigen Zugang zur Gesellschaft hatten, fühlt sich mehr denn je im Regen stehen gelassen." Es seien Menschen, die der gesellschaftliche Wandel schon zuvor zurückgelassen habe, die Entwicklungen wie Frauenquote, Gendern oder LGTBQ-Rechte nie verstanden hätten und nie akzeptieren könnten. „Sie fühlen sich nun weiter abgeschlagen von dem, was ‚die Linken und Liberalen' tun. Das nährt noch mehr ihr Gefühl: ‚Wir werden nicht gehört und nur verarscht.'"

Das Gefühl, nicht mehr Teil der gesellschaftlichen Entwicklung zu sein und von der Politik nicht ernst genommen zu werden, findet sich über die verschiedensten Lager verteilt. Und es fand Anschluss in den Coronaprotesten. „Klimaleugner, Marktradikale und Rechtspopulisten kämpften früher gemeinsam gegen Klimaschutz", schreiben die Kolleginnen unserer Klimaredaktion in einer Analyse der Proteste, heute gehen sie „gemeinsam gegen die Coronamaßnahmen" auf die Straße. Diese Gruppen „verbindet die Abneigung gegen staatliche Eingriffe sowie ein Grundmisstrauen gegen die Wissenschaft. Sie nutzen die Themen, um Aufmerksamkeit für sich selbst zu schaffen." Gerade extremen Gruppierungen haben die Coronaproteste Anschlusspunkte geboten. Eine CORRECTIV-Recherche, die unsere Faktenchecker gemacht haben, zeigt die engen Verbindungen von Teilen der Querdenker-Bewegung zur **rechtsextremen Szene** auf.

Schon 2020 war klar, dass viele Rechte auf den Coronazug aufspringen und sich die Szenen vermischen würden. Unsere Faktenchecker haben damals recherchiert, herausgekommen ist dieser Text: „Mein Freund, der Neonazi".

Die rechtsextreme Szene in Deutschland habe von der Pandemie profitiert, sagt Echtermann. „Sie ist noch mal sichtbarer geworden. Sie haben sich getraut, sich offen zu zeigen, um Zulauf generieren können. Viele Dinge, die früher verbuddelt waren, die aber immer schon da waren in unserer Gesellschaft, haben sich über die vergangenen sechs, sieben Jahre ans Tageslicht getraut“, sagt die Faktencheckerin. Die Rechten hätten ihre Narrative mit dem Pandemiegeschehen verbunden, teilweise seien diese auch deckungsgleich gewesen mit denen der Protestbewegung. „Vorher verstanden sich die Rechtsextremen vielleicht als Untergrundkämpfer, jetzt können sie über Soziale Netzwerke und über eine Partei im Bundestag, die sie ermutigt, sagen: ‚Hier bin ich. Jetzt zeige ich auf Instagram ganz offen meine Ideologie und zieh mir den Nachwuchs ran.‘ Der rechtsextremen Szene wurden einfach neue Möglichkeiten und neues Selbstvertrauen gegeben.“

Dieses Selbstvertrauen trifft auf fruchtbaren Boden. Und auf den passenden Zeitgeist. In Krisenzeiten sehnen sich viele Menschen nach Halt und Sicherheit. „Ich glaube“, sagt Sarah Thust vom CORRECTIV.Faktencheck-Team, „was diese Staatsverdrossenen sich wünschen – das merkt man auch immer wieder an den Zwischentönen in den Gruppen und Chats –, ist ein starker Führer, eine Figur an der Spitze, die simple Erklärungen parat hat. Über die verschiedenen Lager hinweg – ob Rechte, Reichsbürger oder Verschwörungstheoretiker, Coronaskeptiker, Impfgegner oder auch Klimawandelleugner – zeichnet sich immer die Suche nach einem solchen Vorbild ab.“ Eine Studie der Otto Brenner Stiftung von 2019 bestätigt ihre Annahme. 23 Prozent der jungen Westdeutschen und 26 Prozent der jungen Ostdeutschen stimmten demnach der Aussage zu, dass es einen starken Führer in Deutschland geben sollte. Dieses Bedürfnis über alle Lager hinweg sei auffällig, sagt Thust, und es führe auf einen Irrweg. „Denn in Wahrheit ist die Welt verdammt kompliziert, und simple Erklärungen funktionieren da nicht.“

Trotz der Heterogenität in den Reihen der Demonstrierenden auf den Coronaprotesten eint sie ihre grundsätzliche Haltung: Sie sind dagegen – gegen das System und gegen die Institutionen unserer Gesellschaft. „Es gibt eine Zeichnung von Uli Stein“, sagt Sarah Thust, „da demonstriert ein Pinguin allein mit einem Plakat, auf dem steht: ‚Dagegen!‘ Ich finde, diese Zeichnung repräsentiert gerade unsere Zeit. Es hat sich eine Contrablase gebildet. Vor der Pandemie waren das alles freie Radikale, die durch Deutschland schwebten. Vielleicht gab es hier und da mal einen kleinen Verein, aber weniger deutschlandweite Vernetzung oder Bewegung. Jetzt folgen diese Leute denselben Telegram-Gruppen oder sind über andere Soziale Netzwerke verbunden. Jetzt gibt es diese Infrastruktur, und in diese Infrastruktur kannst du alles reinwerfen, was du willst, die Leute werden sich drüber aufregen. Das hat dem Ganzen eine neue Dimension gegeben.“

Vertreter der Querdenker-Szene zeichneten sich durch ein großes „libertäres Freiheitsverständnis“ aus, schreibt eine Studie, „in dem Individualität, Eigenverantwortung und Selbstbestimmung nahezu absolut gesetzt werden“. (Screenshot: CORRECTIV)

Um der gesellschaftlichen Spaltung entgegenwirken zu können, ist es entscheidend, mehr über die Anhängerinnen und Anhänger von Corona-Verschwörungsmythen zu erfahren. Dies hat sich die Autorengruppe der Studie zum Auftrag gemacht. Lies selbst.

Bleibt die Frage: „Wer glaubt (nicht mehr) an Corona-Verschwörungsmythen?“ Für eine **Untersuchung** mit diesem Titel arbeitete der Berliner Thinktank dpart mit Kooperationspartnern an mehreren Universitäten zusammen. Beteiligt an dem Forschungsprojekt waren Wissenschaftler von der Leuphana Universität Lüneburg, der Otto-von-Guericke-Universität Magdeburg, der Jacobs University Bremen und der University of Edinburgh. Grundlage der Analyse sind repräsentative Befragungen in Deutschland, die das Autorenteam sowohl im April und Mai 2020 als auch im Februar und März 2021 durchführte. Dabei zeichneten sich unter den Anhängerinnen und Anhängern von Corona-Verschwörungsmythen deutlich individualistischere und weniger solidarische Einstellungen ab als im Rest der Bevölkerung. Der Schutz der Freiheit scheint ihnen wichtiger als der Schutz der Gesundheit, Konformität ist ihnen ebenso verachtenswert wie die Unterordnung unter das Gemeinwohl.

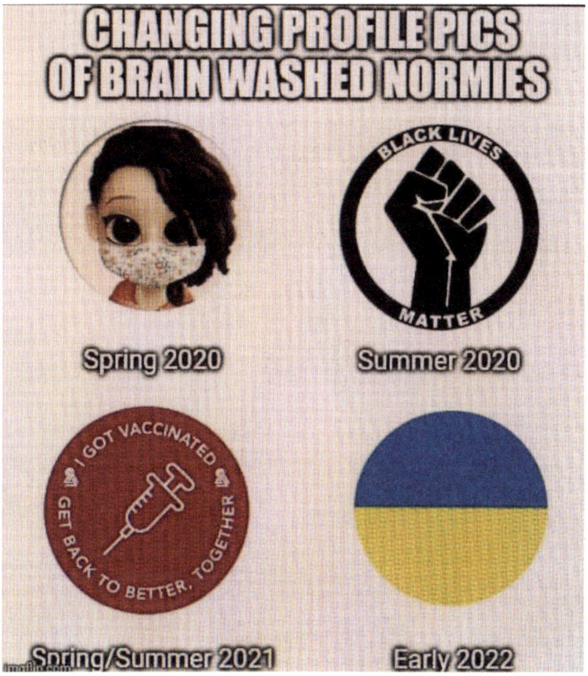

Gegen Gehirnwäsche und vermeintliche Mitläufer – Querdenker haben ihren eigenen Kopf. Sie denken für sich selbst. Zumindest denken sie das. (Screenshot: CORRECTIV)

Eine ähnliche Tendenz erfasste auch die bereits erwähnte Studie „Quellen des ‚Querdenkertums'" von 2021. Konkret schreiben die Autorinnen und Autoren: „Die Befragten inszenieren sich als Eingeweihte, fast sogar als Erwählte, die auch gegen Widerstand, Stigmatisierung und Repression an ihrer Expertise festhalten. Als Eingeweihte glauben sie, über ein höheres Wissen, über die Wahrheit der wirklichen Beweggründe der staatlichen Maßnahmen zu verfügen. Eigenes Recherchieren, kritisches Hinterfragen und Aufspüren von Quellen sind zentrale Motive der Querdenken-Proteste. Eine weitere Homologie zeigt sich in den Beweggründen: Die Befragten verfügen über ein libertäres Freiheitsverständnis, in dem Individualität, Eigenverantwortung und Selbstbestimmung nahezu absolut gesetzt werden."

Verdrehte Querdenker-Welten: Mit Angst werden die Kritiker der Querdenker kontrolliert, sie sehen aber die eigentliche Gefahr nicht. Die Querdenker dagegen wissen, was passiert. Sie schwimmen nicht mit dem Strom, sie wollen nur warnen und halten dabei sogar Anfeindungen, Häme und der Propaganda der etablierten Medien stand. (Screenshot: CORRECTIV)

Ich weiß was, was du nicht weißt! Oder doch eher: Mein Name ist Hase, ich weiß von ...? (Screenshot: CORRECTIV)

Der Widerstand richte sich gegen institutionelle Regeln, die die individuelle Freiheit beschränkten. „Die offiziellen Informationen über das Virus werden angezweifelt und damit verknüpft die pandemische Lage geleugnet. Dabei werden die etablierten Medien aufgrund ihrer ‚Einseitigkeit' kritisiert, da sie wissenschaftliche Tatsachen verzerren würden oder die falschen Expert:innen zu Wort kommen ließen. Die politisch-administrativen Maßnahmen werden als ‚Angstmacherei' in manipulativer Absicht bezeichnet. Schließlich wird die systematische Erzeugung von Angst und Panik als Wegbereiter totaler Überwachung interpretiert und ein bereits bestehendes oder nahendes diktatorisches Kontrollregime beklagt", schreiben die Autoren der Studie.

Der Verschwörungsglaube gibt im ersten Moment Sicherheit, weil er hilft, die Komplexität einer beängstigenden Welt zu bändigen. Und dann beginnt ein Sog. Eine Erzählung reiht sich an die nächste, um das gesamte Konstrukt stimmig zu halten. Es ist eine Radikalisierungsspirale, die isoliert und an den Rand der Gesellschaft drängt. „Im Laufe der Zeit hat es mich immer mehr erschreckt", sagt Uschi Jonas. „Ich konnte es einfach nicht fassen, wie viele Menschen ein Grundmisstrauen gegenüber demokratischen Institutionen hegen. Wenn wir in einem Land mit einem instabilen politischen System leben würden, dann könnte ich das verstehen. Aber wir leben in Deutschland. Natürlich sollte man immer kritisch bleiben, hinterfragen, reflektieren – das sollte jeder und Journalist:innen sowieso. Die Grundannahme aber, auf der Desinformation und Verschwörungsglaube häufig aufbauen, ist ja, dass Regierungen und Menschen in gesellschaftlicher Verantwortung grundsätzlich nicht zu trauen ist. Ausnahmslos. Das ist für mich schwer zu begreifen. Genauso wie das Misstrauen gegenüber der Wissenschaft. Beim Thema Klimawandel geschieht das ja seit Jahren, aber die Coronapandemie hat einmal mehr gezeigt, wie schwer es ist, dagegen anzukommen."

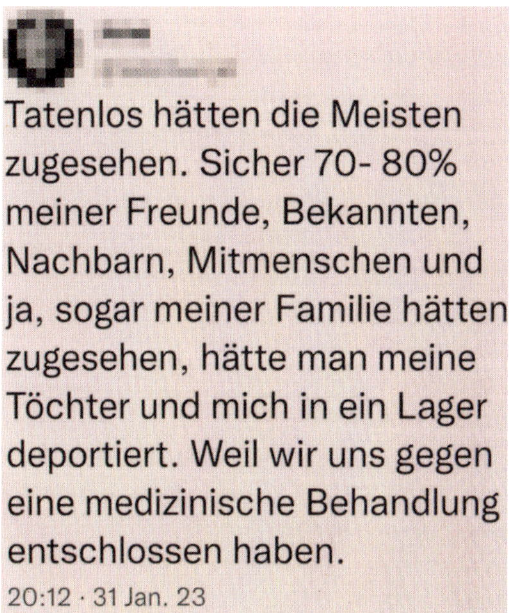

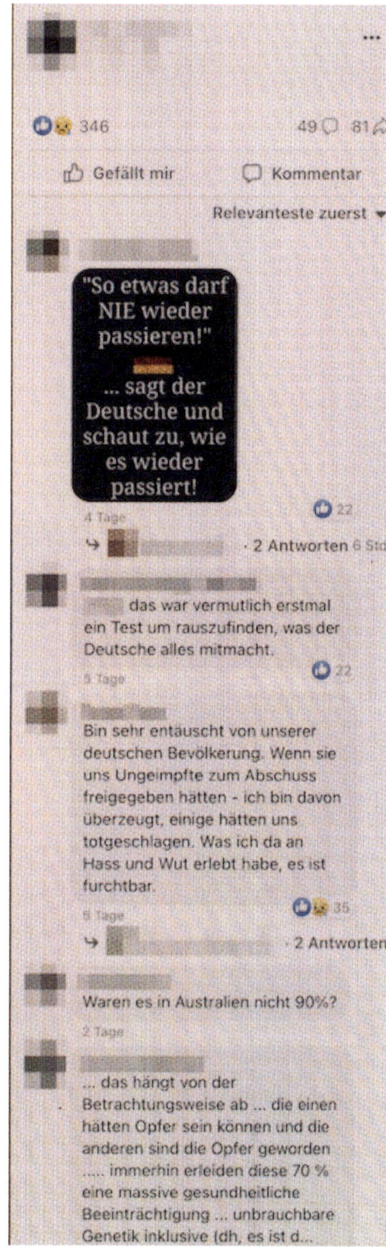

Je drastischer der Vergleich, desto mehr scheint Widerstand gerechtfertigt. Wenn sich Querdenker mit den Opfern des Dritten Reiches vergleichen, vergessen sie jeden Anstand. (Screenshot: CORRECTIV)

Die große gesellschaftliche Gefahr: Die betroffenen Bürgerinnen und Bürger sehen sich im Recht, wenn sie den Institutionen misstrauen. Sie zelebrieren sich als Opfer, feiern das Pathos des Dagegenseins, skizzieren immer neue Untergangsszenarien und beschwören möglichst drastische Vergleiche. Denn das gibt ihnen Freiheit: Wer das Ende von Demokratie und Rechtsstaatlichkeit ausruft und Vergleiche zum Dritten Reich zieht, hat nichts zu verlieren. Je größer das Drama, desto mehr ist das eigene Handeln gerechtfertigt. Damit sehen sie sich im Recht, erst verbal aufzurüsten und im nächsten Schritt Taten sprechen zu lassen. Gewalt scheint legitim, wenn sie sich gegen einen Unrechtsstaat und seine willigen Handlanger richtet. Die Selbstgerechtigkeit und Schamlosigkeit, tatsächlich Vergleiche zum Holocaust und den Schrecken des Dritten Reiches zu ziehen, sind – auf Deutsch gesagt – einfach nur widerlich.

Und dennoch erkenne ich in diesem Verhalten, dem Misstrauen, dem Verschwörungsglauben und der Empfänglichkeit vieler Bürgerinnen und Bürger für Desinformation nur Symptome. Ihre Ursachen liegen tiefer. Eine von ihnen sehe ich im Journalismus, der vielerorts in einer Krise steckt. Er kommt seiner Kontrollfunktion nicht mehr nach und verliert das Vertrauen seiner Rezipienten. Zudem fühlen sich viele Menschen von den Parteien verlassen, weil sich Politikerinnen und Politiker scheuen, sich ihren Lebensfragen zu stellen, und bei komplexen, heiklen Themen die Antworten Populisten überlassen. Über alldem steht das Kernproblem: Wir verlieren einander, verlieren immer mehr den Kontakt zueinander, vergessen den Dialog und den Austausch – egal, ob im Bundestag, im Wochenblatt oder in den Dynamiken der Sozialen Netzwerke.

Damit unsere Gesellschaft nicht zerfällt, müssen wir an vielen Stellen ansetzen. Ein paar Ideen und konkrete Projekte nenne ich im letzten Kapitel dieses Buches.

Für euch Arschlöcher werden wir Ausschwitz wieder anheizen und an jeder Laterne wird einer von euch dreckigen Lügnern hängen.

—

Mail vom 11. Januar 2022 an Matthias Bau, CORRECTIV.Faktenchecker. Absender: arschloecher-an-die-Wand

KAPITEL 7

LASST UNS EIN TEAM WERDEN

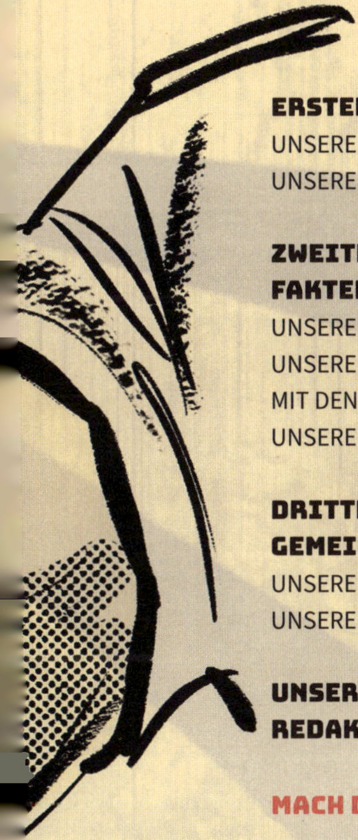

KAPITEL 7 – LASST UNS EIN TEAM WERDEN

ALICE ECHTERMANN

„Die größte Herausforderung bei der Arbeit als Faktencheckerin: zu akzeptieren, dass die eigene Arbeit das Problem nicht lösen wird. Es geht nicht weg durch unseren Einsatz.
Wir können die Symptome bekämpfen, nicht die Ursache.

Wir hoffen, dass unser Publikum durch die Faktenchecks an Medienkompetenz gewinnt. Dass Leserinnen und Leser Behauptungen hinterfragen und beginnen, selbst zu recherchieren. Wobei: Ist das der richtige Weg?

Am Ende sind die Schulen entscheidend. Will man das Problem langfristig angehen, müssen junge Menschen durch Medien- und politische Bildung lernen, was Journalismus ist und kann. Sie müssen lernen, wie Medien funktionieren, warum Qualitätsjournalismus wichtig ist, wie seriöse Information entsteht. Nur so können wir das Grundvertrauen in die gesellschaftlichen Institutionen wieder aufbauen. Nur so lässt sich verhindern, dass in den zukünftigen Generationen eine Wissenslücke entsteht, die durch den Hokuspokus in den Sozialen Netzwerken gefüllt wird.

Ich glaube, dass wir selten so guten Journalismus hatten wie jetzt. Allein: Dieser Journalismus muss die Menschen auch erreichen, gerade jüngere. Die lesen nicht die Süddeutsche Zeitung. Es gibt so viele gute investigative Recherchen. Leider wird das oft überdeckt von Journalismus niedriger Qualität. Gerade im Online-Journalismus.

Für mich ist es ein Horror, wenn schlechte Berichterstattung das Vertrauen in den Journalismus zerstört. Durch reißerische Überschriften zum Beispiel. Nur weil man Klicks reinholen will, werden Menschen enttäuscht. Ganz ehrlich: Die fühlen sich verarscht. Und dann? Ich habe oft diese Art von Medienkritik aus meinem Umfeld mitbekommen: Die ‚Mainstream-Medien' sind nicht mehr seriös. Die wollen die Leute nicht wirklich informieren, die geiern nur der Aufmerksamkeit hinterher oder springen auf jeden Empörungs- und Aufmerksamkeitszug auf, der durchrauscht.

Ich frage: Muss wirklich jeder Shitstorm aufgegriffen werden, der in den Sozialen Netzwerken wütet? Das ist das, was im Endeffekt für Desinformation ausgenutzt wird – mit dem Ziel: dass die großen Medien darüber berichten. Das haben wir etwa bei der Bundestagswahl gesehen. Gezielt wurden auf Twitter Hashtags gepusht und Shitstorm-Kampagnen gefahren, bis Print und TV darüber berichteten. Und damit haben die Medien dann den Shitstorm amplifiziert. Warum? Vielleicht müssen wir Journalisten lernen, sorgfältiger zu selektieren und gelassener zu werden, lernen, uns nicht von der Empörung im Netz treiben zu lassen.

Auch deshalb bin ich zu CORRECTIV gegangen. Weil ich nicht mehr in einem Medium arbeiten wollte, das gezwungen ist, tagesaktuell und unter ökonomischem Druck zu arbeiten. Als ich beim Faktencheck-Team angefangen habe, habe ich gesagt: Ein Artikel braucht so lange, wie er braucht. Wenn er fertig ist, ist er fertig. Und ich recherchiere so lange, bis er fertig ist. Ich fand das unglaublich erleichternd. Wenn man bei einer Tageszeitung oder in einer Online-Nachrichtenredaktion arbeitet, ist das leider meist nicht möglich.

Die Schnelligkeit, die dort herrscht, geht zulasten der Qualität. Immer."

Alice Echtermann, Leiterin CORRECTIV.Faktencheck

Wie schaffen wir es, den Kampf gegen Desinformation zu gewinnen? Was kann jeder und jede von uns beitragen, wo müssen wir als Gesellschaft Verantwortung übernehmen? Und: Was können Journalisten tun?

Ich habe die Probleme der Medienkrise in diesem Buch beschrieben: Viele Verlagshäuser haben den Schritt in die digitale Ära verschlafen und sich, getrieben von Umsatzeinbußen und Auflagenschwund, an altes Denken geklammert. Gerade dort, wo klassischer Journalismus seine Aufgabe vergisst, krankt oder fehlt, gedeiht Desinformation wie Unkraut. Wenn Menschen das Gefühl haben, weder gesehen noch gehört zu werden und keine Bedeutung für Presse oder Politik zu haben, werden für sie Lügen umso attraktiver. Kehren Bürgerinnen und Bürger den Institutionen unserer Gesellschaft den Rücken, stillen Marktschreier und Gaukler ihr Bedürfnis nach Halt und Orientierung.

Wir Journalisten sind in der Pflicht, überholte Vorstellungen unseres Berufes und Überheblichkeit hinter uns zu lassen. Wir müssen unsere redaktionellen Elfenbeintürme verlassen und wieder mit den Menschen ins Gespräch kommen. Ich bin Journalist geworden, um für die Bürgerinnen und Bürger zu berichten, um ihre Probleme aufzugreifen und Missstände aufzudecken. Wir sollten dies nicht um des Geldes willen tun oder der Eitelkeit wegen. Entsprechend ist es an uns, wieder neues Vertrauen zu schaffen.

Leider ist die Zahl derer, die dagegenhalten, groß. Politische Extremisten, einflussreiche Industrien oder ganze Nationen arbeiten daran, das Misstrauen gegen Medien und Journalisten zu pflegen und die Menschen zugleich unzufrieden und entzweit zu halten. Vor allem aber wollen sie gemeinsame Wahrheiten unmöglich machen, um mit den eigenen Machenschaften und Interessen durchzukommen.

Die Verbreiter von Desinformation genießen dabei einen Vorteil: Lügen sind leichter zu säen, als zu jäten. Im Sturm der Entrüstung verteilen sich ihre Samen auf den Äckern Sozialer Netzwerke. Und das weltweit. Desinformation ist ein globales Problem. Sie wächst, wo sie Licht und Nährstoffe findet – egal, in welcher Sprache. Deswegen werden wir Lösungen nicht allein innerhalb unserer nationalen Grenzen finden.

Was also tun?

Um im Wildwuchs aus Lügen und Hass die Fakten zu finden, bedarf es Arbeit und Zeit, cleverer Technik und engagierter Mitstreiterinnen und Mitstreiter. Ich sehe drei Bereiche, in denen wir Demokraten uns aufstellen sollten, um den gesellschaftlichen Zusammenhalt zu schützen und zu stärken: den (Lokal-)Journalismus, das Faktenchecken und die Medienkompetenz.

ERSTER BEREICH: JOURNALISMUS STÄRKEN

Vielen Verlagen fehlt es an Geld. Für Anzeigenkunden ist das Netz mit seiner zielgruppengenauen Ansprache attraktiver als die gedruckte Annonce in der Tageszeitung. Gleichzeitig schwinden Abo- und Leserzahlen. Das Informationsbedürfnis vieler Bürgerinnen und Bürger bleibt ungestillt. Ersatz finden sie im Netz – auf Seiten, deren Qualität fragwürdig bis zweifelhaft ist. Diverse Studien belegen: Je mehr sich Bürgerinnen und Bürger von klassischen Medien abkehren, desto empfänglicher sind sie für Desinformation und Verschwörungstheorien.

UNSERE STRATEGIE: GEMEINNÜTZIGKEIT ERMÖGLICHEN

Vor allem der Lokaljournalismus steckt in einer Krise. „Es steht zu befürchten, dass ähnlich wie in anderen Ländern auch in Deutschland in einer wachsenden Anzahl von Regionen keine Tageszeitungen oder andere Medien mehr erscheinen", führt das Forum Gemeinnütziger Journalismus aus. Bereits jetzt finden sich in Deutschland zahlreiche Regionen, in denen eine lokale Berichterstattung kaum oder gar nicht mehr stattfindet. Höchstens werbefinanzierte Postwurfsendungen würden noch so etwas wie lokale Berichterstattung liefern. „Dies untergräbt eine qualitative Berichterstattung vor Ort und schwächt unsere Demokratie", schreibt der Verein, in dessen Vorstand auch CORRECTIV-Gründer und -Publisher David Schraven sitzt. Der Verein folgert: Es sollte im Interesse einer Demokratie sein, einer solchen Entwicklung zu begegnen.

Aber wie? Der direkte Weg über staatliche Subventionen ist in meinen Augen der falsche. Wenn der Staat zum Beispiel Rettungspakete für Medienhäuser zahlen würde, würde das die Unabhängigkeit der Presse gefährden. Geld könnte an Bedingungen geknüpft werden, und Regierende könnten so Einfluss auf die Medien nehmen.

Eine Lösung ist eine Unterstützung über Umwege: Medienprojekte, die sich am Gemeinwohl orientieren und nicht profitorientiert arbeiten, könnten als gemeinnützig erklärt werden. Gerade für Webseiten wäre dies hilfreich, deren Macher oder Redaktionen lokal berichten und dort die Versorgungslücke füllen, die das Sterben kleiner Medienhäuser und Verlage hinterlassen hat. Die Gemeinnützigkeit hätte für diese Projekte positive Effekte. Spenden könnten zum Beispiel zu 100 Prozent von der Steuer abgesetzt werden. Damit wäre der Staat nur indirekt beteiligt. Bürgerinnen und Bürger dagegen hätten die Möglichkeit, „ihren“ Journalismus vor Ort direkt zu fördern. Die lokale Nachrichtenversorgung könnte gesichert und sogar neue Projekte könnten gegründet werden. Dafür müsste der Gesetzgeber nur die Abgabenordnung für gemeinnützige Zwecke erweitern. Derzeit gelten in Deutschland unter anderem der Schach- oder Karnevalsverein als gemeinnützig, ebenso die Kleingärtnerei oder Friedhofspflege. Journalismus aber nicht.

Organisationen wie CORRECTIV, die bereits gemeinnützigen Journalismus leben, tun dies durch die Hintertür: Verbraucherschutz ist zum Beispiel eine Möglichkeit, Gemeinnützigkeit beim örtlichen Finanzamt zu erlangen. Unser Förderzweck ist die Volksbildung. „Wir von CORRECTIV wollen helfen, das Wissen zu verbreiten, das alle Menschen brauchen, um an dieser Zukunft teilhaben zu können“, schreibt unser Publisher David Schraven in einem **Essay** auf unserer Webseite und meint damit auch die neue Medienöffentlichkeit. „Wir wollen Menschen informieren, damit sie eine Entscheidung treffen können. Über ihre Gemeinschaft, ihr Leben oder ihre Kinder. (…) Der Gemeinnützige Journalismus ist in einer Demokratie unverzichtbar. Er garantiert, dass freie und unabhängige Medien vor Ort weiter verfügbar sind, wenn andere Säulen ausfallen.“

Ein Essay zwischen Weckruf und Liebeserklärung: Schraven schreibt, warum wir den Journalismus brauchen und wieso Gemeinnützigkeit eine Chance für uns alle sein kann. Lass dich überzeugen!

Hinter dem gemeinnützigen Journalismus, schreibt Schraven weiter, verberge sich „kein herkömmliches Geschäftsmodell, keine Marke, die verkauft wird. Es geht nicht darum, Gewinne aus Geschichten zu generieren – oder Aufmerksamkeit in Geld zu verwandeln. Gemeinnütziger Journalismus ist auch keine von Regierungsinstitutionen beaufsichtigte Presse. Gemeinnütziger Journalismus agiert in den Bereichen, wo der Markt versagt. Wo keine Gewinne zu verdienen sind und die vom öffentlich-rechtlichen Rundfunk nicht erreicht werden. Gemeinnütziger Journalismus füllt die Lücken, in denen sich ansonsten Unwissen und Desinformationen ausbreiten.“

Das heißt: Gemeinnütziger Journalismus kann eine Mauer gegen Desinformation und Spaltung sein.

Im Koalitionsvertrag „Mehr Fortschritt wagen“ von SPD, Grünen und FDP findet sich auf Seite 123 der Satz: „Wir schaffen Rechtssicherheit für gemeinnützigen Journalismus." Das ist aus unserer Sicht ein wichtiger Schritt.

Schraven schreibt: „Was sich schlicht anhört, hat die Kraft, unsere Gesellschaft umzukrempeln."

UNSERE STRATEGIE: BANDEN BILDEN

Den finanziellen Druck, der auf vielen Lokalredaktionen lastet, könnte eine Gemeinnützigkeit abfedern. Mit Geld lassen sich Redaktionen aufstocken und lässt sich die Berichterstattung verbessern. Die mangelhafte Berichterstattung ist aber nicht der einzige Grund, warum Leserinnen und Leser sich und ihre Themen nicht mehr in der Zeitung wiederfinden und ihr den Rücken kehren. Es fehlt häufig an Dialog und Verständnis. „Wir brauchen einen Lokaljournalismus, der wieder auf die Menschen zugeht, auf Beteiligung setzt und sich als Moderator von Diskussionen sieht", sagt Julia Hildebrand, Leiterin unseres Projektes **beabee**.

Interesse am Konzept des Community-Journalismus? Auf unserer Projektseite erfährst du mehr.

Beabee ist ein Softwareprojekt, das unabhängige Lokalredaktionen in Deutschland und Europa stärken soll. Es hilft ihnen dabei, nachhaltige Geschäftsmodelle zu entwickeln und einen Journalismus zu fördern, den Bürgerinnen und Bürgern vor Ort tragen und mitgestalten. Nicht nur eine einfache Nutzerverwaltung mit Spenden- und Bezahlfunktion ist in die Software integriert, sondern auch die Möglichkeit, die Community mit Umfragen in journalistische Prozesse einzubeziehen. Geschichten können so in Zusammenarbeit mit den Leserinnen und Lesern entstehen. Außerdem soll mit beabee eine Lern- und Austauschplattform für Journalisten entstehen, um unabhängige Lokalredaktionen miteinander zu vernetzen. Beziehungen stehen an erster Stelle bei diesem digitalen Tool, das wir zusammen mit *The Bristol Cable* und dem *Bureau of Investigative Journalism* aus England sowie *Vereniging Veronica* aus den Niederlanden entwickelt haben.

ZWEITER BEREICH: FAKTEN CHECKEN UND LÜGEN ENTLARVEN

Faktenchecker stellen sich dem akuten Angriff durch Fake News. Sie sind die unmittelbare Verteidigungslinie gegen Desinformation und Hetze. Allerdings wähnen sich Faktencheckerinnen und Faktenchecker in einem ungleichen Kampf: Lügen zu produzieren ist einfach, die Wahrheit dahinter zu finden harte Arbeit. Organisationen und Redaktionen, die Fake News eindämmen, sollten deshalb versuchen, Faktencheck-Prozesse zu automatisieren. Gleichzeitig sollten sie mit anderen Teams zusammenarbeiten, um Synergien zu nutzen.

UNSERE STRATEGIE: TECHNISCH AUFRÜSTEN

Faktenchecker brauchen Hinweise aus der Bevölkerung. Viele Augen sehen einfach mehr, besonders in den Echokammern der Sozialen Netzwerke. Mit unserem CrowdNewsroom können wir solche Hinweise aus der Bevölkerung strukturiert erfassen und auswerten. Wir haben die Software bei unterschiedlichsten Recherchen genutzt. Sie ermöglicht es, gemeinsam mit Bürgerinnen und Bürgern Daten zu sammeln – ob zu Unterrichtsausfall an Schulen, zu Eigentumsverhältnissen in Städten oder zu häuslicher Gewalt während Corona.

Du willst uns helfen und Fake News einfach und schnell online melden? Hier geht es zu unserem CrowdNewsroom.

Für Fake News haben wir einen eigenen **CrowdNewsroom** aufgesetzt: Man trägt Infos zu einer potenziellen Falschmeldung in eine Maske ein, lädt Videos, eine Sprachnachricht oder ein Bild hoch und klickt auf Senden. Fertig. So bekommen unsere Faktenchecker nicht nur die konkrete Desinformation, sondern auch noch Daten darüber, wie sich Desinformation in Deutschland verbreitet, ob es regionale Unterschiede bei den Falschmeldungen gibt, welche Sozialen Netzwerke am meisten für die Verbreitung genutzt werden und ob die Nachrichten im persönlichen Bekanntenkreis geteilt werden.

Eine Auswertung von Daten aus unserem CrowdNewsroom für 2020 hat zum Beispiel gezeigt, dass in diesem Jahr Facebook und Youtube die Plattformen waren, auf denen am meisten potenzielle Falschinformationen veröffentlicht wurden. Sprich: Sie waren der Entstehungsort vieler Fake News – manchmal als Video-Upload, manchmal als einfacher Post in der Timeline. Das geht zumindest aus den Daten unserer Hinweisgeber hervor. Von März bis Dezember 2020 erreichten uns gut **4.000 Hinweise** aus ganz Deutschland.

Die komplette Auswertung in allen Details kannst du auf unserer Webseite nachlesen.

Beim Verbreitungsweg sieht es anders aus. Wenn es darum geht, über welches Medium die Lügen zu den Bürgerinnen und Bürgern gelangten, nahm Youtube als Videoplattform weniger Raum ein. Rund 42,3 Prozent der Nutzer gaben Facebook an auf die Frage, wo sie der gemeldeten Falschinformation zum ersten Mal begegnet seien. An zweiter Stelle folgte mit rund 20,9 Prozent Whatsapp. Youtube-Videos wurden ebenso über den Messenger mit Freunden und Bekannten geteilt wie Social-Media-

Posts oder Links zu Fake-News-Seiten. Gerade während der Anfangszeit der Pandemie spielte der Messengerdienst mit der weiß-grünen Sprechblase eine besonders große Rolle. Eine erste Analyse der Daten im Mai 2020 zeigte, dass Nutzer fragwürdige Informationen zu Covid-19 vor allem über Whatsapp verbreiteten – was Sinn ergibt: Die Kommunikation per Chat ist privat und bietet gerade deshalb ein ideales Einfallstor für Desinformation. Laut einer repräsentativen Umfrage von Juni 2021 nutzen den Messenger 79 Prozent der Deutschen.

Seit Mai 2020 ist CORRECTIV.Faktencheck auch auf Whatsapp präsent und nimmt dort Hinweise entgegen. In nicht einmal eineinhalb Jahren erreichten uns mehr als 14.000 Whatsapp-Nachrichten, weswegen wir im September 2021 einen **Chatbot** einrichteten, ein Computerprogramm, das selbstständig auf Leserhinweise antwortet und so die Arbeit der Redaktion effizienter macht. Über ein Menü lassen sich verschiedene Funktionen abrufen: Menschen können Links zu möglichen Falschinformationen oder Screenshots davon an die Redaktion schicken. Sie erhalten aber auch automatisch eine Antwort, wenn es zu ihrem Hinweis bereits einen passenden Faktencheck gibt. Zudem versendet der Chatbot auf Wunsch die neuesten Faktenchecks. Er greift dafür auf eine CORRECTIV-Datenbank mit mehr als 1.000 Artikeln zu, die wir ständig mit aktuellen Recherchen füttern.

Unseren Faktencheck-Chatbot erreichst du auf Whatsapp unter der Nummer +49-(0)151-17535184. Weitere Infos zu ihm gibt es hier.

UNSERE STRATEGIE: MIT DEN PLATTFORMEN KOOPERIEREN

Über unsere Kooperation mit dem Techkonzern Meta, zu dem Facebook, Instagram und Whatsapp gehören, hatte ich bereits geschrieben. Es bringt nichts, Soziale Netzwerke pauschal zu verteufeln und sie deshalb zu meiden – viel Gutes ist dort möglich. Viele Menschen beziehen einen Großteil ihrer „Nachrichten“ über Soziale Netzwerke. Als Journalisten können wir uns nicht hinsetzen und hoffen, dass sie den Weg zu den klassischen Medien zurückfinden. Der Journalismus muss immer und jedes Mal aufs Neue die richtige Stimme finden, um seine Leserinnen und Leser zu erreichen, und die Orte aufsuchen, wo sie diskutieren. Wir müssen anfangen, unseren Job auf den Plattformen zu machen, einordnen, Hintergründe liefern und für Ausgewogenheit sorgen – besonders in der Meinungsmonotonie der Filterblasen.

Das ist unsere Aufgabe, und dafür müssen wir mit den Techkonzernen kooperieren.

„Durch die Verknüpfung von Faktenchecks mit dem Originalcontent auf den Plattformen können wir Filterblasen durchbrechen und die Menschen aufklären", sagt Alice Echtermann. „Problematische Inhalte einfach zu löschen würde sie aus unserer Sicht nicht aufklären, sondern nur die Wut über Zensur schüren." Zudem seien Falschinformationen nicht per se strafbar. Eine Löschung hätte damit in den meisten Fällen keine rechtliche Grundlage.

In Deutschland waren wir die erste Organisation, die eine Kooperation mit Facebook einging. Und sie läuft bis heute. Auch mit Google findet von Zeit zu Zeit eine Zusammenarbeit statt. Mit Twitter tauschen wir uns aus, die Kooperation bleibt aber unverbindlich. Wir nutzen sowohl die Monitoringsysteme der Plattformen als auch eigens von uns entwickelte. Weil Youtube eine der größten Verbreitungsplattformen für Desinformationskampagnen ist, streben wir auch eine Kooperation mit diesem Unternehmen an. „Wir mauern die Lüge in ihren eigenen Filterbubbles ein", sagt Schraven. „Das funktioniert nachweislich. Und wir erreichen Millionen Menschen und können ihnen erklären, wie Faktenchecks funktionieren. Damit erzielen wir einen langfristigen Effekt. Wir zeigen, dass es Fakten gibt, auf die sich Menschen im digitalen Chaos verlassen können."

Bei allem Willen, gemeinsam mit Plattformen das Problem der Desinformation zu bekämpfen, müssen wir Journalisten aber immer auch die professionelle Distanz wahren und unabhängig bleiben. Anfang 2022 haben wir zum Beispiel mit mehr als 80 professionellen Faktencheck-Organisationen aus über 40 Ländern deutlich Kritik an Youtube geübt und einen offenen Brief an die Unternehmenschefin Susan Wojcicki adressiert: „YouTube lässt zu, dass seine Plattform von skrupellosen Akteuren als Waffe eingesetzt wird, um andere zu manipulieren und auszubeuten, sich selbst zu organisieren und Gelder zu sammeln. Die derzeitigen Maßnahmen erweisen sich als unzureichend. Deshalb fordern wir Sie dringend auf, wirksame Schritte gegen Desinformation und Fehlinformation zu ergreifen und einen Fahrplan für politische und produktbezogene Maßnahmen zur Verbesserung des Informationsökosystems auszuarbeiten – und zwar gemeinsam mit unabhängigen, unparteiischen Faktencheck-Organisationen."

Den offenen Brief findest du in ganzer Länge auf unserer Webseite.

Das Unternehmen hat **daraufhin** Gespräche mit den Faktencheck-Organisationen aufgenommen.

UNSERE STRATEGIE: INTERNATIONAL VERNETZEN

Lügen sind international, also muss es ihre Bekämpfung auch sein.

Faktenchecker arbeiten deshalb zum Beispiel im International Fact-Checking Network (IFCN) zusammen, das an das Poynter Institute in Florida angegliedert ist, eine renommierte Organisation, die weltweit führend ist in der Forschung zu Desinformation. Gerade bei länderübergreifenden Krisen wie dem Ukraine-Krieg ist ein Austausch wichtig, damit Projekte wie die Internetseite *ukrainefacts.org* entstehen können, die Faktenchecks zu Falschinformationen über den Krieg veröffentlicht. Zur Coronapandemie haben wir ähnliche Kooperationen genutzt. Entstanden ist daraus unsere Langzeitrecherche zu den internationalen Netzwerken der Coronaleugner, die wir gemeinsam mit der spanischen Faktencheck-Organisation *Maldita* umsetzen konnten.

Um vom IFCN anerkannt zu werden, muss eine Faktencheck-Organisation Kriterien erfüllen. Unter anderem muss sie nachweisen, dass sie unparteiisch arbeitet und ihre Finanzierung transparent ist. Zu den verifizierten Partnern des IFCN gehören inzwischen 93 Organisationen auf der ganzen Welt (Stand: 24. Januar 2023), darunter die Faktenchecker der französischen Nachrichtenagentur *AFP* oder der *Washington Post* sowie die Organisationen *Full Fact* aus Großbritannien und *Rappler* aus den Philippinen. In Deutschland sind CORRECTIV.Faktencheck, *dpa*-Faktencheck, der Faktenfuchs des *Bayerischen Rundfunks* und die *AFP* vom IFCN anerkannt.

Jedes Jahr lädt das IFCN zur Global Fact, einer internationalen Faktencheck-Konferenz, um regelmäßigen Austausch, Wissenstransfer und Vernetzung zu garantieren. 2019 waren die Kollegen von CORRECTIV.Faktencheck dafür in Südafrika und dann, nach zwei virtuellen Konferenzen während der Pandemie, 2022 in Oslo.

Ein mit dem IFCN vergleichbarer Zusammenschluss auf europäischer Ebene ist das European Fact-Checking Standards Network (EFCSN). Auch hier ist CORRECTIV angeschlossen und maßgeblich beteiligt. Um Qualitätssicherung, Unparteilichkeit und finanzielle Transparenz zu gewährleisten, haben sich über 40 Faktencheck-Organisationen aus mehr als 30 Ländern in ganz Europa auf einen Kodex geeinigt, der Arbeitsstandards für Methodik, Ethik und Transparenz definieren soll, den „European Code of Standards for Independent Fact-Checking Organisations".

Faktenprüferinnen, Experten für Medienkompetenz und Forschende aus Universitäten bringt die Europäische Beobachtungsstelle für digitale Medien (EDMO, European Digital Media Observatory) zusammen. Ziel ist es, in Zusammenarbeit mit Medienorganisationen, Online-Plattformen und Fachleuten für Medienkompetenz Desinformation zu analysieren und das Wissen darüber zu teilen.

Einen ähnlichen Ansatz verfolgen wir im nächsten Bereich: Wir schulen Bürgerinnen und Bürger im journalistischen Handwerk und binden sie ins Faktenchecken ein.

DRITTER BEREICH: WISSEN TEILEN, GEMEINSAM KÄMPFEN

Wir können die Ursachen der Medienkrise behandeln, neue Finanzierungsmodelle für den Journalismus denken und Möglichkeiten eröffnen, engere Bindung zu den Leserinnen und Lesern aufzubauen. Wir können die Faktenchecker-Front stärken, unterstützende Technologien entwickeln und Bündnisse knüpfen. Letzten Endes werden wir aber nie alle Fronten schließen können, um unsere Gesellschaft vor Desinformation und digitalen Angriffen zu schützen. Auf Dauer müssen wir, jede einzelne Bürgerin und jeder einzelne Bürger, in dieser neuen Informationsgesellschaft leben lernen – medienkompetent und mündig.

UNSERE STRATEGIE: BÜRGERREPORTER AUSBILDEN

Wenn niemand mehr da ist, um für einen Informationen auf Qualität und Wahrheit zu prüfen, muss man den Job halt selbst machen. Was salopp klingt, beschreibt den Weg in eine „redaktionelle Gesellschaft". Um diesen Pfad zu bereiten, haben Cordt Schnibben, ehemaliger *Spiegel*-Redakteur, und CORRECTIV-Publisher David Schraven 2017 die **Reporterfabrik** gegründet, eine Online-Schulungsplattform, auf der wir über Tutorials und Übungen jedem journalistisches Know-how zugänglich machen. In mehr als 100 Workshops mit über 1.200 Einzelvideos vermitteln Journalistinnen und Medienprofis Fachwissen und Handwerk, darunter Dozentinnen und Dozenten wie Stefan Aust, Harald Schmidt, Sandra Maischberger, Maja Weber, Doris Dörrie, Jan Böhmermann, Günther Jauch und Claus Kleber.

Auf die Theorie folgt die Praxis. So auch in diesem Buch. Nach diesem Kapitel findest du eine Weiterleitung zur Reporterfabrik. Dort habe ich dir eine Unterseite vorbereitet, auf der du Kurse zum Faktenchecken absolvieren kannst. Quasi als praktische Trainingseinheit.

„Jeder Mensch muss heutzutage schon als Schüler befähigt werden, sich selbst ein Bild zu machen vom Abbild der Welt in den Medien", erklären wir den Ansatz der Reporterfabrik auf unserer Webseite. „Die Reporterfabrik macht die Arbeit der klassischen und sozialen Medien durchschaubar und Versuche der Desinformation erkennbar. Sie will helfen, die Öffentlichkeit zu qualifizieren."

Der Gedanke dahinter: Wenn jeder Publizist sein kann, sollte auch jeder zumindest ein Grundverständnis von dem haben, was er da macht und was Journalismus bedeutet. Das heißt: wie Artikel geschrieben, Videos gedreht oder Interviews geführt werden. Und natürlich, wie das Mediensystem funktioniert, aber auch, welche Ansprüche an Qualität guter Berichterstattung zugrunde liegen. „Die User von Sozialen Medien müssen selbst entscheiden, welchen Informationen sie trauen", erklärt Schraven. „Die Reporterfabrik hilft ihnen dabei, zu erkennen, was sind Gerüchte, was sind Fakten? Sie werden zu ihren eigenen Chefredakteuren."

Damit diese Medienkompetenz möglichst früh greift, sind die Reporterfabrik und CORRECTIV auch Teil von Journalismus macht Schule, einem Verein zur Förderung von Informations- und Nachrichtenkompetenz. Journalistinnen und Journalisten besuchen Schulklassen und klären im Unterricht über Desinformation und Medienkompetenz auf. Darüber hinaus richtet sich „Reporter 4you", ein Teilbereich der Reporterfabrik, mit einer Reihe von Lernvideos direkt an Schülerinnen und Lehrer.

Wir müssen viele sein. Denn die Gegner der Demokratie sind es auch.

UNSERE STRATEGIE: JEDER KANN FAKTENCHECKER SEIN

Damit wir uns gemeinsam gegen Desinformation im Netz stellen können, entwickeln wir aktuell eine Faktencheck-Plattform für Bürgerinnen und Bürger. Das ist ein virtueller Redaktionsraum, in den sich User mit persönlichen Zugangsdaten einloggen können, ähnlich wie in ein Konto in einem Sozialen Netzwerk. Dort können sie unter Anleitung von unseren Redakteurinnen und Redakteuren potenzielle Desinformation checken. „Bei CORRECTIV.Faktencheck erleben wir das Problem von Desinformation hautnah", sagt Schraven. „Gleichzeitig erreichen uns immer mehr Zuschriften. Das zeigt uns: Viele Menschen möchten etwas gegen Desinformationen tun. Damit das klappt, werden wir KI-basierte Assistenzsysteme entwickeln und einsetzen, die Menschen helfen, eigenständig Faktenchecks durchzuführen. Wir bauen so eine Faktencheck-Community auf, die Engagement mit professionellen Standards verbindet." Dafür haben wir uns mit Wissenschaftsteams von der Ruhr-Universität Bochum, der Technischen Universität (TU) Dortmund, der TU Berlin und der Bucknell University in Pennsylvania zusammengetan.

Das CORRECTIV.Faktenforum soll das Faktenchecken möglichst niedrigschwellig Bürgerinnen und Bürgern zugänglich machen – unabhängig von Vorwissen oder Ausbildung. Jeder Nutzer kann sich über Lernmodule weiterbilden: vom Basiswissen über Journalismus oder Soziale Netzwerke über Recherchekompetenz für Einsteigerinnen oder Fortgeschrittene bis zu Ratgebern, wie sich der Einzelne gegen Hate Speech oder digitale Attacken schützen kann. Wenn die Teilnehmenden in den ersten Grundlagen fit sind, werden sie für die Online-Plattform freigeschaltet und treffen in der Community auf andere Freiwillige, die gegen Desinformationen aktiv werden möchten.

Im Faktenforum durchlaufen potenzielle Falschmeldungen einen ähnlichen Prozess wie in unserer Redaktion – nur kleinteiliger. Sie werden gesichtet, nach Themenschwerpunkten gebündelt und mit bereits bestehenden Checks abgeglichen. Gehen sie in den Faktencheck-Prozess über, werden sie in möglichst kleine Häppchen zerlegt: Gibt es ein Foto, wurde es im richtigen Kontext verwendet? Haben wir konkrete Zahlen, die wir mit Statistiken abgleichen können? Werden Personen zitiert, deren Aussagen sich bestätigen lassen, oder nicht? Verschiedene Community-Mitglieder teilen sich diese Arbeitsschritte und erfassen ihre Rechercheergebnisse standardisiert. Abschließend lassen sich die Informationen als Faktencheck bündeln und veröffentlichen.

In der ersten Entwicklungsstufe unserer Plattform werden die meisten dieser Prozesse manuell ablaufen. Parallel arbeiten die Wissenschaftsteams der Universitäten an speziellen KI-basierten Assistenzsystemen, die die Arbeit unterstützen, einfacher und effektiver machen können. Algorithmen können zum Beispiel tendenziöse Sprache erkennen. Artikel lassen sich vorab kategorisieren und Faktencheck-Elemente wie Bilder, Zahlen oder Zitate automatisch herausziehen. Die technischen Tuning-Möglichkeiten sind groß. Immer aber arbeiten menschliche und künstliche Intelligenz zusammen. Beide lernen voneinander. Algorithmen lernen durch die Daten der Nutzerinnen und Nutzer, die wiederum durch ihre Arbeit im Faktenforum mehr Medienkompetenz erlangen. Ab einem bestimmten Level – wie bei einem Computerspiel – können sie für neue Bereiche freigeschaltet werden und bekommen mehr Aufgaben und Rechte.

Durch das Einbinden von Bürgerinnen und Bürgern hoffen wir auch, die dunklen Flecken der Desinformation im Lokalen beleuchten zu können. Häufig fallen die nämlich bei den großen Faktencheck-Organisationen durchs Raster.

Konkret heißt das: Eine Mutter postet zum Beispiel in einer Whatsapp-Gruppe, dass ein Mädchen auf dem Weg zur Schule von einem Ausländer angegriffen worden sei. Solche Gerüchte werden in der Regel nicht geprüft. Obwohl sich in Whatsapp-Gruppen lokale Lügen wie Lauffeuer verbreiten, werden sie von Faktencheck-Organisation nicht wahrgenommen. Wie auch? Sie sind nicht vor Ort, und ihre Monitoringsysteme prallen von den Außenseiten der Echokammer ab. Leben in der Ortschaft aber zwei oder drei lokale Faktenchecker, können sie a) diese Desinformation aufgreifen und im Faktenforum einbringen, also unsere Augen auf lokaler Ebene sein, und b) schnell mal bei der Polizei anrufen, ob es diesen Vorfall überhaupt gab, vielleicht noch in die Kriminalitätsstatistik schauen, um ein bisschen Hintergrundinformationen zu sammeln, und dann einen kleinen Faktencheck machen, der wiederum in den lokalen Gruppen geteilt werden kann. Ganz nach dem Motto: Sorry, liebe Leute, passt auf eure Kinder auf, aber diese Information stimmt nicht.

UNSERE VISION: WIR WERDEN ZUR REDAKTIONELLEN GESELLSCHAFT

Digitale Medien prägen unsere Gesellschaft. Sie bringen aber nicht nur Gefahren mit sich, sie bieten uns auch Chancen. Sie bieten uns Freiheit. Wir können mit ihnen eine Gesellschaft schaffen, in der Menschen gehört, Ideen und Meinungen geteilt, diskutiert und entwickelt werden – unabhängig von Bildung oder Herkunft. Deshalb kämpfen wir für die redaktionelle Gesellschaft. Damit wir in dieser Freiheit zusammenfinden, statt uns zu entzweien, muss das Wissen darum, wie Medien arbeiten, wie Informationen entstehen und wo verlässliche Informationen zu finden sind, allen Menschen zugänglich gemacht werden.

„Wir müssen dafür sorgen", sagt Schraven, „dass möglichst alle Menschen ihre Stimme entwickeln. Sie müssen selbstbestimmte Verbreiter ihrer eigenen Botschaften werden. Nur wenn wir miteinander reden, können wir gemeinsam etwas gestalten. Wir müssen nicht einer Meinung sein – aber wir müssen die Meinungen der jeweils anderen respektieren. Und das ist die Idee von der Zukunft: eine redaktionelle Gesellschaft, wie sie Bernhard Pörksen als Utopie gefordert hatte."

Pörksen, Professor für Medienwissenschaft an der Universität Tübingen und Autor des Buches „Die große Gereiztheit: Wege aus der kollektiven Erregung", definierte 2018 in einem Essay die Grundfesten dieses neuen Miteinanders, auf das sich Schraven beruft:

„In einer redaktionellen Gesellschaft sind die Normen und Prinzipien eines ideal gedachten Journalismus zum Bestandteil der Allgemeinbildung geworden“, schreibt Pörksen. „Sie werden an Schulen, Universitäten und bürgernahen Journalistenschulen gelehrt. Sie taugen als Wertegerüst des öffentlichen Sprechens. Man muss diese Prinzipien nicht neu erfinden. Sie liegen in Form der handwerklichen Regeln und Maximen des journalistischen Arbeitens bereits vor. Denn was machen gute Journalisten? Sie prüfen, was sie publizieren, sie analysieren Quellen, recherchieren. Bemühen sich, die Blase eigener Vorurteile zu verlassen, sind skeptisch gegenüber großen und kleinen Ideologien, den Interessen von Informanten und dem Spin raffinierter PR-Strategen. Sie folgen dem verständigungsorientierten Credo Audiatur et altera pars (‚Man höre auch die andere Seite‘), zeigen also idealerweise die nötige Portion Offenheit für andere Argumente. Und schließlich gehört es zu ihren ureigenen Aufgaben, Machtmissbrauch und echte Skandale mit Entschiedenheit aufzudecken – und doch gleichzeitig die Persönlichkeitsrechte und die Unschuldsvermutung zu beachten, das Anprangern und die kleinlich-mäkelnde Dauermoralisierung von unbedeutenden Grenzüberschreitungen zu vermeiden.“

„Das Ethos des Einzelnen ist heute so bedeutsam wie nie, weil alle zu Beteiligten geworden sind.“ Ein inspirierender Text von Bernhard Pörksen. Lies ihn hier komplett. Ich hoffe, du kannst daraus etwas für dich mitnehmen.

Pörksen schließt seinen **Essay** mit zwei Imperativen:

1. Gib deinem Publikum jede nur denkbare Möglichkeit, die Qualität der von dir vermittelten Informationen einzuschätzen.

2. Begreife die eigene Kommunikation nie als Endpunkt, sondern immer als Anfang und Anstoß von Dialog und Diskurs.

Das Ende dieses Buches soll ein Anstoß dazu sein:

Lasst uns gemeinsam kämpfen, dass diese Utopie wahr wird!

MACH DICH FIT FÜRS FAKTENCHECKEN

Lust bekommen, selbst Fakes von Fakten zu trennen? Nach der Theorie kommt nun die Praxis. Etwas journalistisches Know-how hast du hoffentlich schon beim Lesen dieses Buches mitnehmen können. Darauf aufbauend möchte ich den Fokus noch einmal schärfer stellen auf Faktencheck-listen, Red Flags und Recherchetools.

Die Kolleginnen und Kollegen von der Reporterfabrik haben extra für dich eine Seite aufgesetzt mit allen Faktencheck-Kursen, die die Reporterfabrik derzeit anbietet. Darunter Video-Tutorials von Uschi Jonas und Tania Röttger, der ehemaligen Chefin unseres Faktencheck-Teams. Aber auch einige, die dich in journalistischem Grundhandwerk schulen und hilfreich beim Enttarnen von Falschnachrichten sein können. Folge einfach diesem QR-Code oder gib die URL in das Adressfeld deines Browsers ein:
reporterfabrik.org/fitfuersfaktenchecken

Bevor du loslegen kannst, musst du dich bei der Reporterfabrik anmelden. Einige der Kurse sind kostenlos, andere nicht. Bei den kostenpflichtigen kannst du einfach im Bezahlfenster diesen Gutscheincode eingeben. Dann ist auch er für umme – wie man im Ruhrpott zu sagen pflegt –, also umsonst.

Gutscheincode: FAKTENTREU321

Wir werden die Seite fortlaufend aktualisieren. Kommen neue interessante Tutorials ins Programm, heben wir sie auch für dich auf diese Seite.

Jean-Luc Picard, Captain der USS Enterprise (NCC-1701-D und -E), ist ein gern genutztes Meme-Gesicht. Hier amüsiert er sich im Namen von Querdenkern und Verschwörungsideologen über die fachliche Kompetenz von CORRECTIV. Wir sagen: Bild dir lieber selbst eine Meinung und hab einfach Spaß am Faktenchecken. (Screenshot: CORRECTIV)

Solltest du alle Trainingseinheiten der Reporterfabrik absolviert haben und noch immer hungrig sein auf mehr, kann ich dir dieses Buch empfehlen: „Verification Handbook" von Craig Silverman. Silverman ist kanadischer Journalist und Dozent am Poynter Institute for Media Studies in Florida. Er hat sich auf das Thema „Fake News" spezialisiert und diverse Bücher zum Thema geschrieben.

Die Landesanstalt für Medien NRW bietet eine übersetzte Version von Silvermans Buch als PDF zum Download an – unter dem Titel: „Das Handbuch zur Überprüfung von Desinformation und Medienmanipulation". Anhand von Fallbeispielen veranschaulicht Silverman darin konkrete Recherchewege, um Falschnachrichten gegenzuchecken. Wie lassen sich Fake-Profile enttarnen, wie koordinierte Netzwerke auf Facebook oder Twitter sichtbar machen? Wo bekomme ich Hintergrundinfos über Webseiten her, und welche Techniken gibt es, um geheime Telegram-Gruppen zu beobachten? Ich selbst habe dabei noch neue Tricks und Recherchetools kennengelernt.

Wenn du Interesse hast an einem fortgeschrittenen Kurs über journalistische Recherche, findest du die PDF von Silvermans Buch unter dem Menüpunkt „Publikationen" auf der Seite:
medienanstalt-nrw.de

QUELLENVERZEICHNIS

Für „Das einzig wahre Faktencheckbuch“ habe ich auf mehr als 600 Quellen zugegriffen. Ein Großteil davon sind Online-Veröffentlichungen. Deswegen haben wir uns dafür entschieden, das Quellenverzeichnis ebenfalls online anzulegen. Wenn du dem QR-Code folgst oder correctiv.org/quellenfaktencheckbuch in deinem Browser einträgst, findest du eine Aufschlüsselung der verwendeten Quellen nach den Kapiteln dieses Buches. Ganz einfach kannst du von dort aus zu den Artikeln, Studien oder anderen Dokumenten weiterklicken.

Besonders möchte ich an dieser Stelle meinen Kolleginnen und Kollegen danken, deren CORRECTIV-Recherchen ich für dieses Buch verwendet habe. Obwohl ich seit unserer Gründung 2014 dabei bin, war es für mich noch mal spannend und beeindruckend zu sehen, was wir in den vergangenen Jahren auf die Beine gestellt und geschaffen haben. Was mit Überzeugung, mit Tränen, Schweiß und Herzblut möglich ist.

DANKE FÜR EURE ARBEIT UND EUREN EINSATZ!

Matthias Bau, Marcus Bensmann, Alice Echtermann, Till Eckert, Cristina Helberg, Bianca Hoffmann, Katharina Huth, Annika Joeres, Uschi Jonas, Melek Kosar, Jutta Kramm, Steffen Kutzner, Anna Mayr, Jean Peters, Frederik Richter, Tania Röttger, Jonathan Sachse, Caroline Schmüser, David Schraven, Karolin Schwarz, Arne Steinberg, Sophie Timmermann, Sarah Thust und Simon Wörpel.

AUTOR

Bastian Schlange ist seit 2020 inhaltlicher Leiter des CORRECTIV.Verlags. Bis er aus familiären Gründen auf den Posten wechselte, hatte er die NRW-Redaktion CORRECTIV.Ruhr und die CORRECTIV.Klima-Redaktion geleitet. Für eine Undercover-Recherche erhielt er den Axel-Springer-Preis für Investigative Recherchen. Ein Jahr lang hatte Schlange dafür die deutsche Wildererszene unterwandert. Bevor er bei CORRECTIV anfing, hatte er die Wattenscheider Schule mit gegründet, eine Experimentierstätte für unkonventionelle Undercover- und Gonzo-Reportagen im Großstadtdschungel des Ruhrpotts – seiner Heimat. Während seines Journalistikstudiums an der TU Dortmund arbeitete er unter anderem für die *Deutsche Presse-Agentur* und *Bild*. Außerdem schrieb er mehrere Jahre für den Ankerherz Verlag die Lebensgeschichten alter Seemänner auf.